자아의 탐색

자아의 탐색

한자경 지음

서광사

자아의 탐색

한자경 지음

펴낸이 ― 김신혁, 이숙
펴낸곳 ― 도서출판 서광사
출판등록일 ― 1977. 6. 30.
출판등록번호 ― 제 406-2006-000010호

(10881) 경기도 파주시 회동길 77-12(문발동)
대표전화 · (031)955-4331 / 팩시밀리 · (031)955-4336
E-mail · phil6161@chol.com
http://www.seokwangsa.co.kr / http://www.seokwangsa.kr

제1판 제1쇄 펴낸날 · 1997년 11월 20일
제1판 제4쇄 펴낸날 · 2019년 7월 30일

ISBN 978-89-306-2093-2   93110

지은이의 말

"자아란 무엇인가, 인간이란 무엇인가?" 철학은 말할 것도 없고 그 외 일상이나 과학에서 우리가 던지는 모든 물음들은 결국 이 하나의 근본 물음으로 향해 있을 것이다. 이 물음을 외면하고 우주 운행의 법칙과 원리에 대해서만 몰두하는 것처럼 보이는 자연 과학자들도, 사실은 인간이란 이 우주 전체 속의 시공간적 일부분이라는 생각 위에서 인간 자아의 거주지인 우주를 연구하는 것이므로 결국 우주의 해명을 통해 인간 자신을 해명하고자 하는 것이다. 또한 자아의 물음보다는 사회 정치적 문화 현상에 대해 몰두하는 것처럼 보이는 사회 과학자도, 실제로는 인간이란 사회 정치적 배경과 환경에 의해 형성되는 존재라는 판단 위에서 그런 인간 형성의 조건들을 연구하는 것이므로 결국 그러한 사회 현상의 해명을 통해 인간 자신을 해명하고자 하는 것이다.

이렇게 보면 모든 물음이 다 인간 또는 자아의 물음에 귀속되므로, 그저 "인간이란 무엇인가, 자아란 무엇인가?"라는 물음은 너무나 광범위하고 무규정적이며 따라서 애매한 물음 같아 보일 수도 있을 것이다. 보다 구체적인 탐구를 위해서는 자아 내지 인간을 일단 어떤 특정한 존재로서 규정해야 하며, 그 특정한 측면의 연구를 통해서만 자아가 본격적으로 해명될 수 있는 것처럼 보일 수도 있을 것이다. 그렇다면 이 책은 자아를 무엇이라고 규정하며, 무엇을 통해 그 자아를 해명하고자 한 것인가? 무엇을 통해 자아에 접근한 것인가?

그러나 이 책은 탐색에 앞서 미리 자아를 이러저러한 존재로서 먼저 규정해 놓지 않으며, 탐색을 마침에 있어서도 자아를 이러저러하게 규정된 존재로서 결론 내리지도 않는다. 오히려 이 책이 밝히고자 하는 것은 인간이란 본질적으로 그런 일체의 규정을 넘어선 존재라는 것이다. 그리고 바로 그런 무규정성을 인간의 무한성과 초월성 또는 자유로서 해명하였다. 다시 말해 이 책이 대상으로 삼은 것은 규정된 나(me)가 아니라, 오히려 "인간이란 무엇인가, 자아란 무엇인가?"를 묻는 바로 나 자신(I)이다. 그러기에 그 나는 그 자체로 객관화 또는 실체화될 수 없으며, 유(有)로도 무(無)로도 규정될 수 없기에, 한마디로 공(空)이다. 어찌 보면 이 책은 내 나름대로 풀어 써 본 불교적 공(空) 또는 아공(我空)의 해명이다.

제1부에서는 인간의 마음을 일체의 규정을 넘어선 공, 나아가 그 공

의 신묘한 자각으로 밝혀 보았으며, 이어 제2부에서는 그 공 또는 마음이 함축한 무한성과 무분별성을 해명하였다. 공의 자각으로서의 우리의 마음은 유한한 것들에 관한 상대적 사유를 넘어서는 무규정자이고 무제약자라는 것, 마음으로서의 우리의 자아는 그 자체 상대를 넘어서는 절대, 유한을 초월하는 무한이라는 것이 이상의 논제이다. 그리고 제3부에서는 이러한 절대와 무한을 은폐하는 우리의 유한한 현상 세계를 분석하여 보았다. 우리의 현실 세계는 관념으로 구성된 가(假)의 세계이며, 그 관념의 틀에 따라 존재를 규정함으로써 우리의 마음까지도 상대화시킨다. 우리는 과연 어떻게 그러한 관념의 규정을 벗어나 마음의 공성과 무한성을 회복할 수 있겠는가. 이것이 바로 이 책이 마지막으로 다루고자 한 문제이다. 따라서 이 책은 계속 자아라는 주제에 매달려 있으면서도, 과연 그 자아가 무엇이냐고 다시 물으면 공이라는 것 이외에는 달리 무엇이라고 할 말을 가지고 있지 않다. 다시 말하자면 이 책은 처음부터 끝까지 자아를 논함에도 불구하고, 자아에 관한 산뜻한 정의나 확실한 정보를 제공하는 그런 책이 아니다.

오히려 이 책은 이 세상에 생겨날 모든 과학, 이 세상에 쓰여질 모든 책이 결국 "이 태양 아래 새로운 것은 없다"라는 진리를 벗어나지 못하리라는 것, 모든 과학적 설명은 근본적으로 본질을 비껴 가리라는 것, 우리는 끝내 우리 자신을 다 알지 못하리라는 것을 슬픈 운명처럼 예감하는 사람, 그러나 과학이 답하지 못하고 네가 알지 못하는 그것이 과연 정확히 무엇이냐고 물으면 할 말을 잃고 마는 사람, 그런 사람만이 공감할 수 있는 책일 것이다.

이 책은 특정 철학자의 사상이나 체계를 정리하거나 해석한 것이라기보다는 서양 철학 및 불교를 공부하면서 자아에 대해 가지게 되었던 나 자신의 생각들을 정리한 것이다. 이 책이 단순히 개인적 감상이나 수필에 그치는 것이 아니기를 바라면서, 유사한 논리를 펴거나 연관되는 논의를 하는 철학자는 간단히 주를 달거나 괄호 속에 언급하는 방식을 취하였다. 그들에 관한 더 자세한 논의는 서양 철학에 관해서는 이미 출판된 《자아의 연구》(부제: 서양 근·현대 철학자들의 자아관 연구, 서광사, 1997)에서 밝힌 바가 있고, 불교 철학에 관해서는 후일 연구서의 형식으로 발표할 계획이다.

여기 실린 대부분의 글은 일반적인 철학회와는 달리 엄격한 학문적

성격을 띠지 않은 글도 자유롭게 논의될 수 있는, 계명대학교의 "목요
철학 세미나"에서 발표되었던 글들이다. 이 글들 역시 《자아의 연구》와
마찬가지로 자아를 주제로 삼은 것이지만, 글의 성격이 앞의 책과는
전혀 다르기 때문에 별도의 책으로 엮은 것이다. 자아에 관한 글들을
왜 굳이 책으로 엮어 내는가에 대해서는 이미 앞의 책에서 말한 바
있으므로 여기서는 다시 언급하지 않겠다. 그 대신 자아에 관한 사유
를 정리하고 싶었던 나의 바람에 대한 실존적 고백을 다소간의 부끄
러움을 간직한 채 이 책 말미에 덧붙여 놓았다.

　인연으로 맺어진 많은 사람들에게 고맙다는 생각을 해 본다. 누구보
다도 지금 이 책을 펴 든 당신에게.

1997년 6월
한자경

차 례

제2부 마음의 공성과 무한성

제1부
마음을 찾아서

제1장

마음이란 무엇인가? : 거울의 비유

동서양을 막론하고 마음을 거울에 비유하는 것은 오래된 이야기이다. 다만 서양에서 마음이나 영혼을 거울에 비유하는 것이 흔히 로크(J. Locke)의 "영혼 백지설"의 경우처럼 인식 능력상의 수동적 특징을 드러내고자 한 것이며, 바로 그 점이 현대 철학자 로티(R. Rorty)에 와서 "자연의 거울"의 철학으로서 비판받고 있는 데 반해,[1] 동양에서는 오히려 처음부터 거울의 반조(返照)하는 능동성에 그 비유의 초점이 놓여 있다고 볼 수 있다. 그러나 이 글에서는 어느 특정 철학자를 중

---

1) 로티는 그의 저서 *Philosophy and the Mirror of Nature*(Princeton, 1980)에서 데카르트와 칸트에서 후설로 이어지는 서양 근세의 철학자들이 한결같이 지식을 특정한 심리적 활동에 의한 실재의 재생(representation)으로 이해함으로써 인간 정신을 자연을 비추고 재생하는 일종의 거울처럼 간주하고 있다고 평가하고 있다. 그는 그 책에서 그러한 거울 이론을 비판하면서, 그런 비판적 견해의 선구자로서 후기 비트겐슈타인·하이데거·듀이를 들고 있다.

심으로 마음과 거울의 비유를 살펴보고자 하는 것은 아니다. 오히려 우리 스스로 그 비유가 표현하고자 하는 마음 자체를 생각해 보자는 것이며, 그렇게 함으로써 우리에게 가장 가까이 있으면서도 가장 멀리 그리고 가장 깊이 감추어져 있는 마음을 조금이라도 더 잘 이해해 보자는 것이다. 여기서 마음과 비유되는 거울은 거울 대를 의미하지는 않는다. 우리가 찾아 나가는 것은 마음의 작용인 의식과 거울의 작용인 빛의 비춤과의 유사성이다.

1. 마음의 초월적 자각 능력

(1) 마음의 개방성 : 열린 마음

우리의 일상적이며 자연적 태도에 있어서 가장 분명하게 그 자체로 존재하는 것은 우리의 눈 앞에 보여지는 사물들이다. 다시 말해 책상, 나무, 돌, 하늘, 사람 등의 구체적 존재자들이다. 그것들은 각각 일정한 시간 속에서 일정한 공간을 차지하고 있다. 그것들은 서로 배타적 관계 안에 있어, 어느 것도 하나의 공간을 둘이 함께 동시에 차지할 수는 없다. 즉 그것들은 서로 밀어내는 관계에 있는 것이다.

그런데 마찬가지로 일상적이고 자연적인 태도에서 우리가 이야기하는 또 다른 방식의 존재가 하나 더 있다. "저 사람이 내 마음을 몰라주어서 섭섭하다", "저 사람 마음이 다른 데 가 있어서 이 말들이 통 귀에 안 들린다"라고 말할 때의 마음 또는 정신이 바로 그것이다. 사람이 마음이 없이 존재한다면, 옆에 놓여 있는 책상이나 돌과 같은 사물과 다를 바가 없다. 걸상 위에 가방이 놓여 있듯이, 그렇게 걸상 위에 사람이 놓여 있는 것이 된다. 걸상이 책상과 외적이고 배타적인 관계만을 갖듯이, 사람도 그 책상 또는 그 옆의 사람에 대해 외적이고 배타적인 관계만을 갖게 된다. 그러나 마음을 통해 우리는 비로소 그런 외적 사물들과 다른 관계를 갖게 된다. 즉 그것은 걸상이 책상에 대해 하지 못하는 것을 한다. 다시 말해 마음은 책상을 보고 의식한다. 그렇다면 이러한 봄을 통해 알려지는 이 마음의 존재 방식이 책상의 존재 방식과 다른 점은 무엇인가?

우선 마음이 형성하는 관계는 두 사물간의 관계처럼 배타적인 것이 아니다. 마음은 책상으로 나아가 그 공간에 들어서지만, 그렇다고 책상을 밀어내는 것이 아니다. 책상이 마음의 공간으로 들어서지만, 그렇다고 마음이 책상에 의해 막혀 버리는 것이 아니다. 신체로서의 나와 사물은 서로 배타적으로 밀어내지만, 마음은 그러한 나와 책상을 포괄하는 관계로서 그 둘 사이의 빈 공간처럼 그렇게 책상에 대해 열려 있다. 이처럼 그 앞에 있는 모든 사물들을 보고 파악하되 그것에 의해 내밀리거나 막혀 버리지 않는 빈 공간과도 같은 측면, 오히려 그렇게 빈 공간과도 같기에 그 앞의 사물들을 그 안에 포함할 수 있는 터전이며 장(場)이 되는 측면, 마음의 이와 같은 측면이 바로 거울과 비유될 수 있는 측면이다. 즉 거울은 그 앞의 모든 사물들을 반영하고 비추되 그 사물에 의해 막혀 버리지 않는다. 거울이 사물들을 포용하는 빈 터전 또는 장과 같다는 것은 다음과 같은 것을 생각해 보면 확실하다. 즉 거울에 사물이 비춰질 때, 우리는 거울 속의 사물을 들여다보지 거울 자체를 보지 않는다. 그렇다고 거기에 거울이 없기 때문에 그런 것은 아니다. 거울은 사물과 동시에 그 한자리에 있으면서도 거기에서 드러나는 것은 사물이다. 이렇게 거울은 사물을 포용하여 그것을 비추면서도, 자신을 드러내지 않는 빈 공간과도 같은 것이다.

(2) 마음의 독립성 : 자유로운 마음

거울은 그 앞에 주어진 사물에 의해 혹은 그 사물을 비춤으로 인해

거울 자신을 변화시키지 않는다. 즉 대상에 의해 물들지 않는다. 바로
그렇기 때문에 비로소 거울이 될 수 있는 것이다. 거울 자신이 스스로
변화됨이 없어야, 즉 자신의 빈 공간과도 같은 장으로서의 특징을 그
대로 유지해야만 비로소 그 앞의 사물을 있는 그대로 비출 수가 있다.
물론 비춰진 상은 거울 앞의 사물 모습 그대로이다. 중요한 것은 그러
면서도 거울이, 혹은 바로 그럴 수 있기 위해서 거울이 자신의 모습을
변화시키지 않는다는 것이다.

마음 역시 그러하다. 마음이 스스로 자신의 모습을 잃지 않아야 대
상을 바르게 보고 바르게 알 수 있다. 분노한 마음에 비친 세계는 분
노로 들끓는 세계이고, 평온한 마음에 비친 세계는 평온한 세계이다.
세계를 있는 그대로 보기 위해서는 마음이 세계로 인해 물들지 말아
야 하는 것이다. 사물을 그대로 포용하여 드러내는 빈 공간과도 같은
마음의 개방성이 곧 특정 사물에 의해 물들지 않는 마음의 독립성을
함축하는 것이다.

그렇다면 그러한 마음 자체란 무엇인가? 빈 공간의 모습으로 대상
을 포용하면서, 또 그럴 수 있기 위해 대상으로부터 독립적인 그 마음
이란 과연 무엇인가?

(3) 마음의 돈오성(頓悟性) : 마음의 신비로운 자기 이해

우리가 거울 자체, 마음 자체를 그 앞의 대상에 대해 독립적인 것으
로서 말할 수 있는 것은 거울이나 마음의 활동 혹은 작용이 대상에
의해 비로소 가능한 것이 아니기 때문이다. 다시 말해 거울은 그 앞의
사물을 비추되, 사물이 앞에 놓임으로써 비로소 비추게 되는 것이 아
니다. 거울은 사물이 그 앞에 없어도 이미 그 스스로 비추고 있다. 오
히려 그 스스로의 비춤에 바탕을 두고 사물의 비춤이 있는 것이다. 이
를 마음에 대해 말하면, 마음은 그 안에서 대상을 드러내는 대상 의식

과 또한 그런 대상이 없이도 스스로를 의식하는 자기 의식(자의식)과 의 구분을 갖는다. 나아가 대상 의식은 자기 의식에 바탕을 두고 있는 것이다.

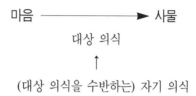

그렇다면 이 "자기 의식"은 어떻게 이해되어야 하는가? 자기 의식은 대상 의식에서 대상을 추상시킴으로써 비로소 도달되는 간접적인 반성적 의식인가? 아니면 직접적 의식인가? 그러나 이에 답하기에 앞서 우선 밝혀져야 하는 것은 이것이 왜 문제가 되는가 하는 것이다. 이것은 과연 무엇을 묻고 있는 것인가?

일반적으로 의식이 의미하는 것은 대상 의식이며, 이때 의식은 의식하는 자와 의식된 것의 구분을 전제로 한다. 즉 주관과 객관이라는 이원론적으로 분리된 것이 마주섬으로써 비로소 의식이 성립하는 것이다. 마치 거울에 사물을 바싹 맞붙여 놓아 거울과 사물간에 빈 간격을 두지 않을 경우 거기에 상이 생겨나지 않듯이, 의식의 상을 그리는 것은 주객의 분리에서 비로소 가능한 것이 된다.

그렇다면 자기 의식이란 무엇인가? 의식하는 자와 의식되는 자가 구별되지 않는 바로 자기 자신의 의식이 바로 자기 의식이다. 그런 자기 의식이 과연 어떠한 방식으로 가능할 수 있겠는가? 주객의 구분을 넘어선 의식이 가능한가라는 우리의 물음은, 따라서 주객의 구분은 궁극적으로 해소될 수 있는 것인가라는 물음이기도 하다. 우리의 이물음은 또한 "다른 것을 보는 눈은 그 스스로는 보지 못한다"라는 비트겐슈타인(L. Wittgenstein)의 주장, 또는 현상 세계에 대한 감성적 직관만을 인정할 뿐 자기 자신에 대한 "지적 직관"을 부정하는 칸트(I. Kant)의 주장이 과연 바른 통찰인가라는 물음이기도 하다. 즉 그런 입장에 따르면 주객 구분 이전의 동일자(동일적 자기 자신)에 대한 직접적 인식은 불가능한 것이다. 마음이라는 빈 공간에서 그 안에 주어지는 대상은 의식될 수 있어도, 그 빈 공간 자체의 직접적 자기 의식은 불가능한 것이 된다. 거울 안에 대상은 비춰지지만, 거울이 자기 자신을 비춘다는 것은 무의미한 말이 된다. 그러나 정말로 그러한가? 오히려 대상 의식에 앞선 자기 의식이 가능해야 하지 않는가? 주객의 차별성의 의식은 동일자의 자기 의식의 전제 위에 비로소 가능한 것이 아닌가? 거울은 그 앞의 사물을 비추기 전에 이미 그 스스로를 비추고 있지 않는가?

자기 의식에 대한 두 가지 이해 방식의 차이를 신수(神秀)와 혜능(慧能)을 통해 밝혀 보자. 신수는 "몸은 곧 보리수이고, 마음은 명경대와 같다. 때때로 부지런히 닦아서 먼지가 끼지 않도록 할 것이다"[2]라고 하여, 청정심(淸淨心)에 이르기 위해서는 우선 자기 마음에 낀 때를 열심히 닦아야 한다고 주장한다. 이에 대해 혜능은 "보리는 본래 나무가 아니고, 명경은 본래 대가 아니다. 본래 하나의 물건이 없었으니, 어디에 먼지가 끼겠는가"[3]라고 하여 본래의 마음이라는 것은 물질처럼 때가 낄 수도 없으며, 따라서 때를 닦을 필요도 없는 것이라고

---

2) "身是菩提樹 心如明鏡臺 時時勤拂拭 勿使惹塵埃"《六祖大師法寶壇經》,《行由品》.

3) "菩提本無樹 明鏡亦非臺 本來無一物 何處惹塵埃"《六祖大師法寶壇經》,《行由品》. 이상의 두 게송이 바로 달마 이후의 중국선(禪)의 제5조 홍인이 그의 법통을 신수 아닌 혜능에게 전해 주게 하였던 게송이다. 이로부터 신수 이후의 중국 북쪽에서는 점수의 길을 강조하고, 혜능 이후의 남쪽에서는 돈오의 길을 강조하게 되어, 북점선과 남돈선으로 양분되었다. 물론 홍인의 법통이 혜능을 통해 남돈선으로 이어졌다는 설은 신회, 마조를 거쳐 임제 등 5家로 발전해 간 남종선 자체 내의 주장이지, 역사적 사실로서 확인할 수 있는 것은 아니다.

말한다. 우리가 여기서 주목하고자 하는 것은 그 둘이 자기 의식의 파악에 있어 상이점을 보인다는 것이다.

  신수는 마음에 먼지가 끼어 있으니, 그것을 닦아 내어 청정심에 이르자는 것이다. 여기에서 마음에 먼지가 끼어 있다 함은 마음이 자기 자신을 먼지 낀 것으로서 인식한다는 것이다. 즉 여기에서 마음이 자기 자신을 인식하는 방식은 사물의 인식 방식에 바탕을 둔 반성적이고 간접적이며 우회적 인식 방식으로 이해되고 있다.

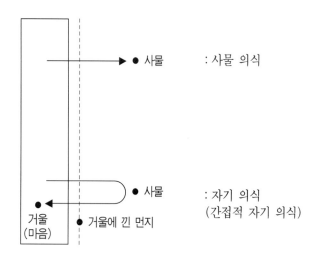

  그러나 여기에서 문제가 제기된다. 만약 내 앞의 사물, 예를 들어 유리창에 먼지가 끼어 있다면, 나는 그것을 먼지로 인식할 수 있고 또 그것만을 가려내어 닦을 수도 있다. 그러나 보여야 할 것이 보는 것 자체라면, 즉 보는 마음 자체에 먼지가 끼어 있다면, 그것을 내가 어떻게 먼지로서 알아낼 수 있겠는가? 먼지 낀 마음이라 해도 그 마음 자체는 먼지가 낄 수 없는 것으로서 우선 그 스스로를 깨끗한 것으로 인식할 수 있어야, 비로소 마음에 낀 먼지도 먼지로서 인식될 수 있고 또 닦아 내어질 수 있는 것이 아닌가? 그러나 마음이 이미 먼지 낀 마음〔染汚心, 無明心〕이라면 그것 이외에 어디에 또 깨끗한 마음이 있을 수 있는가? 그러나 그럼에도 불구하고 먼지 낀 마음을 먼지 낀 마음으로 인식할 수 있기 위해서라도 미리 전제되어야 하는 것은 먼지를 먼지로서, 무명심을 무명심으로서 알아볼 수 있는 깨끗한 마음이 아닌가?

이처럼 먼지 낀 마음일지라도 마음 그 자체는 원래 먼지가 낄 수 없는 깨끗한 마음(淸淨心)이며, 따라서 마음의 먼지를 닦아 낸다는 것은 의미가 없다는 것이 혜능의 주장이다. 나아가 이 깨끗한 마음이 스스로를 깨끗한 것으로서 직접적으로 의식할 수 있다는 것이 혜능에 이은 신회(神會)의 주장이다.[4] 마음 자체에 먼지가 낄 수 없다는 말은 곧 마음의 자기 의식(自覺, 本覺, 本知, 良知)은 거기에 낀 먼지와 상관없이 직접적이고 내면적으로 가능하다는 것을 의미한다. 이 본지(本知)가 있음으로써 비로소 마음이 오염되어 있다는 것도 간파할 수 있고, 또 오염의 먼지를 닦는 것도 가능한 것이다.

: 자기 의식
(직접적 자기 의식)

그러나 이러한 자기 자신의 직접적 의식은 마음에 대한 교학적(敎學的) 이론이나 단계적인 수행(修行) 과정을 통하여 점차적으로 이룩되

---

4) 신회는 6조 혜능의 제자 중의 한 명이다. 그의 사상의 특징은 인간 안에 불성(佛性)이 존재한다는 것에서 한 걸음 더 나아가 그러한 불성에 대한 깨달음, 자각, 지(知)를 강조했다는 것이다. 이 지는 분별적 지가 아닌 무분별적 깨달음으로서, 정혜불이(定慧不二)의 지라고 할 수 있다.

는 것이 아니다. 그것은 과정상의 한 계기가 아니며, 시간상의 한 행위도 아니다. 그것은 과정을 마치는 점이며 시간을 넘어서는 홀연한 깨달음, 즉 돈오(頓悟)이다. 이 본각(本覺)은 반성적이고 논증적인 앎의 곡절을 벗어나서, 그런 앎을 갖던 마음이 문득 자기 자신을 의식함으로써 도달하게 되는 체득적 깨달음이다. 인간의 본성이 자기 자신을 신비스럽게 홀연히 깨달아 알게 되는 것이기에, 선(禪)에서는 이러한 자기 의식 즉 인간 본성의 깨달음을 견성(見性)이라고 하며, 원효는 이를 성자신해(性自神解)라고 풀이하였다(원효,《大乘起信論疏》).

　달마(達磨)의 "벽관"(壁觀)은 벽을 보는 것이 아니라, 벽이 보는 것이다. 이는 무슨 뜻인가? 본래의 마음, 그것은 주객의 도식을 벗어나 그 근저의 주객 동일성이다. 그것은 마치 방안의 사물들을 포괄하는 벽처럼 그리고 그 사물들 사이의 빈 터를 감싸는 벽처럼 이미 그렇게 몸 밖으로 벗어나 전체로서 존재하지, 방 안 어느 한 곳에 머물러 있는 것이 아니다. "벽관"이란 나의 눈, 즉 나의 마음을 벽, 즉 사물을 포괄하는 빈 공간의 포괄자에게로 가져가는 것을 의미한다. 그리하여 벽이 되어서 벽이 보는 것이다. 즉 나의 시선이 한 특정 공간에서 출발하는 시선이 아니라 벽의 초월적 시선이 되는 것이다. 이는 곧 내가 나의 마음을 그 마음의 본래의 자리로, 즉 열린 장소인 빈 공간으로 돌아가게 함을 뜻한다. 이와 같이 마음이 본래의 자기 자리로 돌아가면 마음은 자기 자신을 직접 의식하게 된다. 그것이 동일자의 자기 의식이다.

빈 마음의 자기 의식
일심(一心)이 곧 빈 공간(세계)임을 의식함

2. 마음의 능동적 활동성

그러나 이상과 같은 유사점에 근거하여 마음을 거울에 비유한다고 해도, 이 비유에서 다시 유의해야 할 점이 있다. 거울의 비춤과 마음의 의식간에는 이상과 같은 유사성 이외에도 간과해서는 안 될 차이점이 있는 것이다.

(1) 마음의 빛의 발산

거울은 비추는 성질을 갖되, 그 비춤의 근원인 빛 자체가 거울 밖에 있다. 그러나 우리가 마음의 의식을 거울의 빛으로 비유할 때, 우리는 마음에서의 그 인식 근원, 즉 인식의 빛의 근원을 마음 밖에 설정할 수 없다. 이미 마음 자체가 바깥의 빈 공간이기 때문이다. 마음의 빛이 이른바 세계로부터, 즉 바깥으로부터 오는 것일 수는 없다. 물론 인식 근원, 빛의 근원이 내가 나의 마음으로 파악할 수 있는 것보다 더 근원적이라는 점에서, 나의 마음과 구분될 수는 있겠지만 이러한 경우에도 그 빛의 근원이 인간의 마음 안에 그 마음보다 더 깊이 있으면 있지, 마음 밖에 있을 수는 없는 것이다. 마치 신이 나 자신보다도 더 오래도록 나의 깊은 내면에 자리 잡고 있었고, 지금껏 나의 주인이었노라고 말할 수 있듯이(아우구스티누스), 마음을 마음 되게 하는 그 근원은 마음 밖이 아니라 마음속 가장 깊은 곳에 있을 수밖에 없는 것이다. 바로 그 근원이 있는 자리에 마음이 가능하고 바로 그 자리에 마음이 있기 때문이다. 그 근원을 통해 마음은 비로소 마음이 되는 것이다.

그러나 사실 마음의 근원이 마음이 아닌 마음 밖의 사물 세계에 있을 수 없다는 점은, 거울에 있어서도 그 거울을 거울 되게 하는 빛이 결코 거울에 비친 사물 세계 속의 한 사물일 수는 없다는 것과 마찬가지이다. 다만 우리는 마음의 본래 자리를 그 빛이 있는 빈 공간으로 보기에 빛을 마음 내면의 깊은 근원으로 이해할 수 있는 것이다. 한마디로 거울이 빛을 받아 반사함으로써 되비추는 것이라면, 마음은 내면의 빛을 발산함으로써 모든 것이 그 안에 자리 잡을 수 있는 빈 터전을 스스로 형성하는 것이다. 이렇게 볼 때 이런 반사와 발산의 차이는 결국 거울의 수용성과 마음의 능동성의 차이를 말해 주는 것이다.

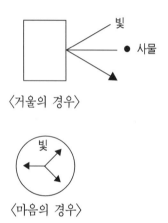

〈거울의 경우〉

〈마음의 경우〉

(2) 마음의 능동적 구성 작용

거울은 대상에 대해 수동적이며 단지 거울이 대상의 상(像)을 그린다는 점에서만 활동적이다. 이 거울에 의해서 대상은 자기 자신과 자신의 상으로 이분된다. 그러나 우리가 마음을 거울과 비유한다고 해서, 마음에 대해서도 거울에서와 같이 그 마음이 파악하는 인식 대상이 사물 자체가 아니라 단지 그 사물의 모상일 뿐이라는 모사설을 주장하려는 것은 아니다. 오히려 마음에 의해 인식된 대상은 바로 사물 자체이지 그 상이 아니다. 이것이 바로 마음과 거울의 본질적인 차이점이다.

거울의 세계 ≒ 실재 세계

〈거울의 경우〉

마음의 세계 = 실재 세계

〈마음의 경우〉

　물론 서양 철학사를 보면 머릿속의 인식 세계인 모상의 세계와 사물 자체의 실재 세계를 구분하는 이론인 모사설(模寫說)이 있어 왔다. 이것은 주로 근세에 주장된 이론으로서 합리론의 데카르트(R. Descartes)와 경험론의 로크 둘 다 주장한 이론이다. 실재 세계와 그것의 모상 세계를 구분함으로써 데카르트는 모상이 아닌 사물 자체(연장적 실체)의 외부 세계가 우리가 생각하는 대로 실제로 존재하는가 하는 물음을 철학적으로 제기할 수 있었다. 이에 대해 칸트는 우리 눈앞에 주어지는 시공간적 사물이 곧 우리의 인식 대상 자체로서의 현상이라고 말한다. 우리의 인식 대상이 단순히 주관적인 모상인 감각 내용에 그치는 것이 아니라 이미 시공간 내에 위치한 객관적 사물이기 때문이다. 칸트보다도 더 분명하게 인식의 모사설을 비판하는 사람이 바로 후설(E. Husserl)이며, 그의 "지향성" 이론은 그와 같은 근세적인 세계의 이중화에 대한 비판이다. 우리의 의식 세계는 외부와 분리되고 차단된 제2의 세계, 모상의 세계가 아니다. 의식의 지향성에 따라 지향된 것 그리고 인식된 것 자체가 바로 세계 자체이며 사물 자체이다. 지향성에 의해 의식 혹은 마음은 이미 세계로 열려 있으며, 세계를 포괄하고 있는 것이다.[5]

여러 철학적 논의를 떠나서도 우리는 이 사태를 직접 확인해 볼 수 있다. 내가 내 눈 앞의 노트를 의식한다고 하자. 이때 나의 의식 대상이 노트 자체가 아니라 단지 이것의 상일 뿐이라면, 내가 노트로서 의식한 그 대상을 집어 들 때, 나는 노트가 아니라 노트의 상만을 손에 집어 들어야 할 것이다. 그러나 그것이 사실인가? 내가 손에 든 것이 단지 노트의 상인가? 그렇다면 노트 자체가 그 배후에 남아 있는가? 그런 것은 없다. 공연히 인식 대상 배후에 사물 자체를 상정함으로써 세계를 둘로 나눌 필요도 없고 그럴 정당성도 없는 것이다.

다시 거울의 비유로 돌아가 보자. 마음을 거울에 비유하면서도 다시 거울 앞의 사물과 그 상이 둘로 구분되지 않고 하나로 일치한다는 사태는 구체적으로 무엇을 의미하는가? 거울에서 마음으로 나아가기 위해서 사물과 상을 하나로 일치시킬 때, 과연 상이 사물 속으로 융해되는가 아니면 사물이 상 속으로 융해되는가? 이 물음을 철저하게 묻기 위해 이제 거울을 한번 변형시켜 보자. 이 거울의 변형을 통해 우리는 앞서 언급한 수동성을 넘어서서 거울 자체가 다시 가지는 능동적 구

---

5) 근대 철학이 함축하고 있는 세계의 이중화, 즉 내적 세계와 외적 세계, 관념적 세계와 물리적 세계의 이중화를 비판하는 것은 현대의 영미 분석 철학도 마찬가지이다. 그러나 후설 식의 초월적 관념론은 인간의 의식 세계를 확장하여 이른바 외적 세계를 그 안에 포섭함으로써 이원화를 극복하려 하는 것이라면, 비트겐슈타인 이후 영미 분석 철학의 실재론은 인간의 내적이고 사적인 의식 영역을 객관적 공적 영역으로부터 아예 배제하면서 그 존재 자체의 논의를 무의미하게 만듦으로써 일원론을 확립하려 한다는 차이점을 보인다. 이하의 주 6) 참조.

성의 측면을 확인해 볼 수 있다. 비록 그와 같은 거울의 능동성이 마음의 능동성과 본질적으로 구분된다 할지라도, 바로 그런 거울을 거울삼아 우리는 마음의 구성 작용의 의미를 형상화해 볼 수 있는 것이다. 그리고 바로 이 점에 마음을 거울에 비유해 보는 가장 깊은 핵심적 의미가 들어 있다. 평면 거울, 오목 거울, 볼록 거울의 세 가지 다른 거울이 있다고 하자. 이 세 거울 앞에 동일한 사물이 놓여 있다고 할지라도 각각의 거울의 능동적인 구성 작용의 상이함 때문에 세 거울의 상은 서로 다른 모습일 것이다.

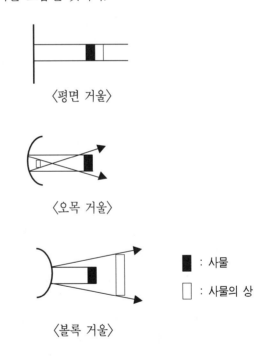

〈평면 거울〉

〈오목 거울〉

■ : 사물

□ : 사물의 상

〈볼록 거울〉

이제 사물과 상이 구분되는 거울 대신 사물과 상이 일치하는 마음의 경우, 거울 앞의 사물과 상 중에서 과연 무엇이 다른 것 안으로 융해됨으로써 둘이 하나로 되는가 하는 것이 문제이다.[6] 우리가 이미 살펴보았듯이 의식의 지향성의 의미를 따른다면, 여기서 의식을 떠나 존재하는 사물 자체의 상정은 버려져야 한다. 그런데 이것은 곧 거울 앞의 거울과 독립적인 어떤 것도 주어지지 않았는데 거울에 상이 그려지는 것과 같은 사태를 의미한다. 즉 마음이 파악하는 우리의 이 현실 세계는 바로 그와 같이 마음이 그리는 상, 허상, 가상, 현상의 세계임을 뜻하는 것이다. 우리가 사물 자체라고 여기는 것이 바로 마음에 의해 그려진 상이며, 그 상이 바로 현실 자체인 것이다. 이처럼 의식과 사물 세계와의 지향성은 곧 사물 세계에 대한 우리 의식의 능동적인 구성 작용을 함축하고 있다. 즉 존재하는 것은 주관과 독립적인 대립적 사물 자체가 아니라, 주관의 지향성에 의해 매개되어 그 안에 그려진 상인 것이다. 물 자체가 아니라 현상인 것이다. 다시 말하면 거울이 그 상에 대해 능동적인 구성 작용을 행하듯이, 인간 마음에 있어서는 상이 곧 객관적인 현실적 대상 자체를 뜻하므로, 결국 마음은 우리의 객관적인 현실 세계에 대한 능동적 구성 작용을 행하는 것이다.

3. 이상과 현실의 구분

(1) 구분되어야 할 것

지금까지 이야기한 것은 무엇인가? 마음이란 무엇인가? 내가 저 책상을 볼 때, 보는 그 마음은 어디에 있는가? 여기의 나와 저기의 책상 사이, 나와 책상을 둘 다 포괄하는 그 빈 공간 안에 있다. 아니 나와

---

6) 여기서 사물은 객관적 물질을, 상은 주관적 관념을 의미하므로, 사물을 남기고 상을 그 안에 융해시키는 관점은 실재론 또는 유물론적 관점이 되고, 상을 남기고 사물을 그 안에 융해시키는 관점은 관념론 또는 유심론적 관점이 될 것이다. 그러나 또 어떻게 보면 사물과 상이 결국 하나인 것이므로 실재론과 관념론이 궁극적으로는 하나가 된다.

책상이 놓인 그 자리, 그 둘 사이의 자리, 그 열려진 처(處), 그 빈 공간, 그 자체가 곧 마음이다. 그것이 곧 "열린 마음"이다. 그리고 그렇게 열린 마음이 곧 자아이며 나의 본질이다.

그렇게 열린 마음에 대해서 대상은 나와 대립하는 타자가 아니라 그 마음속에 그려진 것, 그 마음에 의해 비로소 존재하게 되는 현상이다. 그러므로 그 마음 자체는 나와 사물의 주객 관계를 넘어선 것으로 오히려 그 둘의 매개 근거이다. 마찬가지로 마음은 또한 나와 타인이라는 배타적인 주종 관계를 넘어선 것으로 오히려 나와 너를 잇는 "나 즉 우리"로서의 상호 주관성이다. 그러므로 이러한 본래적 자아를 칸트는 "초월 자아"라고 칭했고, 독일 관념론자들은 "절대 자아", "절대 정신"으로 이해하였다. 우리는 이런 자아의 본질을 객관 사물과 대립된 인식 주관 혹은 타인과 대립된 경험 자아와 혼동하지 말아야 한다.

그러나 초월 자아 즉 마음의 참모습은 우리가 되어야 할 바 혹은 되고자 하는 바의 모습이지 우리가 이미 그렇게 된 모습은 아니다. 주와 객을 포괄하는 장으로서의 열린 마음, 따라서 그 어느 것에 의해서도 물들지 않고 그 어느 것에도 집착하지 않고 이기적이지 않은 그런 마음은 우리의 이상이지, 우리의 현실이 아니다. 우리의 가능성이고 당위성이지, 아직 우리의 현실성이 아니다. 한마디로 우리가 논의해 온 돈오의 깨달음은 나의 본래적 모습, 되어야 할 모습, 이상(理想)의 깨달음인 것이다.

따라서 우리의 도덕적 과제는 우리의 현실적인 경험 자아를 끊임없이 초월 자아로 완성해 가는 것이 될 것이다(칸트와 독일 관념론). 경험적인 나의 특수 상황에 얽매여 내 개인의 이익을 추구하고, 사물이나 타인을 그 수단으로 이용하려는 경험 자아의 자기 편애성과 자기 집착성을 벗어나, 그야말로 집착을 벗어 버린 마음, 열린 마음, 자유 자재한 마음, 평등한 마음, 빈 마음이 되어야 하는 것이다. 그러한 도덕적 과제가 완성되었을 때 비로소 나는 자연과 하나로 호흡하고, 타인과 하나가 되어, 남이 괴로워할 때 같이 괴로워하고, 남이 기뻐할 때 같이 기뻐하는 어린아이와도 같은 빈 마음이 될 것이다.

우리 마음의 본질로서 우리가 실현시켜야 할 것, 다시 말해 우리가 되어야 할 것 그리고 되고자 하는 것은 평등한 자유인, 객관 자연과 인간 사회를 포괄하는 열려진 전체이다. 그러나 그처럼 일체 존재를 무차별적으로 포괄하는 존재는 곧 신이 아니겠는가? 그렇다면 우리는 그렇게 완전한 신이 되어야 한단 말인가? 그것이 인간의 운명인가? 우리의 도덕적 과제는 신과 유사해지는 것, 신의 형상을 스스로 완성하는 것인가? 신이 우리 안에서 자신을 세워 달라고, 자신만을 인정해 달라고 요구하는 것인가? 그것이 인간의 이상이고, 그 이상의 실현이 인간의 과제인가? 그러나 그것은 인간에게 결코 도달할 수 없는 무한한 과제일 것이다. 왜냐하면 우리는 아직 그리고 언제나 우리가 마땅히 되어야 할 바의 것이 못 되기 때문이다.

그렇기 때문에 자신의 본래적 모습, 그 이상을 깨달았다는 것이 삶의 끝이 아니다. 참된 이상의 깨달음은 자기 자신이 그 이상으로부터 얼마나 멀리 있는가를 동시에 깨닫는 것이다. 그러하기에 삶은 모순이고 긴장과 갈등이 된다. 내가 나 자신에 대해 처음으로 절실하게 깨닫게 되는 것이 "나의 지금의 모습이 내가 본래이어야 할 그 모습이 아니라는 것"이라면, 그것은 아픈 깨달음이 아닌가?

그러한 아픈 긴장 또는 운명적인 삶의 조건을 피할 때, 다시 말해 이상과 현실 가운데 하나에 머물러 버릴 때 '타락'이 시작된다. 이상 없이 오직 현실만에 머물면서 나를 세계 속의 한 사물로 이해하는 유물론과 자연주의가 일종의 타락이듯이, 현실 없이 이상만을 주장하는 것 역시 일종의 타락이다. 이는 인간의 현실이 결코 이상으로 미화될 수 없는 것이기 때문이다. 현실에 안주하는 자신의 편집된 현실적 마음을 마치 이미 자유 자재한 빈 마음으로 착각한다면, 마치 자기 자신이 이미 신인 양 부처인 양 초인인 양 착각한다면, 이것 역시 타락의 시작인 것이다.

본래의 마음 :
되어야 할 바의 초월 자아

현실의 마음 :
주객, 자타 분리의 경험적 자아

(2) 이상과 현실의 구분이 망각된 타락

주관과 객관의 이원성 및 자아와 타자의 이원성을 넘어서서 그 근저에서 작용하는 통일적 자기 자신의 의식을 본래적 자아의 본래적 마음으로 홀연히 깨닫고 나면, 거기에서부터 타락으로의 길은 멀지 않다. 즉 마음 자체가 본래 청정한 일심[一心, 如來心]이고 대상 세계는 그 일심의 빛으로 비춰진 사물이고 보면, 이제는 단지 그 일심뿐만 아니라, 일심의 비춤을 받은 모든 것이 곧 청정한 일심의 발현으로 여겨지게 되기 때문이다. 일심의 불성(佛性)이 그대로 확산되어 그 마음의 빛 안에서 만물이 곧 부처 아닌 것이 없게 된다. 그러므로 "석가모니 성불시에 산천 초목이 다 동시에 성불한다"[釋迦成佛時 山川草木 同時成佛]라고 말하게 된다. 그러므로 마음이란 본래 때가 낄 수 없는 빈 마음[本來無一物]임을 강조한 혜능의 남돈선(南頓禪)에 "부처란 저 똥막대기이다", "똥막대기에도 불성이 있다"라고 한 마조 도일(馬祖道一)의 사상이 이어지는 것은 결코 우연이 아니다. 평상심(平常心)이 곧 그대로 도인 것이다. 모든 사물, 모든 행위가 곧 일심의 발현 이외의 아무것도 아니다. 번뇌 세간이 곧 열반이고, 중생이 곧 그대로 부처 아닌 자가 없다. 어떤 행위도 자유 자재하고 걸림이 없으면 그 자체가 곧 선(禪)이요 해탈이다. 굳이 득도하려는 집착심, 부처가 되려는 집착심을 가질 필요가 없다. 중생이 이미 부처이기 때문이다. 이와 같이 이상과 현실의 구분이 부정되면, 현실(경험 자아)을 이상(초월자아)으로 변화시켜 나가야 한다는 도덕적 과제 자체가 무의미해진다. 일심 자체가 닦아서 얻어지는 것이 아니라, 본래 없는 것〔本來無一物〕이기 때문이다.

　이렇게 하여 선(禪)은 타락에 빠지게 된다. 선적 돈오와 더불어 모든 것이 다 이루어졌다고 생각하면 잘못이다. 이상의 논리에 따르면, 즉 본래적으로 말하면, "본래무일물"은 타당한 말이다. 온 세계에 오직 일심뿐이고, 그 일심의 빛이 막힘 없이 퍼져 나간다면, 일심은 없는 것과 다를 바가 없을 것이다. 오로지 존재만이 있다면 그것이 무(無)와 구분되지 않는다는 것과 마찬가지이다. 그러나 현실적으로 무명심(無明心)이 있고 막힘이 있고 그 장애로 인한 주객과 자타의 구분이 있는 한, 일심은 이미 있는 것이 아니라 비로소 얻어져야 할 어떤 것이다. 바른 돈오에서 깨우친 내용, 즉 객진을 포괄하는 열린 마음, 또는 객관 세계를 그 깨끗한 빛 안에서 하나로서 포섭할 그런 일심은 인간이 자기 자신의 본질과 당위로서 확인하는 것이지 자신의 현실의 모습으로 확인하는 것이 아니다. 그러므로 "산천 초목이 다 동시에 성불한다", "봄이 오니 풀이 저절로 푸르다"〔春來草自靑〕 혹은 "한가로운 도인"〔閑道人〕은 禪의 이상이지, 이미 실현된 현실이 아니다.[7] 머리로 확인해 본 주객의 합일, 자타의 합일은 이념일 뿐 아직 현실이 아니다. 이것이 바로 마르크스(K. Marx)가 독일 관념론을 비판하는 논점이기도 하다.

---

7) 서산대사(西山大師), 《선가귀감》(禪家龜鑑), "생각을 끊고 반연을 쉬고서 일 없이 그냥 앉아 있으니, 봄이 와서 풀이 절로 푸르다"〔絶慮忘緣 兀然無事坐 春來草自靑〕. 이것이 곧 도인의 자세를 말해 준다.

4. 돈오(頓悟)와 점수(漸修)

(1) 점수의 필요성

그렇다면 그러한 타락에 빠지지 않는 길은 무엇인가? 현실적인 경험 자아를 이상적 초월 자아로 이루어 나간다는 것은 무엇을 뜻하는가? 도대체 타락은 왜 생겨나는가? 도대체 이상과 현실의 차별은 왜 생겨나는가? 나의 본래적 마음이 주객 합일이라면, 어째서 주객의 분리가 생겨나고 긴장과 갈등이 생겨나게 되는가?

그것은 돈오 이전의 습관의 때, 즉 업(業) 때문이다. 선(禪)의 기본 통찰은 비록 현실적으로 무명에 의해 더럽혀지고 가려진 마음일지라도 그 본성은 평등하고 청정한 불성(佛性)이며, 또 그것이 직접적으로 자각될 수 있는 것(見性)이라는 점이었다. 그러나 이처럼 먼지 낀 마음 상태에서도 본심의 자각이 가능한 것이라고 해서, 그 본심의 자각이 곧 그 순간 마음의 모든 오염을 당장 없애 버린다는 것은 아니다. 오히려 그와는 반대로 오염과 독립적인 본심의 자각의 가능성은 또한 그런 본심의 자각과는 독립적으로 남겨질 수 있는 오염의 가능성을 내포하고 있는 것이다.

인간은 초월 자아(이상)이며 동시에 경험 자아(현실)이다. 인간은 현실 속에서 이상(청정심)을 보는 눈과, 그 이상에 비추어 현실(염오심)을 보는 눈을 둘 다 독립적으로 가지고 있다. 그것이 바로 인간의 마음이 지닌 신비이다. 현실적으로 더러우면서도 깨끗함을 볼 줄 아는 신비, 더러운 연못에 살면서도 깨끗한 연꽃을 피울 수 있는 신비이다. 사물처럼 한 특정 공간을 차지한 제한된 시점의 눈 즉 육안(肉眼)을 가진 동시에, 빈 공간 또는 벽이 되어 바라보는 포괄적 시점의 눈 즉 심안(心眼)을 갖고 사는 것이 인간이다.

그리고 바로 이 인간의 이중성 안에 인간의 악(惡)도 자리 잡고 있다. 인간이 더러움 속에서도 깨끗한 본성을 발견할 수 있다는 말은, 역으로 인간은 깨끗한 자신을 자각하면서도 계속 더러움을 지닌 채 남아 있을 수 있다는 말인 것이다. 홀로 조용히 있을 때는 자각적인 심안에 따라 사유함으로써 내적인 자유와 평정을 얻으면서, 타인과의 구체적 관계에서 마음이 언어나 행위로 표출되어야 할 순간에는 다시 육안에 따라 움직임으로써 마음에 낀 때가 그대로 묻어 나와 표출될 수도 있는 것이다. 그러므로 돈오의 자각에 이어 행해져야 할 것은, 자각된 마음이 그 마음 본래의 기능〔用, 事〕을 다하도록, 즉 맑은 거울로써 사물을 옳게 드러내도록, 다시 말해 인간의 경계(환경) 자체에 그 본래 일심의 청정한 빛이 평등하게 골고루 밝게 비출 수 있도록, 우선 자신의 마음의 때를 부지런히 닦아야 하는 것이다. 이것이 바로 신수가 강조한 점수(漸修)의 의미이다. 물론 이 때가 개인적인 습관의 때일 수도 있고, 사회 문화적 이데올로기나 편견, 관습일 수도 있기 때문에, 자신의 마음의 때 닦음이 곧 개인적인 수양일 수도 있고 사회적 차원의 정화 작용일 수도 있을 것이다.

무명심(염오심) 속에서도 자신의 불성을 깨달아 앎(돈오)을 갖게 되는 것은, 쌓여진 생의 고(苦) 속에서도 그 고통의 멸(滅) 가능성을 확인하는 것이 된다. 그러나 그 멸(滅)에 이르는 길은 그야말로 길 즉 도(道)이다. 그것은 깨달은 이가 걸어가야 하고, 이상을 가진 자가 실현시켜야 할 그런 길이다. 팔정도(八正道)란 바로 이러한 점수의 도(道)인 것이다. 돈오 상태의 청정심은 내면에 확립된 자유이고 진리일 뿐이다. 무명에 의해 이미 쌓여진 오염의 습(習)이 닦이지 않는다면, 결국 인식과 실천이 분리되어 있고, 내면과 외면이 그 습의 때에 의해 차단됨으로써 본래 있어야 할 자리로 나아가려는 마음의 빛은 결국 꺾이고 말 것이다. 비추지 못하고 꺾여진 빛은 빛이 아니며, 본래의 빛을 잃은 마음은 자유를 잃은 마음이다. 점수는 본래의 자기 자신으로 되돌아가기 위한 노력이다. 나의 세계가 곧 불성(佛性)의 자기 발현이 되도록, 그리하여 불광(佛光)이 여여(如如)하게 만물을 비추고 포괄하여 그 안에서 너와 내가 하나가 될 수 있도록, 나의 마음을 그 마음 본래의 자리로 되돌리려는 노력이다.

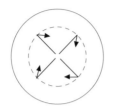

마음의 때로 폐쇄된 마음 :
주객의 구분, 빛의 굴절

무애(無礙)의 마음 :
주객의 구분, 빛의 굴절이 없는 상태

마음은 거울의 빛과 같은 것이다. 나와 사물 사이의 빈 공간과도 같은 것이 마음이다. 그렇기에 마음은 주객 구분이 아니라, 주객 합일이다. 그러한 자유 자재한 평등한 마음에 주객 대립이 생기지 않는 것은 마치 깨끗한 거울이 사물을 비출 때 우리가 보는 것이 거울(主)인지 사물(客)인지 구분되지 않는 것과 마찬가지이다. 그것이 거울 본래의 모습이고, 마음 본래의 모습이다. 그런 마음은 그 안에 만물을 포용하기에 마치 없는 것처럼 있는 것이다. 그림자를 남기지 않는 빛은 없는 것과 마찬가지 아닌가?

그러나 문제는 마음이 현실적으로 그런 본래의 모습을 잃고 있고, 따라서 그 마음을 되찾기 위해서는 마음의 때 닦음이 필요하다는 것이다. 이것은 마치 거울에 먼지가 끼어 있으면, 거울 본래의 모습(동일성)이 상실되고, 결국 먼지의 장애로 인해 거기에 주객의 구분이 생겨나는 것과 유사하다. 거울 속의 사물을 바라보다가 무언가 이상하면 우리는 비로소 거울과 사물을 구분하고, 그 먼지가 어디에 속하는 것인가를 묻게 된다. 그 먼지로 인해 거울(主 : 마음)과 거울에 비친 세계(客 : 마음이 지닌 세계) 사이에 금이 갔기 때문이다. 먼지로 인한 금이 우리의 합일에 장애가 되기 때문이다. 그러므로 그것은 닦여야 한다. 주객이 본래 구분되어 있기에, 마음과 세계가 구분되고, 그 구분된 세계를 하나로 보기 위해 마음의 때를 닦아야 하는 것이 아니다. 본래 그것이 하나인데 인간의 때에 의해서 그 본래 모습이 가려지고, 그래서 거기에 주객 구분이 생겨나기에, 그리고 그에 따라 허망한 아집(我執)과 법집(法執)이 생겨나기에, 그 장애가 없어져야 하는 것이다. 이것이 곧 집착의 고(苦)를 멸하는 도(道)인 것이다.

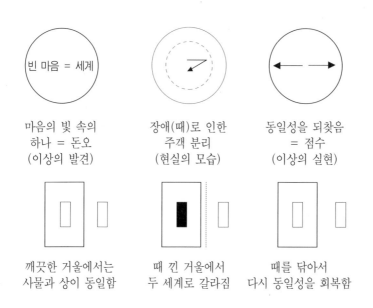

마음의 빛 속의
하나 = 돈오
(이상의 발견)

장애(때)로 인한
주객 분리
(현실의 모습)

동일성을 되찾음
= 점수
(이상의 실현)

깨끗한 거울에서는
사물과 상이 동일함

때 낀 거울에서
두 세계로 갈라짐

때를 닦아서
다시 동일성을 회복함

(2) 돈(頓)과 점(漸)의 상호 연관성

빈 마음, 주객 동일성의 자기 의식이 돈오라면, 그것은 인간이 마땅히 그래야 할 본래 모습에 대한 자각이다. 본래 자기 자신의 모습을 홀연히 깨달아 아는 것이다. 돈오 속에서 우리는 내가 본래 어떤 존재인가를 깨닫는다. 그리고 그것으로부터 도덕적 요구, 양심의 소리가 나오는 것이다.

그런데 우리는 실제로 그렇게 늘 빈 마음의 본래적 모습으로 살아가지 못한다. 빈 마음 대신에 집착이 있고, 동일성 대신에 분별이 있고, 청정함 대신에 오염이 있다. 습관의 때, 과거로부터 이어 오는 업장(業障)이 두텁기 때문이다. 그 벽은 허물어져야 한다. 그 때가 닦여야 한다. 왜냐하면 그 벽은 나의 비본래적 장애이지 나의 본성에 속하는 실상이 아니기 때문이다. 그렇기 때문에 그것은 또한 멸해질 수 있는 것이다. 이 때를 닦아 나감이 곧 점수이다. 깨달은 이상으로 나아가는 길, 그 길은 점차적으로 한 발씩 걸어 나아가야만 하는 수행의 길인 것이다.

마음의 장애가 실상이 아니라는 것, 마음의 때가 본래적 사태가 아니라는 것을 깨달은 것이 돈오였다. 마음 그 자체가 본래 때가 끼어 있는 것이 아님을 깨달은 혜능의 통찰이 돈오선의 핵심을 이룬다. 그리고 바로 그렇기 때문에 그 때는 닦여야 한다는 결론이 그 통찰로부터 나올 수 있는 것이다. 이처럼 돈오는 점수를 요구하며, 그 점수가 가능함을 돈오가 알려 주는 것이다. 이상의 깨달음이 현실의 변혁을 요구하며, 현실 변혁이 가능하다는 것은 이상이 제시하는 것과 마찬가지이다. 이제 이러한 돈오와 점수의 관계를 윤리학적 논쟁과 관련시켜 다시 한 번 생각해 보자.

(3) 주지주의(主知主義 : 頓)와 주의주의(主意主義 : 漸)의 관계

바른 생을 위해서 돈오와 점수 둘 다 요구된다는 것은 무엇을 의미하는가? 우리는 인간이 그릇된 행위를 하는 것이 지혜가 모자라서인가 아니면 의지가 부족해서인가라는 윤리학적 물음을 제기하곤 한다. 소크라테스적인 "지행합일"(知行合一)은 인간이 악한 행위를 하는 것은 무엇이 선인지를 모르기 때문이라고 설명한다. 진실로 무엇이 선인지를 안다면 악을 행하지 않을 것이라는 주장이다. 대체로 보면 그렇다. 지난날의 과오를 뉘우치면서 우리는 왜 내가 예전에는 그렇게도 어리석었던가, 왜 그것이 옳지 못함을 보지 못했던가 하고 한탄한다. 내게 선악이 분명하다면, 내가 그렇게 현명하다면, 내가 왜 오도된 길을 가겠는가? 어리석음과 무지가 몽매한 행동과 그릇된 행동을 낳는 것이다. 이에 대해 의지론자나 실존주의자는 반론을 편다. 인간의 행위를 결정짓는 것은 이성적 인식이 아니라 의지이다. 합리적으로 무엇이 선하고 악한지를 다 잘 아는 자일지라도 때로는 비합리적으로 행동하기도 한다. 이상의 통찰이 주는 기쁨보다 비합리적 행위 혹은 악한 행위가 가져다 줄 쾌감에 끌려가기도 한다. 현실적으로 사람들을 보라. 교육을 많이 받은 자일수록 더 교묘하고 대규모적으로 악을 행한다. 합리적인 말을 가장 많이 하는 자의 삶에 남달리 무거운 비합리성이 지배하고 있다. 무엇이 선한지를 양심상 훤히 알면서도 인간은 때로 이득과 쾌감의 유혹에 끌려 악을 선택한다.

이처럼 앞의 물음의 답이 분명하지 않을 때 우리는 또 다음과 같이 묻게 된다. 내게 무엇인가 결핍되어 있다고 여겨지는 것, 무엇인가 충족되어야만 할 것으로 여겨지는 것, 그것은 바른 삶에의 통찰인가? 나의 마음의 답답함은 무엇이 진리이고 무엇이 선인지를 알지 못하는 지혜의 결핍에서 오는 답답함인가, 아니면 나는 무엇이 선이고 무엇이 진리인지를 이미 다 알고 있지만 의지의 약함으로 인해 그것을 실현시키지 못하고 있는 것인가?

지행합일론이나 의지론의 주장은 마치 양자 택일의 관계인 것처럼 보인다. 나는 알지 못하기에 악을 행하거나, 아니면 알면서도 악을 행하거나 둘 중의 하나인 것처럼 보인다. 그러나 우리가 지금까지 살펴본 바에 따르면 그 둘 다 타당하게 된다. 즉 인간의 마음이 무명에 가리어 염오심만으로 있을 때, 인간은 자기 마음의 본성, 그 청정한 빛을 증득(證得)하지 못한다. 그러므로 주어진 사물에 편애하고 집착하고 아집과 법집을 일으키는 것이다. 이러한 집착과 부자유함으로부터 벗어나기 위해서는 우선 자신의 본래 모습을 체득해야 한다. 내 안의 빈 마음을 보고 나와 세계의 실체 없음을 깨닫는 것이다. 그것이 돈오이다. 그 공(空)의 청정한 본성을 따라 나 스스로 성불할 수 있다는 것, 내게 다가오는 타자 역시 그 빛 안에서 본래 나와 하나라는 것을 깨닫는 것이다. 이와 같이 주객과 자타의 분별지로부터 벗어나 고요한 평정의 가능성을 깨닫는 것이다.

그러나 이런 깨달음만으로 이미 있는 자타의 구분, 무명에 의해 축적된 장애가 사라지는 것은 아니다. 성불의 가능성을 현실에 옮겨 놓아 실제로 마음의 장애를 넘어서는 것이 곧 점수이다. 선한 행위를 위해 돈오가 필요하다는 것은 주지주의적 입장의 표현이다. 그러나 돈오한 내용의 실현이 점수를 요구하기에, 선한 행위를 위해서는 습관과 장애의 제거인 점수가 함께 해야 한다는 것은 주의주의적 입장의 표현이다. 중요한 점은 돈오한 것 자체가 나의 현상태의 인식이 아니라 내가 되어야 할 모습에 대한 인식이라는 것이다. 실현되어야 할 이상의 선취라는 것이다. 그렇기에 돈오는 그 이상의 현실화인 점수를 요구한다.

5. 인간의 사명

돈오의 순간 우리가 깨닫는 것은 자아의 자유일 것이다. 모든 현상의 구속성으로부터 벗어나고, 자기 마음의 때마저도 벗어날 수 있다는 자유, 내가 내가 아닐 수도 있다는 자유, 내가 죽을 수도 있다는 자유의 의식일 것이다. 그것은 곧 나의 시점을 내 밖에 세우는 것이다. 내가 만물을 둘러싼 벽이 되어서, 즉 주객 분리를 넘어서서 나를 다시 바라보는 것이다. 그러한 나의 초월적 시선 속에, 그 공허한 빈 공간 속에 비로소 대상이 있고 또 그 대상과 마주선 주관으로서의 경험 자아가 있다. 이처럼 돈오는 초월 자아의 자기 의식, 자아의 지적 직관이다. 자기 자신의 마음의 본래적 모습에 대한 홀연한 깨달음이다. 그 초월적 시점에 서면 만물이 하나로 통하여 한 대상에의 집착이 없다. 그것은 주객과 자타의 분리를 넘어선 초월 자아로서 "나 즉 우리"의 보편 자아의 의식일 것이다. 너와 나의 차별성을 넘어서서 우리가 하나의 우리로서 자각되는, 그러므로 더 이상 말이 필요 없는 이심전심(以心傳心)의 세계일 것이다.

그와 같은 자기 자신의 깨달음, 그 돈오의 가능성을 우리는 갖고 있다. 우리는 사실 매일 돈오를 행해야 할 윤리적 책임이 있기에 매일같이 양심을 통해 그 소리를 듣는 것인지도 모른다. 양심의 소리란 곧 초월 자아가 경험 자아를 힐책하는 소리인 것이다.

그런데도 왜 우리는 그렇게 자주 이와 같은 돈오, 지적 직관, 그리고 그 안에서 확인되는 초월 자아를 부정하는 것인가? 그것은 초월 자아가 우리에게 단지 가능성으로서만 자각될 뿐 현실성으로서 주어지지는 않기 때문이다. 그러나 바로 그렇기 때문에 초월 자아를 실현시키는 것, 개체적 이익을 떠나 자기 자신을 보편 자아가 되게 하는 것이 우리의 과제가 된다. 마음의 때를 벗고 마음을 비우는 것, 한마디로 경험 자아를 초월 자아로 이루어 나가는 것이 우리의 과제인 것이다. 사물과 대립하고 타인과 대립하는 나, 나를 내세우고 집착하고 편애하고 내 이익만을 계산하고 챙기는 그런 나이기를 그만두고, 남을 나와 함께 생각하는 나, 사심이 없고 집착이 없고 편파심이 없는 그런 빈 마음의 내가 되는 것이 우리의 과제일 것이다. 이는 곧 마음 본래의 모습, 내 본래의 모습, 내 본래의 자리로 돌아가는 작업이다.

돈오로써 파악한 것이 본래적 동일성이라면, 점수를 통해 완성해야 할 것은 그 동일성의 회복이다. 본래적 동일성이 본래이어야 할 모습, 본래 있는 것이라면, 그것은 곧 역사의 시작점일 것이다. 그리고 역사의 끝은 다시 그 본래이어야 할 모습으로의 복귀일 것이다. 그렇다면 본래 있는 것(빈 공간)을 있게 하고, 본래 없는 것(먼지, 구별, 장애)을 없게 하는 것—그것이 역사의 과정일 것이다. 그것이 시작과 끝 사이 의 인생일 것이다.

그렇다면 시작과 끝 사이의 생, 우리의 삶은 과연 무엇인가? 본래 있는 것을 있게 하고, 본래 없는 것을 없게 하는 것이 삶인가? 본래 없는 것, 없어야 하는 것, 마음의 때, 우리의 업(業), 그것이 없어야 할 것이고 본래 없는 것인데, 그런데도 그것이 있기에, 거짓말처럼, 환상처럼 없어야 할 것인데도 있기에, 그런 환상의 업과 싸워 나가는 것이 우리의 생인가? 그런 환상의 업과 싸워 나가기 위해 여기 주어 진 것이 우리의 삶인 것인가?

제 2 장
마음과 공

1. 자아에의 물음

현대인의 사고를 지배하는 가치는 객관성과 과학성이며, 그 행위를
지배하는 가치는 실용성과 효용성이라고 볼 수 있다. 즉 우리는 객관
적이고 과학적인 사고를 하고자 하며, 실용적이고 유용한 행위를 하
고자 한다. 그런데 이러한 가치 기준으로 본다면 철학만큼 비과학적
이고 비실용적인 학문도 없을 것이다. 도대체 철학을 해서 무엇 하는
가? 도대체 철학은 왜 그렇게 사변적이고 쓸데없이 어려운가? 도대체
철학은 분명한 답도 없는 물음을 왜 쓸데없이 묻고 있는가? 철학을
하면서도 이와 같은 물음을 던지면서 스스로 철학 함의 무가치성에
괴로워하는 것이 아마도 현대의 시대적 가치에 매몰되어 있는 우리들
의 공통적 특징일지도 모른다. 어떤 사람은 자신을 반시대적 사유자
(형이상학자), 무기력한 몽상가로 간주하기도 하고 어떤 사람은 자신의

철학에 대한 사랑을 부끄러워하며 철학에다 과학성과 실용성의 옷을 입히려고 노력할 것이다. 그러나 비과학성과 비실용성이 사유하는 자의 사고의 불명확성 때문이 아니라 사고해야 할 사태 자체에서 기인하는 것이라면, 철학의 과학화와 실용화는 오히려 철학적 사태의 왜곡, 즉 침대에 맞춰 발을 자르는 식이 될 위험이 있다. "철학은 해서 무엇 하는가?"라는 물음에 대해 나는 "삶은 살아서 무엇 하는가?"라고 반문해 본다. "철학은 왜 그렇게 쓸데없이 어려운가?"라는 물음에 대해 나는 "인생의 길은 쉬운 것인가?"라고 반문해 본다. "대답 없는 철학의 물음, 그런데도 떨쳐 버릴 수 없는 물음", 우리가 현실적 삶에서 진지하고 심각하게 던지는 물음 가운데 우리에게 그 명료한 답이 주어지는 경우가 과연 얼마나 되는가?

그 답이 객관적으로 만인이 누구나 알아볼 수 있게 주어져 있지 않은 물음, 그럼에도 불구하고 인간이면 누구나 물을 수밖에 없고, 따라서 이미 대답했거나 아니면 계속 그 대답을 찾아 헤맬 수밖에 없는 물음, 여기서 다루고자 하는 "자아란 무엇인가?"라는 물음 역시 그런 물음에 속한다. "자아란 무엇인가?", 즉 "나는 무엇인가?"라는 물음을 통해 우리가 묻고 있는 것은 "내가 무엇을 생각하고 무엇을 느끼고 무엇을 행하는 자인가" 하는 나의 경험적 규정에 대한 것이 아니라, 도대체 무엇인가를 생각하고 의지하고 행하는 바로 그 나 자신이라는 것이 무엇인가 하는 것이다. 시간적 변화 속의 상이한 모습에도 불구하고 나를 동일한 나로서 의식할 수 있게 하는 그 나 자신이라는 것은 도대체 무엇인가? 한 시점에 있어서 다양한 나의 속성들을 하나의 나로서 의식할 수 있게 하는 그 나란 무엇인가? 나는 누구인가? 내가 나 자신을 외모, 감정, 능력, 이념 등을 통해서가 아니라 단적으로 나 자신으로 의식하는 것이라면, 도대체 그 나 자신이란 무엇인가?

이 물음은 답이 잘 떠오르지 않는다고 하여 물음 자체를 회피할 수 있는 성질의 것이 아니다. 우선 내가 다른 사람이나 다른 대상에 대해 그것이 무엇인지 잘 모른다면 그 점은 납득할 수 있을 것이다. 왜냐하면 그 경우 알아야 할 것이 나 자신이 아니기 때문이다. 그러나 내가 알고자 하는 것이 바로 나 자신이라면, 그리고 어떤 방식으로든 내가 나 자신에 대해 "나는 나다"라는 의식을 가지고 있다면, 나는 그처럼 의식되는 나 자신이 도대체 무엇인지를 알 수 있어야 하지 않겠는가? 그리고 이 물음을 회피할 수 없는 또 다른 이유는 나 자신에게 가장 문제가 되는 것은 나 자신일 수밖에 없기 때문이다. 내가 세상 이치에 대해 아무리 많이 안다고 한들, 그렇게 아는 나 자신에 대해 알지 못한다면 그 앎이 무슨 의미가 있겠는가?

2. 공(空)의 논리

(1) 변화하는 다양성에 대한 동일성으로서의 공

지금 내가 하나의 책상을 바라본다고 하자. 이 경우 우리는 일상적으로 보고 있는 나와 보이는 책상, 주관과 객관, 자아와 대상을 구분한다. 이러한 일상적인 이분적 사고는 우리의 현실을 이해하는 "경험의 논리"이며, 또한 우리의 경험을 표현하는 일상적인 "언어의 논리"이기도 하다. 그러나 그와 같은 경험의 논리는 무엇에 근거한 것인가? 우리가 경험하는 현실의 근저에 놓인 공(空)을 밝혀 보기로 하자.

책상을 직관할 때 나는 단순히 그 책상의 색깔, 향기, 모습, 촉감 등 그것의 속성에 대한 감각만을 가지는 것이 아니다. 나의 직접적 직관의 대상은 그런 다양한 속성들을 가진 속성의 담지자로서의 책상 자체이다. 즉 책상을 볼 때 나는 노란색, 사각형, 딱딱함 등 각각의 분산된 감각 표상만을 갖는 것이 아니라, 그 각각의 성질을 하나의 대상에 귀속하는 성질로서, 즉 그 대상의 속성으로서 이해하는 것이다. 우리의 언어 논리가 "이 책상은 노랗다"라는 주어와 술어의 구조를 가지듯이, 우리의 경험된 현실 세계 역시 "하나의 책상이 가지는 다양한 성질들"이라는 실체와 속성의 구조를 띠고 있다. 그렇다면 여기서 전제된 실체란 무엇인가? 다양한 속성들에 대해 그것을 하나의 대상의 다양한 속성으로 파악하게끔 해주는 그런 속성의 담지자로서의 실체, 그리고 시간에 따라 그 속성들이 변화해도 그것이 동일한 하나의 대상의 변화라고 이해할 수 있도록 해주는 자기 동일성의 주체로서의 실체, 그 대상 자체란 무엇인가? 그것을 찾기 위해 대상으로부터 색이나 향기나 촉감 등의 속성들을 사상(捨象)했을 때, 우리에게 대상 자체로서 남는 것은 과연 무엇인가?

　대상 자체를 찾기 위해 그것의 속성들을 차례로 사상해 보는 우리의 사고 실험에서 최초로 떠오르는 것은 아마도 "양파의 논리"일 것이다. 우리는 딱딱한 양파 한 개에 대해 그 얇은 양파 껍질이 양파 자체는 아니라고 생각하여, 양파 자체에 이르기 위해 껍질을 하나씩 벗겨 나간다. 그 안에 양파 자체가 있을 것이라고 믿는 것이다. 양파 껍질을 많이 벗겨 낼수록 우리는 양파 자체, 양파의 핵에 가깝게 도달했다고 믿는다. 그러나 양파 껍질을 수고스럽게 다 벗겨 내고 나서 양파 자체를 만날 것으로 기대했던 그 자리에서 우리가 결국 발견하는 것은 무엇인가? 거기에는 아무것도 없다. 양파의 핵은 비어 있다. 속성을 사상하고 남는 대상 자체는 공이다. 물론 그렇다고 해서 대상이라는 것이 우리가 이미 개념적으로 파악하고 규정한 속성들 이상의 그 무엇이 아니라는 말은 아니다. 왜냐하면 우리가 대상의 모든 속성을 다 완벽하게 아는 것은 아니기 때문이다. 그러므로 대상이라는 것은 우리가 이미 아는 속성들 이상의 것이다. 그리고 이 점에서 우리의 일상 논리는 정당하게 대상과 속성을 구분하고 있다. 그러나 그렇다고 해서 대상 자체를 모든 경험 가능한 속성들 너머의 어떤 다른 것으로 상정한다면 그것은 잘못이다. 속성 너머의 어떤 것, 대상 자체, 그것은 공이다.

　존재하는 것의 핵심이 그 자체로서 공이라는 것은 대상뿐만 아니라 자아에 대해 생각해 보면 더욱 분명해진다. 우리의 본래의 물음으로 돌아와서 "나 자신이란 무엇인가"를 생각해 보자. 나의 신체적 외모가 나 자신인 것은 아니다. 내가 나이가 들어 주름이 생기고 모습이 변화해도 나는 나이다. 나의 생각이 나 자신인 것도 아니다. 시간이 지나서 생각이 바뀌고 추구하는 바가 달라져도 나는 나이다. 느낌이나 정서도 아닐 것이다. 시시때때로 변화하는 느낌 속에서도 나는 내가 동일한 나임을 의식한다. 그렇다면 나를 동일한 나로서 있게 하는 나 자신이란 도대체 무엇인가? 나는 누구인가? 타인을 사랑할 때, 우리는 그의 외모, 학벌, 재산이나 이념 등을 사랑하는 것이 아니라 그 인간 자체를 사랑해야 한다고 생각한다. 그러나 그 인간 자체란 무엇인가? 그것도 일반적 규정으로서의 인간이 아니라 구체적 한 인간에게 있어 그의 그됨, 그의 자기 동일성을 유지시켜 주는 그 자아란 무엇인가?

　대상의 경우와 마찬가지로 나 자신에 대해 나의 속성을 사상하면서 나를 찾으려고 하면, 나 자신은 그 어떤 것으로도 잡히지 않게 된다. 그 어떤 것으로서 파악되고 규정될 수 있는 나의 속성들이 현실적으로 존재하는 유(有)이고 그 속성이 없어져서 무(無)가 된다면, 그처럼 유와 무로의 변화의 기저에 있어 동일성을 유지하는 나 자체는 바로 공(空)이다. 있던 것이 없어지면 무이고 없던 것이 생기면 유이다. 그러므로 유와 무는 서로 대(對)가 된다. 그에 반해 그 대가 없는 것은 바로 공이다.

　있었다 없었다 하며 변화하는 현상에서 대상의 극으로 나아가도 우리는 공에 부딪치고 자아의 극으로 나아가도 공에 부딪친다. 그렇다면 결론은 대상도 없고 자아도 없다는 것인가? 공이라는 것과 함께 우리의 사고는 끝나게 되는가? 공에서 형이상학은 끝나는가? 아니면 그곳에서부터 우리의 사유는 다시 시작해야 하는 것인가?

(2) 근원적 실재로서의 공

반대 되는 두 개념, 예를 들어 선과 악, 빛과 어둠을 놓고 그 사태를 이해하는 데는 두 가지 설명 방식이 가능하다. 하나는 그 각각을 실재하는 것으로 이해하는 방식이고, 다른 하나는 그 중 하나만을 실재하는 것으로 여기며 다른 하나는 실재성의 결여로 이해하는 방식이다. 반대의 양극을 이루는 둘 다를 실재로 여긴다면 이 세상은 두 원리의 투쟁 장소가 된다. 이 세상의 선뿐만 아니라 악도 실재성을 가지는 것으로 간주하면, 그러한 악의 실재가 어디에서 오는가를 묻게 되고 세상의 창조자에게 선뿐만 아니라 악을 창조한 원인을 따지게 되며, 결국 선신(善神) 이외의 악신(惡神)까지도 주장하게 된다. 그에 반해 둘 중 하나만이 실재성을 가지는 것이고 다른 하나는 단지 그것의 결여일 뿐이라고 이해한다면, 부정적인 것의 근거를 되묻는 수고를 덜게 된다. 즉 선악에 있어서 실재하는 것은 선이고 악은 단지 선의 결여에 지나지 않는다고 보는 것이다. 결여로서의 악은 그 실재성을 가지지 않으므로 그것이 있게 된 근거를 되물을 수가 없게 된다.[1] 빛과 어둠에 있어서도 마찬가지이다. 실재하는 것은 오직 빛이며 어둠은 단지 그 실재하는 빛의 결여일 뿐이다. 빛의 결여를 어둠이라고 칭하는 것일 뿐이지 어둠이라는 것이 그 자체의 실재성을 갖고 따로 존재하는 것이 아니다.

결여? 그러나 그 결여가 뜻하는 바는 무엇인가? 있는 것, 실재하는 것이 점차 감소되어 사라질 때 결여가 나타난다. 빛의 실재가 감소하면 점점 그 결여로서의 어둠이 나타난다. 그러므로 있는 것은 빛이고 어둠

---

1) 이것이 이 세계의 악의 현상을 기독교적 유일신의 관점에서 해명 또는 변명하여야만 했던 기독교 철학자들의 변신론(辯神論)의 대체적 결론이다. 즉 신은 오직 선하므로, 신에 의해 창조된 이 세계에 실재하는 것은 오직 선일 뿐이다. 그러므로 악은 실재하는 것이 아니고 단지 실재해야 할 선의 결여일 뿐이라는 것이다. 아우구스티누스가 선악 이원론적인 배화교로부터 돌아서서 기독교로 회심하였을 때부터 기독교적 선악관은 이런 식으로 확립되었다.

은 없는 것이다. 그런데 우리는 이 동일한 사태를 놓고 완전히 다르게 생각해 볼 수 있다. 빛의 실재가 감할 때 어둠이 그 결여로서 나타나는 것이라면, 보다 근원적인 의미에서 정말로 실재하는 것은 과연 무엇인가? 증감하는 빛인가? 아니면 그 이면에 있다가 빛이 감할 때 그 모습을 드러내는 어둠인가? 우리가 도화지에 물감을 칠할 때, 그 도화지 위에 실재하는 색은 칠해진 색이며 아직 칠해지지 않은 곳에는 색이 없다고 여긴다. 그러나 칠해진 색보다 더 근원적인 의미에서 실재하는 것은 칠해지지 않은 부분에서 드러나는 바탕색일 것이다. 실재성을 갖고 증감할 수 있는 사물보다 더 근원적 의미에서 실재하는 것은 증감함이 없이 증감의 배면에 있는 공일 것이다.

그렇다면 그처럼 증감이 없는 공이란 무엇인가? 증감하는 사물을 포괄하되, 그 자체는 증감이 없는 바탕이 되는 공, 그것은 무엇인가? 그 자체 비어 있는 공으로서 만물을 그 안에 포용하여 생하게 하고 성장하게 하는 존재의 바탕, 그것은 무엇인가? 공으로서 만물의 바탕이 되는 그것은 자체 내에 아무런 규정을 담고 있지 않기에 없는 것과 같다. 규정을 떠난 존재는 무와 구분되지 않는 것이다.[2] 그것은 만물을 그 안에 담는 바탕으로서 끝(한계, 규정)이 없기에 없는 것과 같다. 무한히 큰 사각형은 끝이 없으므로 결국 각이 없고, 무한히 큰 소리는 들을 수 없고, 무한히 큰 형상은 모습이 없다.[3]

(3) 마음으로서의 공

객관 대상에서 그 속성적 규정을 사상했을 때 남는 것은 공이다. 그

---

2) "순수 존재는 순수 추상이고 절대적으로 부정적인 것이며, 따라서 직접적으로 보자면 바로 무이다." G.W.F. Hegel, *Enzyklopädia der philosophischen Wissenschaften*, §I, 87면.

3) "大方無隅, 大音希聲, 大象無形", 노자(老子), 《도덕경》(道德經), 제41장.

것은 그 대상을 인식하는 자아에 있어 그 자아의 규정들을 사상했을 때 남는 공과 다를 바가 없다. 즉 대상의 극과 주관의 극, 사물의 극과 자아의 극은 공으로서 결국 하나이다. 현상의 경험적 논리에 따라 구분되는 주관과 객관은 현상 초월의 논리, 즉 공의 논리에 따르면 결국 하나이다. 경험적 주객 차별성은 초월적 주객 동일성에 근거한 차별이다.

서양 형이상학사에서 사물에 대해 그 형상적 규정을 사상한 후 남게 되는 형상의 수용자로서의 사물 자체를 질료로 이해함으로써 질료와 형상, 물질과 정신의 이원론을 야기했다면, 그에 반해 이제 우리가 강조하는 것은 그와 같은 이원론의 부당함이며, 결국 현상 너머에 상정된 질료라는 것은 물질로서의 어떤 것이 아니라 우리의 마음과 다를 바 없는 공이라는 것이다. 즉 대상의 속성들 밖에 그런 속성들의 담지자로서 상정되는 대상 자체라는 것은 그 대상에 물질성을 부여하는 객관적 실체가 아니라는 것이다. 한마디로 말해 우리의 현상적 사물 세계의 근거는 우리의 마음과 분리된 어떤 이질적인 것, 즉 물질적 질료가 아니라는 것이다.

사물의 극과 자아의 극, 그 두 극의 동일성으로서의 공을 우리는 어떤 의미에서 마음이라고 부를 수 있는가? 이 점을 이제 마음 자체가 가지는 공의 성격을 통해 밝혀 보자.

가. 마음의 개방성

마음은 사물처럼 공간적인 구획을 차지하며 존재하지 않는다. 그렇다고 없는 것도 아니고 또 공간적 사물과 무관한 것도 아니다. 마음의 존재 방식의 특이성은 그것이 사물과 맺는 관계의 특이성을 통해 드러난다. 즉 마음이 사물과 형성하는 관계는 두 사물간의 관계처럼 그렇게 외적이고 배타적인 것이 아니다. 두 개의 사물은 한 공간에 둘이 들어설 수 없도록 서로 밀어내는 배타적 관계이지만, 사물에 대한 마음의 관계는 배타성이 아니라 포용성이며 개방성이다. 마음이 책상으로 나아가 그 공간에 들어선다고 해서 책상을 밀어내는 것이 아니고, 책상이 마음 자리로 들어선다고 해서 그것에 의해 마음이 막혀 버리는 것이 아니다. 신체로서의 나와 사물은 서로 배타적으로 밀어내지만 마음은 그러한 대립을 포괄하는 것으로서, 오히려 그런 대립적 관계를 가능하게 하는 그 근저의 통일성이다. 그 자체가 비어 있으므로 그 안에 주어지는 사물에 대해 열려 있는 이러한 마음의 특징이 곧 사물의 근저에 증감 없이 존재하는 바탕으로서의 공인 것이다. 사물을 포괄하는 개방성으로서의 이 마음 자체를 우리는 공이라고 부를 수 있다.

나. 마음의 자각성

공을 마음이라고 부를 수 있는 보다 근본적인 이유는 그 공이 우리 마음 안에서 의식된다는 것 때문이다. 즉 우리의 마음은 이분된 마음인 대상 의식으로서만 존재하는 것이 아니라, 대상을 의식하는 자아에 대한 자기 의식으로서 존재한다. 다시 말해 우리는 보이는 세계만을 의식하는 것이 아니라, 그런 세계를 보는 나 자신을 의식한다. 그리고 이때 나 자신은 대상적 세계와 동떨어져 분리된 내가 아니라, 앞서 말했듯이 세계에 대해 열려 있는 개방성, 공으로서의 나이다. 대상 의식에서 의식되는 것이 이미 나(주관)에 의해 객관으로서 대상화된 사물이라면, 대상 의식의 가능 근거로서의 자기 의식은 그러한 대상화 이전의 주객을 포괄하는 터전, 즉 공으로서의 마음에 대한 자기 의식이다. 이 점에서 마음은 곧 공의 자기 의식이며, 공은 곧 자각된 마음 이외의 다른 것이 아니다.

물론 이와 같은 공으로서의 마음의 직접적 자기 의식은 자아에 대한 반성을 통해 얻어낸 내성으로서의 자기 의식과는 구별되어야 한다. 즉 내가 책상을 바라보며 오직 책상에만 주목할 때 그때의 나의 의식은 대상 의식이다. 그러다가 다음 순간 책상을 바라보던 주관인 나 자신을 의식하며 그 나 자신에게로 시선을 돌린다면, 그때 나의 의식은

내성적 자기 의식이 된다. 그러나 이러한 내성적 자기 의식은 대상 의
식의 근거가 아니라 오히려 그 자체 대상 의식에 근거해서 비로소 가
능한 반성적 의식이다. 그것은 엄밀히 말해 나 자신을 대상화해서 의
식한다는 점에서 자기 의식이기보다는 오히려 자아를 대상으로 삼는
대상 의식의 일종이다. 그러나 우리가 밝히고자 하는 공으로서의 마음
의 자기 의식은 그와 같이 반성을 통해 비로소 얻어낸 의식이 아니라
오히려 그와 같은 반성 자체가 가능하기 위해 이미 있어야 하는 직접
적 자기 의식이다.[4] 왜냐하면 반성을 거쳐 우리가 주관으로서 확인할
수 있는 자아란 반성된 자아일 뿐이며 그런 의미에서 항상 그 반성
시점 이전의 과거의 자아인 것이다. 그런데 그 반성되는 과거의 자아
를 반성하는 그 순간 자아가 자신을 바로 그 반성하는 자아와 동일한
자아로 의식할 수 있다는 것은 곧 우리가 이미 반성에 앞서 그리고
모든 종류의 대상화에 앞서 직접적인 자기 의식을 가지고 있다는 것
을 말해 준다. 이 점에서 인간은 누구나 "나는 나다"라는 직접적인 자
기 의식, 즉 마음을 가지고 있다. 그러한 마음이 인간에게 세계를 포괄
하는 바탕으로서, 근원적 실재로서, 공으로서 자각되는 것이다.

다. 마음의 공허성
세계를 포괄하는 근원적 실재, 그것은 왜 공인가? 그리고 우리는 마

4) 간접적인 반성적 자기 의식과 구별되는 직접적 비매개적 자기 의식이 과
연 존재하는가 아닌가는 "지적 직관"의 문제로서 서양 독일 관념론의 핵심
적 논쟁거리이기도 했다. 불교 내에서도 이에 대한 논쟁은 치열하였으며,
서로 그럴 듯한 비유를 들어 상대를 반박하기도 하였다. 직접적 자기 직관
을 부정하는 관점에서 주로 드는 비유는 "다른 것 일체를 보는 눈은 자기
자신은 보지 못한다", "다른 모든 것을 벨 수 있는 칼은 자기 자신은 베지
못한다", "다른 일체를 밝히는 등불은 그 자체는 밝히지 못한다"(등불의 심
지는 어둡다는 말) 등이다. 그러나 직접적 자기 의식을 주장하는 관점에서
는 "다른 것을 비추는 빛은 그 자체가 가장 밝다", "일체를 적시는 물은 그
자체가 젖어 있다" 등의 비유를 제시한다.

음을 왜 공으로 자각할 수밖에 없는가? 우리는 흔히 무엇인가 많이 가지고 있으면 보다 풍성하고 완전한 존재라고 생각한다. 그 자체로 원만 자족하여 다른 모든 것으로부터 독립적일수록 보다 완벽한 존재라고 생각한다. 그러기에 사람들은 가장 완전한 존재로서의 신을 자족적 · 독립적인 존재라고 생각한다. 하지만 정말로 그런 것일까? 또한 우리는 인간을 신에 가장 가까운 상위의 존재로 이해하고, 동물을 그보다 하위의 존재로, 식물은 동물보다 더 하위의 존재로, 무생물을 가장 하위의 존재라고 생각한다. 그런데 이 존재 질서에 따라 무생물로서의 돌멩이, 식물로서의 풀, 동물로서의 개, 그리고 인간을 그 독립성과 자족성의 측면에서 비교해 보면 하나의 특이한 사실이 발견된다. 가장 하위의 존재인 돌멩이는 그 스스로 존재하기 위해 다른 어떤 것도 거의 필요로 하지 않는다. 그에 비해 풀은 그것으로 존재하기 위해 물과 토양과 햇빛 등을 필요로 한다. 풀보다 더 상위의 존재로 여겨지는 개는 풀보다 더 많은 다른 것에 의존적이다. 식물이 필요로 하는 것을 다 필요로 하며 그 위에 먹을 음식물, 활동할 수 있는 공간 등을 필요로 한다. 보다 상위의 존재로 여겨지는 인간은 동물이 가지는 의존성을 다 가지면서 나아가 다른 사람의 관심과 대화와 사랑을 필요로 한다는 점에서 그 어느 것보다도 더 비독립적이고 비자립적이다. 즉 상위의 존재가 되면 될수록 그것은 다른 것을 더 필요로 하며 다른 것에게로 열려 있다. 이렇게 볼 때 가장 완전한 상위의 존재자로서의 신은 가장 많이 다른 것을 필요로 하는 존재일 것이다. 즉 그 스스로는 완전히 비어 있으며, 그렇기에 가장 간절하게 다른 것을 갈구하는 존재일 것이다.

우리의 마음도 또한 그와 같다. 그 자체 비어 있음이 공과 같으므로 우리는 언제나 그 마음을 채워 줄 다른 무엇인가를 필요로 한다. 그러면서도 공이 본질적으로 그 안의 사물보다 크기 때문에 그 어느 것에 의해서도 완벽하게 채워질 수 없듯이, 마음도 언제나 완벽하게 채워

짐이 없이 늘 공허한 구석을 남길 수밖에 없다. 더구나 내가 나를 찾아 마음 안으로 침잠하면 할수록 마음의 비어 있음을 그대로 의식하므로 나의 마음은 더욱 공허해질 수밖에 없다. 마음의 공허함, 그것은 곧 삶의 공허함이다. 인간이란 본래 사물적 존재가 아니라 사물에 대해 열려 있음(공)이며, 그러한 공의 자기 자각(마음)이므로, 그 마음이 공허할 수밖에 없는 것이라면, 어찌 그 인간의 삶이 공허하지 않을 수 있겠는가? 마음 본래의 모습이 공이니, 인간이 자기 자신에 대해 눈뜰 때, 마음이 그 본래의 모습을 자각할 때, 그러한 공의 의식, 세상의 그 어떤 것으로도 채워지지 않는 철저한 공허감, 철저한 허무의 의식을 어찌 피할 수 있겠는가?

라. 마음의 초월성

그러나 이러한 마음의 공허성은 곧 마음의 초월성을 의미한다. 공은 유무를 초월한 바탕이며, 그 안에 주어지는 사물들을 넘어서는 지평이다. 그 안에 주어지는 사물들이 증감의 폭을 갖고 아무리 그 마음을 채우려 해도 채울 수 없는 것은, 본질적으로 마음이란 것이 사물 세계, 대상 세계를 초월한 것이기 때문이다. 인간을 목적으로 대해야지 수단으로 대하지 말아야 한다(칸트)는 것은 인간이 본질적으로 사물 세계를 초월한 존재이기 때문이다. 마음을 가진 인간, 공허함을 느낄 줄 아는 인간, 그 공허함의 의식 속에서 맹목적 충동이나 집착을 벗어날 줄 아는 인간, 그런 인간의 마음이 곧 초월적 마음인 것이다.

인간의 존엄성은 그가 소유한 재물, 그가 이루어 놓은 업적에 의해 얻어지는 것이 아니라, 그가 단순히 인간이라는 사실에서 비롯되는 것이다. 그리고 그가 단순히 인간이라는 것은 곧 그가 인간의 마음을 가졌다는 것을 의미하며, 따라서 그가 초월적 존재라는 것을 의미한다. 초월적 존재라는 측면에서는 인간은 누구나 평등한 존재이다. 이와 같이 인간의 마음을 공으로 이해하고 그 공의 초월성을 곧 인간의 초월성으로 이해한다면, 그러한 초월적 인간에게 윤리란 무엇인가? 공의 논리에 따라 인간의 본질을 초월로 이해할 때, 그 인간의 윤리 즉 공의 윤리란 어떤 윤리인가?

3. 공(空)의 윤리

(1) 공(空)과 고(苦)

인간에게 보다 원초적인 것은 개념적 사고보다는 느낌이다. 어떤 새로운 사태에 직면하면 인간은 그 사태를 개념적으로 파악하기에 앞서 이미 어떤 느낌을 가지게 된다. 인간과의 만남도 마찬가지이다. 대화나 행동을 통해 그 사람을 이해하기에 앞서 처음의 느낌과 인상이 그 만남의 방식을 크게 좌우하게 되는 것이다.

자신의 삶 그리고 존재에 대한 인간의 기본적인 느낌은 무엇인가? 생의 기본적 느낌은 무엇인가? 이러저러한 상황에서의 우연적인 느낌들을 떠나 순수하게 존재와 접하게 될 때, 우리의 원초적 느낌은 기쁨인가 고통인가, 친숙함인가 불안인가?

어떠한 원초적 느낌에서 출발하느냐에 따라 세계 및 삶 자체를 이해하는 데 커다란 차이가 생긴다. 즉 세계관의 차이는 존재에 대한 원초적 느낌의 차이에서 비롯된다고도 말할 수 있을 것이다. 우리는 기독교와 불교에서의 존재에 대한 느낌이 각각 다르다는 것을 발견하게 된다.

이 세상을 창조하고 나서 기독교의 신은 "보니까 좋더라"고 말한다. 그것은 곧 존재 자체에 대한 긍정이며, 존재를 기쁨으로 받아들이는 태도이다. 어쩌면 이것은 상식적 인간의 정상적 느낌을 말해 주는 것인지도 모른다. 아기가 태어나면 기뻐하고 축하해 주며 누군가 죽으면 슬퍼하고 위로해 주는 것이 우리의 상식이다. 어떤 형태로든 이 세상에 존재한다는 것 자체가 기뻐할 일이고 가치 있는 일이라고 여기는 것이다.

반면 석가모니의 출가 계기가 된 통찰은 생로병사를 겪는 일체의 존재가 고통이라는 것이다. 불교의 기본 진리 가운데 하나가 바로 "일체는 괴롭다"(一切皆苦)는 것이다. 존재 자체를 기쁨과 환희의 대상이 아니라 아픔과 고통으로서 감내해야 할 짐으로 여긴 것이다. 그러나 이것 역시 어떤 면에서는 "인생 고해"(人生苦海)라는 말이 어색하지 않은 우리의 기본 정서와 들어맞는다.

다시 문제의 원점으로 돌아가자. 존재가 우리에게 일으키는 느낌, 우리의 가장 원초적인 느낌은 기쁨인가 슬픔인가? 즐거움인가 서글픔인가? 우리가 앞서 논의한 것과 연관해 본다면 이 물음은 궁극적 실재로서의 공, 마음의 자기 의식은 어떤 느낌인가 하는 물음이다. 열려 있고 비어 있는 마음, 그 마음이 자기 자신에 대해 가지는 느낌은 앞서 말했듯이 공허한 느낌 그 자체일 것이다. 세상의 그 모든 것으로부터 자유롭고 초월해 있으면서도, 그 초월해 있는 바가 바로 채워지지 않은 공일 뿐이기에 그 공의 마음의 자기 느낌은 공허감이다. 그 공허감이 결핍과 욕구로 나타나 인간의 마음은 끊임없이 다른 것을 필요로 하며 자신을 채울 것을 찾아 헤매게 된다. 때로는 기쁨으로 때로는 아픔으로 메웠던 그 마음의 자리가 언제나처럼 다시 비게 되어 공의 자신으로 되돌아올 때, 그 빈 자리에서 밀려오는 공의 느낌은 잔잔한 슬픔이요 존재의 서글픔일 것이다. 마음의 초월성, 그 공허함이 곧 고이다. 공허하기에 채우고자 하는 갈망 또한 고이다. 채워지지 않기에 다시 공으로 되돌아가는 그 허전함 또한 고(苦)이다.

우리에게 주어지는 경험 세계의 대상들은 우리 마음을 때로는 기쁨으로 때로는 아픔으로 물들인다. 기쁨과 아픔은 서로 대(對)가 되어 느낌의 변화를 일으키는 것이다. 그러나 대상을 포괄하는 공으로서의 마음 자체의 느낌은 그 대가 존재하지 않는 슬픔 자체이다. 공허한 마음에 때론 기쁨이 때론 아픔이 찾아오지만, 마음 자체의 공허의 느낌, 존재의 고통은 경험적 느낌에 의해 삭감되지 않는 마음 바탕의 느낌인 것이다.

(2) 고(苦)의 공감

윤리란 인간과 인간의 관계에서 성립한다. 그러나 그 관계가 윤리적이기 위해서는 관계를 맺는 두 인간이 근본적으로 평등하다는 것이 전제되어야 한다. 즉 윤리는 1차적으로 대상 세계 내에서 목적과 수단, 주관과 객관의 관계를 맺게 되는 경험적 자아들간의 관계에서 성립하는 것이 아니다. 윤리적 가치는 경험적 대상 세계의 질서를 넘어서는 초월적인 것이다. 그러므로 초월로서의 인간의 마음과 마음의 관계 안에 비로소 윤리의 장이 형성되는 것이다. 나 스스로 초월적 마음으로 머무르면서 타인 역시 나와 평등한 초월적 마음으로, 그 자체 목적으로, 그 자체 공으로 대할 때, 비로소 그 두 마음의 관계가 평등한 윤리적 관계일 수 있다.

그렇다면 우리는 언제 타인 안에서 그런 초월적 마음을 바라보게 되는가? 피상적 겉치레, 외적인 장식, 표면적 업적과 평가 등의 모든 경험적 차별성을 넘어서서, 그도 나와 같은 마음을 가진 인간이라는 사실을 우리는 언제 실감하게 되는가? 나의 마음과 그의 마음이 하나가 되는 일치감을 우리는 언제 느끼는가? 즉 하나 되는 마음에서 형성되는 윤리적 공동체는 언제 가능한가? 마음의 공명은 언제 일어나는가?

일상적이고 자연적인 삶 속에서도 다음과 같은 점은 어느 누구나 몇 번쯤은 체험했을 것이다. 즉 우리는 상대방이 웃고 즐거워하고 기뻐할 때보다는 괴로워하고 슬퍼할 때 그에게 더욱 가까이 있음을 느끼게 된다. 우리에게는 기쁨보다는 슬픔이 더 깊게 침투한다. 우리 서로의 근본적 일치감을 느끼게 해주는 감정 이입은 기쁨에 의해서라기보다는 고통에 의해서 가능하다. 상대방이 나와 같은 인간이라는 것을 뼈저리게 느끼게 되며 그의 마음 곁에 마음으로 머물고 싶은 때는, 그가 이러저러한 일로 기뻐할 때보다는 오히려 그가 인간의 원초적인 느낌, 마음의 공허함으로부터 번져 오는 잔잔한 슬픔 안에 잠겨 있을 때이다. 세상의 경험적인 것들로부터 거부당하면 당할수록, 세속적 아픔에 시달리면 시달릴수록 고통받는 마음은 그 자신을 의식하게 되며, 자신을 의식하면 할수록 그 마음은 공허한 존재의 느낌 혹은 그 고통에서 벗어날 수 없게 된다. 마음의 공허함, 그 원초적 슬픔의 고통으로부터 벗어날 수 있는 인간은 아무도 없다. 세속의 분주함과 기쁨에 휩싸여 애써 공허를 잊으려는 것은 자기 자신을 잊으려고 하는 것과 다를 바 없다. 마음이 자기 자신을 돌아볼 때, 마음이 자기 자신의 본래 자리인 공의 자리로 돌아가 자신을 의식할 때, 마음의 자기 느낌이 바로 공허한 슬픔이기 때문이다. 그렇기 때문에 나의 마음이 타인의 마음과 하나임을 느낄 수 있는 감정 이입의 계기는 기쁨이기보다는 슬픔이다. 마음을 채우는 경험적인 것들로부터 발생하는 기쁨이기보다는 그 기쁨이 박탈당했을 때 몰려오는 아픔과 허무감, 그 본래의 빈 마음이 가지는 원초적 슬픔의 고통이다.

(3) 고(苦)의 나눔

고통 속에서 마주하는 마음과 마음의 관계는 어떤 의미에서 윤리적인가? 그것은 그 관계가 공허한 마음들의 관계로서 평등한 관계이기 때문이다. 누구나 그 마음에 있어서, 삶의 고통을 안다는 점에 있어서는 평등한 존재이기 때문이다. 따라서 윤리의 출발점은 행복이 아니라 고통이다. 어떻게 하면 인간들에게 있어 "최대의 행복"을 이끌어

낼 수 있는가, 어떻게 하면 인간들이 서로 행복을 나누어 가질 수 있
는가 하는 것이 윤리의 제1원리가 될 수는 없다. 보다 인간다운 관계,
평등한 관계는 행복과 즐거움의 나눔이기에 앞서 고통의 나눔이기 때
문이다. 윤리에서 우선적으로 고려해야 하는 것은 가진 자의 행복이
아니라 못 가진 자의 고통이다. 가진 자가 못 가진 자에게 무엇인가를
내줄 때, 그것이 윤리적인 이유는 가진 자의 행복이 나누어지고 있기
때문이 아니라, 못 가진 자의 고통이 나누어지고 있기 때문이다. 그
관계에 윤리성을 부여할 수 있는 것은 가진 자가 나누고자 하는 재물
에 있는 것이 아니라, 못 가진 자가 나누고자 하는 고통에 있는 것이
다. 단순히 무엇인가가 배분적 정의에 따라 공정하게 분배되고 있느
냐 없느냐 하는 것에 따라 윤리성의 유무가 결정되는 것이 아니다. 내
주면서 내가 무엇인가를 베풀고 있다는 생각이 함께 한다거나 혹은
심지어 내가 무엇인가를 빼앗기고 있다는 생각이 함께 한다면, 그 마
음은 윤리적이지 않다. 그 마음이 고통받는 자의 고통에 동참한다는
의식, 고통의 나눔이라는 의식이 함께 할 때 비로소 윤리적으로 되
는 것이다.

　재물은 여럿이 함께 나눌수록 점점 내 몫이 적어진다. 그러나 여럿
이 나누어 가지면 가질수록 점점 그 몫이 커지는 것이 있으니, 눈에
보이지 않는 모든 정신적인 가치가 그렇다. 지식이 그렇고 사랑이 그
렇고 또 우리가 함께 나누고자 하는 고통도 그러하다. 그렇다면 어째
서 우리는 고통을 배증시키고자 하는가? 나의 고통을 통해 타인의 고
통에 눈뜨고, 타인의 고통을 나의 고통으로 받아들임으로써, 이 세상
의 고통의 양을 증대시킨다는 것이 어째서 윤리적인가? 고통은 증대
시키기보다는 오히려 피해야 할 것이 아닌가?

　고통은 인간 삶의 원초적 느낌이기에 피할 수 있는 것이 아니라는
것이 앞서 내린 결론이었다. 인간이 자기 자신의 빈 마음의 상태로 돌
아오면 돌아올수록 공허한 슬픔이 고통으로 번져 온다는 것을 부정할

수 없는 것이라면, 그 고통을 피하려고 한다는 것은 자기 자신이 아니고자 하는 것일 뿐이다. 즉 자신의 마음을 잊고 살고자 하는 것일 뿐이다. 인간의 마음에 운명적으로 따라오는 원초적이며 자연적인 슬픔과 고통을 피하려 하기 때문에, 자신의 마음을 피하려 하기 때문에, 마음 없이 살고자 하기 때문에, 결국 세상에 인간은 있어도 마음은 찾아보기 힘들고, 그 많은 인간들의 관계를 지배하는 것이 마음이 아니라 물질이 되어 버린 것이다. 피할 수 없는 고통, 그것을 함께 나눈다는 것은 무엇을 의미하는가? 고통을 함께 나눔이 왜 윤리적인가?

피할 수 없는 고통이기에 그것을 안고 살면서 서로의 고통을 함께 나누는 것이 의미 있는 것은 함께 나눔을 통해 그 관계가 아름다워지기 때문이라고 생각한다. 결국 윤리라는 것은 외적 가치나 외적 강압에 의해 추구하는 것이 아니라, 그 자체의 아름다움 때문에 추구하는 것이다. 공허한 한 마음이 다른 공허한 한 마음과 마주하여 서로의 고통을 이해하고 한마음이 될 때, 그것을 묘사해 주는 가장 적절한 단어는 참되다거나 선하다거나 하기 이전에 아름답다는 것이 아니겠는가?

(4) 공(空)과 죽음

타인과 마주하여 그를 대상화된 현실 세계에 주어진 객체로 이해하는 것이 아니라, 현실을 초월한 공허한 마음으로 이해할 때, 우리는 그 만남의 소중함을 인식하게 된다. 우리가 바라보는 현상 세계는 이미 생성된 시간 안에서 대상화되고 고정화된 세계이다. 그것은 언제나 과거로부터 이해된 세계이고 생동적 마음이 이미 사라지고 단지 그 자취만이 남은 과거의 세계이다. 그것은 이미 과거화된 세계로서 고정화되어 있기에, 살아 있는 존재가 아니며 따라서 죽을 수 있는 존재도 아니다. 살아 있기에 또한 죽을 수 있는 것은 대상적 현상 세계가 아니라 그 현상을 초월한 마음뿐이다. 마음만이 본래적으로 현재적이다. 그것만이 현실을 초월하고 과거를 초월할 수 있기 때문이다. 그것만이 과거에 의해 살려지는 것이 아니라 매 순간마다 현재로서 사는 것이다.

마음을 이미 과거화된 고정된 현상 세계로부터가 아니라 그 자체의 현재적 삶으로 이해한다는 것은, 마음을 과거화된 세계를 넘어서는 초월, 즉 그 어디에도 자신의 정착점과 고정점을 가지지 않는 공허한 존재로 이해한다는 것이다. 이 마음의 공허함을 극단적으로 표현해 주는 것이 바로 죽음이다. 죽음에 의해서 우리는 살아 있는 마음이 공허할 수밖에 없다는 것을 알게 되고, 그 공허한 마음만이 가질 수 있는 현재의 의미를 발견하게 된다. 다시 말해 우리가 한 인간을 공허한 마음으로 이해한다는 것은 그 마음의 현재성에 눈뜨는 것을 말한다. 마음의 현재성이란 그것이 과거에 의해 살려지는 것도, 미래의 삶을 내포하는 것도 아니라는 것, 즉 그 존재의 찰나성을 의미한다. 그리고 그와 같은 마음의 공허한 현재성에 눈뜨게 하는 것이 바로 죽음이다.

기차가 떠나는 순간 창 밖에서 손 흔드는 자와의 영원한 이별이 다가오고 있다고 생각해 보라. 오늘 나와 여러분의 이 만남이 다시는 돌아올 수 없는 마지막 만남이라고 생각해 보라. 그때 우리의 만남은 고정되고 일상화된 과거의 지평을 벗어나서 현재적 마음으로 마주하게 된다. 그때 비로소 우리에게 "현재"의 충만한 의미가 되살아난다.

우리의 일상적 마음이 언제나 과거의 세계 속에 살고 있으므로 우리는 늘 현재를 놓치고 산다. 다가오는 현재를 언제나 미래의 일로 연기해 놓고 사는 것이다. 삶의 공허와 고통을 감당할 수 없기에, 자기 자신을 감당하기에 너무나 약한 마음이기에, 현재를 미래로 연기시키면서 언제나 과거의 세계 속에 묻혀 살고 있다.

그러나 현재 이 순간에 현재를 가지지 못한 자가 언제 현재를 가질 수 있겠는가? 지금 현재의 순간에 영원을 포착하지 못한다면 영원히 현재는 주어지지 않는다. 연기된 삶은 언제나 돌아오지 않는 삶인 것이다. 현재에 충실한 삶, 그것은 다음 순간의 죽음을 준비하는 삶이 아닐까? 현재에 충실한 마음과 마음의 만남만이 공허하고 고통스러운 이 세상에서 우리에게 허용된 마지막 아름다움이 아니겠는가?

4. 자아의 역설

완벽하지 못한 인간이기에 그 인간의 행위는 언제나 보다 나아질 수 있는 가능성에 비추어 보면 한없이 부족한 행위일 뿐이다. 그러므로 인간의 행위, 그 삶 자체는 끊임없는 죄지음이기도 하다. 그렇다면 인간이 자기 자신을 그처럼 부족한 부분, 아직 자신 안에서 완성되지 않은 부분에 위치시키고자 하는 것은 자신의 죄를 용서받고 싶어하는 바람의 표현인가 아니면 위선과 자기 기만의 표현인가?

어떻게 보면 철학이란 역설이다. 인간이 역설이기 때문이며, 보이는 것〔色〕과 보이지 않는 것〔空〕의 어울림 자체가 역설이기 때문이다. 지금까지의 우리의 논의가 담고 있는 역설은 무엇인가? 인간의 본질을 공으로 보고 그 자유와 초월성을 말하는 것은 아직도 세상적인 것에 의해 구속된 영혼, 따라서 비어 있어 자유롭기보다는 오히려 막혀 있어 답답해하는 인간만이 외칠 수 있는 독백이라는 역설이 담겨 있다. 삶의 본질을 고통으로 보며, 그러므로 인간은 삶을 알기 위해 보다 많은 고통을 떠맡아야 한다고 주장하는 것은 어쩌면 본능적으로 고통을 피하고자 하는 인간, 주어지는 고통을 감당해 내기가 현실적으로 불가능한 인간, 따라서 과다한 고통 앞에서 기절하거나 미치거나 죽어버리고 마는 그렇게 약한 인간의 역설적 자기 이해일지도 모른다.

제3장
아공과 법공 그리고 공공

1. 자아의 욕망

"이것이 있으므로 저것이 있고, 이것이 생하므로 저것이 생하고, 이것이 없으므로 저것이 없고, 이것이 멸하므로 저것이 멸한다."[1] 석가모니의 기본 통찰인 연기(緣起)가 말하고 있는 것은 존재하는 어느 것도 독립적인 자기 실체성을 갖고 자기 동일적 속성을 유지하는 불변적 존재가 아니라는 것이다. 존재하는 모든 것은 독립적인 실체로서 존재하는 것이 아니라 인과 연이 모여 이루어진 것이고 따라서 그 인과 연이 다하면 흩어져 사라져 버린다. 색(色)·수(受)·상(想)·행(行)·식(識)의 오온(五蘊) 화합의 사물뿐만 아니라 그 사물을 이루는

---

1) 이것이 중도로서의 연기설인 "此有故彼有 此生故彼生 此無故彼無 此滅故彼滅"
   이다. 《잡아함경》(雜阿含經), 제10권, 262면.

각각의 오온 자체도 마찬가지이다. 오온 중 그 어느 것에서도 실체로 볼 수 있을 만한 단단한 알맹이는 찾을 수 없다는 것을 설명하기 위해 석가모니는 색·수·상·행·식을 각각 물거품·물방울·아지랑이·파초·꼭두각시 등에 비유한다. 그것들 안에 견실한 것이 없으므로 취할 것이 없고 따라서 집착할 것이 없다는 것이다. 단단한 것을 찾아 파초의 껍질과 속을 다 벗겨 보아도 결국 남는 것은 단단한 핵이 아니라 텅 빈 공(空)일 뿐이다. 이처럼 오온은 비아(非我), 즉 공(空)이다.[2] 이와 같은 무실체성, 무자성(無自性) 혹은 공성에서 비롯되는 것이 바로 일체의 무상성(無常性)이다. 그 자체로서 존재하는 것이 아닌 것, 인연 화합에 의해 생겨난 것은 또 그렇게 인연 화합에 의해 멸하는 것이다. 따라서 고정된 것, 영구 불변의 것, 그 자체로 무한한 절대적인 것은 아무것도 없다. 유한한 생을 가진 유기물뿐 아니라 생명이 없는 무기물도 자세히 보면 미세한 소립자에서부터 거대한 천체에 이르기까지 영구 불변적인 것이 아니라 자기 수명을 가지고 있다. 우주 역시 무한한 시공간 속의 무한한 존재가 아니다. 밤하늘의 별도 수소라는 성간 물질(星間物質)이 모여 별이 되고 그 형태를 유지하며 변천하다가 결국은 소멸하여 형체가 사라지게 된다. "성주괴공"(成住壞空)의 원리를 벗어나지 못하는 것이다.

그러나 무상성이 뜻하는 것은 존재하는 것의 머무름이 영원하지 않고 결국 언젠가는 괴멸한다는 단지 그 사실이 아니다. 무상성의 근본적 의미는 바로 그것의 머무름 자체가 매 순간의 찰나 생멸로서 성립한다는 것이다. 예를 들어 원자는 양성자와 중성자와 전자로 분할되는데, 양성자와 중성자 내부에는 무수한 소립자들이 매 순간 생성되었다가 소멸된다고 한다. 그리고 이 소립자의 수명은 10^{-23}초라고 한다.[3] 지속적인 것처럼 보이는 사물도 실제로는 매 순간의 찰나 생멸

2) 《잡아함경》, 제10권, 265면.

을 겪고 있는 것이다. 우리는 존재의 무상성과 찰나 생멸성을 가리고 있는 베일 덕분에 존재의 지속성의 환상을 만들어 내는 것이다.

그리고 우리는 그런 환상 속에서 산다. 어제의 이 책상과 오늘의 이 책상이 동일하다고 생각하며 하나의 동일한 것이 지속하는 것이라고 생각한다. 어제의 나와 오늘의 내가 동일하다고 생각하며 동일한 하나의 내가 지속하는 것이라고 생각한다. 어제 밤새 죽은 사람에 대해서는 지금 이 순간 어제의 그 사람이 없다는 사실은 실감하지만, 나에 대해서 어제의 내가 없다는 사실, 마치 10년 전의 젊었던 내가 이제 더 이상 없듯이 어제의 내가 이제 더 이상 없다는 사실은 실감하지 못한다. 아니 어제의 내가 아니라 1시간 전의 나, 1분 전의 나, 찰나 전의 나마저 지금 이 순간에는 더 이상 없다는 것, 어디로 옮겨 간 것이 아니라 그냥 완전히 사라져 버렸다는 것, 그렇게 일체가 무상하고 찰나 생멸한다는 것, 일체가 공이라는 것을 우리는 실감하지 못한다. 말이 되어 나온 음성은 말한 다음 순간 사라져 버리며 그 다음의 음성은 앞의 그 음성이 아니라는 것, 타오르는 등불은 불타는 다음 순간 사라져 버리며 그 다음의 등불은 앞의 그 등불이 아니라는 것, 그렇게 존재하는 것의 지속은 단 한 찰나에 그쳐서 생한 다음 순간에 멸하고 만다는 것, 그렇게 찰나 생멸하는 무상한 존재라는 것을 우리는 실감하지 못한다. 존재의 무상성에 대한 무명의 베일 덕분에 우리가 갖게 되는 것은 존재의 지속성에 대한 환상이다. 우리는 모든 것이 각기 자기 동일적 존재로서 상주한다는 환상 속에서 산다. 내가 나라고 생각하는 것이 정말 나이고, 내가 나의 것이라고 생각하는 것이 정말 나의 것이라고 생각하며 사는 것이다.

그렇다면 이러한 환상은 무엇에 기인하는가? 무상한 존재를 상주하는 것으로 바꾸어 놓고, 덧없이 사라져 가는 일체의 것을 영속화하고

---

3) 양성자와 중성자를 구성하는 이 짧은 수명의 존재가 바로 쿼크(quark)이다.

고정화시키는 것은 과연 무엇인가? 찰나 생멸하여 자기 동일성을 확
보할 수 없는 무상한 존재에 일정한 틀과 일정한 의미를 부여함으로
써 지속적인 자기 동일적 존재로 바꾸어 놓는 것은 과연 무엇인가?
그것은 바로 의지, 욕망, 애(愛)와 집착이다. 그리고 그 욕망적 의지를
구성하고 그 욕망 대상을 구성하는 것은 바로 언어이다. 우리가 생각
하는 존재의 동일성은 바로 언어의 힘에서 비롯되는 관념적 동일성이
다. 나라는 관념, 책상이라는 관념, 인간이라는 관념, 사랑이라는 관
념, 삶과 죽음이라는 관념…. 그 관념들을 통해 낱낱의 분산된 찰나
생멸적 존재가 일정한 크기와 일정한 의미를 지닌 지속적인 자기 동
일체로 구성된다. 그리고 그 크기와 의미에 따라 우리의 욕망의 크기
와 강도가 결정된다. 따라서 우리가 언어에 따라 존재를 파악하고 있
는 한, 우리는 그 언어가 함축하고 있는 욕망을 따를 수밖에 없다. 그
리고 그 욕망에 의해 구성된 사물의 관념적 자기 동일성에 따라 우리
안에 그 동일적 사물에 대한 집착이 생겨나는 것이다. 우리가 일상적
으로 인식하고 이해하고 분류하고 욕망하는 이 세계, 자기 동일적 존
재자의 총체로서의 이 세계는 바로 우리의 관념적 동일성에 기반을
둔 관념 세계이다. 책상 위의 한 권의 책을 발견하며 그것을 읽기 위
해 손을 뻗을 때, 나의 행위는 나의 관념에 따라 이루어진다. 눈 앞의
그것이 하나의 책이라는 관념, 그 책 안에 어떤 글이 씌어 있을 것이
라는 관념, 바로 그 글을 읽겠다는 관념 등에 근거한 것이다. 인식의
대상으로서의 세계이든 행위의 대상으로서의 세계이든 그것이 영속
적·지속적인 자기 동일적 세계로 이해되고 있는 한, 그것은 모두 다
나의 관념, 그런 동일성을 구성해 내는 나의 욕망과 집착을 벗어나 있
는 것이 아니다. 지속적인 동일한 존재로서 파악된 나의 세계는 관념
적 동일성에 근거한 나의 관념 세계이다.

그런데 찰나 생멸적인 무상한 존재를 고정화하고 영속화하는 그
욕망과 집착으로부터, 우리의 관념 세계로부터 우리가 얻게 되는 것

은 고통이다. 내 것이라는 관념에 따라 내 것을 원하는 욕망과 집착이 있기에, 원하는 것을 얻지 못하는 고통과 원치 않는 것을 당해야 하는 고통이 생긴다. 궁극적 고통으로 표현될 수 있는 생로사(生老死)의 고통의 원인은 바로 욕망이다. 불교 연기설에 있어 마지막 생과 노사를 이끌어 오는 중간 항이 바로 애(愛)인 것은 이 때문이다. 이 애, 욕망, 탐욕은 마음의 해탈을 방해하는 장애, 열반의 증득을 방해하는 번뇌장(煩惱障)이다. 그렇다면 이 욕망의 근원은 무엇인가? 그것은 일체의 무상과 무아를 알지 못하는 무명(無明)이다. 그러므로 연기설에 있어 고통의 노사로부터 그 항을 거슬러 올라가면 애가 나오고 다시 또 거슬러 올라가면 그 최초의 항인 무명이 나온다. 찰나 생멸적 무상성과 무아성을 모르는 무명이 있기에 그것을 항상된 것으로 집착하고 나의 것으로 욕망하는 애가 생기며 애가 있기에 생과 노사의 고통이 있는 것이다. 고통의 궁극적 원인인 이 무명은 지혜로운 해탈을 방해하는 장애, 보리(菩提, 반야 지혜)의 증득을 방해하는 소지장 (所知障)이다.4) 일체의 삶의 고통이 바로 사랑에서 비롯된다는 것5) 그

---

4) "탐욕을 벗어나는 것이 심해탈이고, 무명을 벗어나는 것이 혜해탈이다"(離貪欲者 心解脫 離無明者 慧解脫),《잡아함경》, 제26권. 이상의 언급을 간략하게 도표화하면 다음과 같다.

無明 --------------> 愛(욕망) -----------> 生老死(고통)
所知障　　　　　　　　　煩惱障
法執(法空을 모름)　　　我執(我空을 모름)
↕　　　　　　　　　　↕
慧解脫(보리를 증득)　　心解脫(열반을 증득)

5) 사랑을 왜 이렇게 부정적으로 보는가, 사랑만이 인간을 인간답게 하는 것이 아닌가 하는 반론도 가능할 것이다. 믿음과 소망과 사랑, 그 중에 제일은 사랑이라고 하지 않았는가? 그처럼 긍정적 의미의 사랑 혹은 관심을 나타내는 불교 개념은 사랑[愛]이 아니라 "자비"이다. 이른바 불교에서는 특정인에 집착하여 심신으로 그와 하나가 되고자 갈구하는 그런 사랑을 갈애(渴愛)라고 하여 부정적으로 본다. 물론 갈애라도 그 자체가 뭐가 나쁜가라고 반문할 수도 있을 것이다. 그런 사랑이라도 있는 것이 낫지 않은가? 오히려 그

리고 그 사랑은 무명에서 비롯된다는 것, 이보다 더 정확한 통찰이
어디 있겠는가?

2. 아공(我空) : 욕망의 소멸 ─ 실재 아닌 가상의 자각

석가모니의 깨달음은 1차적으로 존재의 무상성, 공의 깨달음이다.
"색이 무상하다는 것을 관찰하라. 이렇게 관찰하면 그것이 바른 관찰
이다."[6] 모든 번뇌와 고통은 바로 이 무상성을 모르는 데서 비롯되며,
따라서 우리가 고통으로부터의 자유, 해탈을 얻지 못하는 것도 바로
이 무상성을 모르는 데서 비롯된다. 무상성을 모르는 무명이 고통과
속박의 근거가 되는 것이다. 그렇다면 무상성의 무명이 어떻게 해서
고(苦)를 낳는가? "일체개고"(一切皆苦) 혹은 "색은 무상이며, 무상은
즉 고이다"[7]라고 말한다고 해서 존재 자체, 존재의 무상성 자체가 곧
고인 것은 아니다. 왜냐하면 존재의 무상을 무상으로서 알게 되면 고
는 사라지기 때문이다. 무상성 자체가 고가 아니고 무상성을 모름에
서 고가 생기는 것이다. 그러나 그렇다고 무상성의 무지 자체가 곧 고
인 것도 아니다. 즉 존재의 실상을 모르는 그 답답함 자체가 고통인
것도 아니다. 무상성의 무지가 고가 되는 것은 존재가 무상하다는 것
을 모르기에 그것을 영속적인 것인 듯 욕망하고 집착하게 되기 때문

런 사랑보다는 증오나 미움이 더 문제인 것이 아닌가? 그러나 문제가 되는
미움이나 증오는 거절된 사랑이기에 바로 사랑의 이면이며, 바로 이 이면을
통해 사랑의 한계가 드러나는 것이다. 즉 사랑과 증오는 동전의 양면이다.
증오와 미움과 투쟁이 문제라면, 그것은 그 이면의 이른바 사랑이 완전한
사랑, 즉 자비가 아니기 때문이다.
6) "當觀色無常 如是觀者 則爲正觀", 《잡아함경》, 제1권, 1면. 이것이 원시 근본
불교의 기본 경전인 《잡아함경》의 첫머리에 나오는 석가모니의 말이다.
7) "色無常 無常卽苦", 같은 책, 제1권, 9면.

이다. 즉 무상성 자체도 아니고 무상성의 무지 자체도 아니고, 무상성의 무지에서 비롯되는 지속적 존재에의 욕망과 집착이 바로 고통의 근거인 것이다. "색에 대해 알지 못하고 밝지 못하여 끊지 못하고 탐욕을 떠나지 못하여 고를 끊지 못한다."[8] 무명이 애로, 애가 노사로 이어지는 것이다.

만일 무상한 것 자체가 고라면 인간은 그것에 집착하지도 않을 것이다. 인간 안에는 이미 즐거운 것을 탐하고 집착하며, 괴로운 것을 싫어하고 떠나려 하는 본성이 들어 있기 때문이다. 만일 일체인 오온이 그 자체로 괴로운 것이라면 인간이 저절로 그것에 집착할 리가 없을 것이므로, 굳이 오온에 집착하고 탐욕하지 말라고 강조할 필요도 없는 것이다. 부정할 수 없는 것은 오온이 항상 괴로운 것이 아니라 때로는 즐거운 것이기에 중생이 그것에 집착하고 그 오온을 마치 나인 듯 여기며 거기에 얽매이게 된다는 것이다.[9] 그 애욕과 집착에 빠져 오온의 무상성을 보지 못하는 것이다. 그러나 내가 그것을 아무리 즐겨 애착하고 아낀다고 해도 나의 애착의 대상은 필경 덧없이 사라지고 끊어져서 내게 근심과 슬픔과 번민을 남겨 준다. 이와 같이 사랑을 번민으로 갚는다는 의미에서 불교는 오온을 악마의 짓이며 결국 나를 죽이는 원수라고 부른다.[10] 사라질 모래성에 애착하느니 차라리 그것을 미리 부수고 그것에 대한 사랑을 버려 괴로움을 끊는 것이 현명하지 않겠는가?[11]

---

8) "不知不明不斷不離欲 則不能斷苦", 같은 책, 제1권, 3면.

9) 같은 책, 제3권, 81면.

10) 같은 책, 제3권, 104면. 원수가 종으로 가장하고 접근해 와서 주인이 충실한 종이라고 믿고 방심한 틈을 타서 주인을 죽인다는 비유가 있다. 인간이 나 또는 나의 것이라고 가깝게 여기고 아끼는 것이 결국은 자아를 속박하고 죽이는 것이라는 의미에서 원수와 같다고 말한다.

11) 같은 책, 제6권, 122면. 자신이 만든 모래성에 애착을 가지는 아이는 늘 마음이 그리로 가서 안타깝고 괴로운 데 반해, 애착을 버리고 그것을 허물어 버리면 마음이 자유롭고 사랑이 다해 괴로움도 없을 것이라고 말한다. 물론

그러므로 불교가 강조하는 것은 존재의 무상성과 무아성을 바로 알아 그것에 집착하지 말라는 것이다. 모든 것이 지속적인 자기 동일적 존재가 아니므로, 자신을 어느 하나와 동일시하거나 자신을 어느 하나에 고정화시키고 매달리지 말라는 것이다. 동일시를 경계하기 위해 비아를 말하고, 고정화를 경계하기 위해 무상을 말한다. 그리고 이러한 동일시 혹은 고정화의 경향을 욕탐, 애, 갈애, 애취, 한마디로 욕망이라고 말한다. 문제는 무상하고 무아인 일체 존재 자체가 아니라, 그것을 항상된 아(我)인 것으로 고정화하고 동일시하는 우리의 욕망인 것이다.

대상에 매달리고 집착하는 우리의 욕망이 결국 우리 자신의 삶을 부자유스럽고 고통스럽게 한다는 것을 불교는 여러 비유를 통해 기술한다. 오온 중 식(識)을 종자에 비유하고 색(色)·수(受)·상(想)·행(行)을 그 종자가 싹트고 자라날 수 있게 하는 터전의 땅에 비유하는 《잡아함경》의 한 비유에 따르면 욕탐이란 바로 그 터전에서 그 종자가 자라날 수 있도록 그 둘을 관계 맺어 주는 또 다른 근본적 요소로서의 물에 해당한다.[12] 색·수·상·행의 사처(四處)에 던져진 종자에 탐욕의 물이 흐름으로써 비로소 고통과 번뇌의 식이 번성하게 된다는 것이다. 불자의 과제는 식이 네 곳에 머무르지 못하고 자라나지 못하게 하는 것이다. 머무를 바가 없는 경계 없는 식은 더 이상 식이 아니

원시 불교는 일체가 무아이고 무상이라는 지혜 위에서 고(苦)와 낙(樂) 둘다에 분노하지도 집착하지도 말아야 한다고 주장한다. 즉 내가 끊어야 하는 것은 즐거운 것에 대한 애착뿐만 아니라 괴로운 것에 대한 싫음과 회피심도 마찬가지이다. 즐거운 것에 대한 애착의 탐심(貪心)과 괴로운 것에 대한 회피의 진심(瞋心)은 둘 다 극복되어야 하며, 이를 위해서는 어리석은 치심(癡心)에서 벗어나야 한다. 무명을 깨고 일체가 공이라는 것을 알아 관념적 가상 세계를 설립하는 욕망과 집착을 벗어나야 한다. 가상을 넘어 공에 머무를 때, 즐거움도 고통도 없는 진정한 평안이 있다는 것이다.

12) 같은 책, 제2권, 39면.

며 그 마음은 해탈하기 때문이다. 흰 소와 검은 소가 함께 굴레에 매여 있을 때 흰 소가 검은 소를 맨 것도 아니고 검은 소가 흰 소를 맨 것도 아니다. 그 둘을 매고 있는 것은 굴레이며 둘은 그 굴레에 의해 매여진 것이다. 그 둘을 매는 굴레가 바로 욕탐이다. 마찬가지로 육근〔주관 : 안(眼)·이(耳)·비(鼻)·설(舌)·신(身)·의(意)〕과 육경〔객관 : 색(色)·성(聲)·향(香)·미(味)·촉(觸)·법(法)〕은 매여진 것이며, 이 둘을 매고 있는 것은 욕탐이다.[13] 이러한 욕탐에 의한 주객의 관계 맺음이 바로 그 둘의 분별을 가능하게 한다. 주객으로 헤아려 분별하면서 동시에 근이 경에 매이는 것, 주관이 객관에 매여 그것을 나 또는 나의 것이라고 집착하게 되는 것을 욕탐이라고 한다. 문제는 오온 혹은 육근과 육경이 아니라 근을 경에 매달리게 하고, 주관을 객관에 얽매여 집착하게 하는 욕망이다. 나를 세계에 얽매 놓는 굴레인 욕망을 벗어나는 것, 이 욕망에서 비롯되는 환상의 세계로부터 벗어나는 것을 자유, 즉 마음의 해탈이라고 부른다.[14]

3. 법공(法空) : 무명의 소멸 ― 실재 없는 가상의 자각

우리의 욕망과 집착이 우리의 무명(無明)으로부터 온 것이라면, 그 무명을 벗어나기 위해 우리에게 밝혀져야 할 명(明)이란 과연 무엇인가? 무명에서 욕탐이 생긴다면, 우리가 알아야 할 것은 무엇인가? 그 것은 일체의 것이 찰나 생멸하여 무상하며 무아라는 것이다. 우리가 욕망하고 집착하는 일체의 사물이 바로 우리 자신의 욕망에 의해 자

---

13) 같은 책, 제9권, 239면에서는 6근과 6경을 결소계법(結所繫法)으로 보고 그 둘간의 결법(結法)을 욕탐으로 본다. 소의 비유는 《잡아함경》, 제9권, 250면에 나온다.
14) "斷欲貪者 心解脫", 같은 책, 제26권.

기 동일적 사물로서 동일화되고 영속화된 환상, 관념적 동일성에 입각하여 구성된 현상이라는 것이다. 그러나 이것이 의미하는 바는 정확히 무엇인가?

우리가 인식하며 관계하는 이 세계가 우리 자신의 욕망에 의해 자기 동일적 사물로서 영속화되고 집착된 관념 세계라면, 그런 현상의 배후에 찰나 생멸하는 궁극 실재가 따로 있다는 것인가? 욕망을 떠나면 그런 실재와 접하게 되는가? 우리의 관념 너머에 그런 참된 실재가 따로 있는가? 한편으로는 일체를 찰나 생멸하기에 무상이고 무아이며 공이라고 말하면서, 다른 한편으로는 그것을 우리의 관념적 환상 너머의 참된 실재 혹은 궁극적 존재라고 말할 수 있겠는가?

지금의 사태를 비유적으로 이해해 보자. 극장에서 영화를 볼 때, 우리가 보는 세계는 장면이 끊기지 않는 한 연속적으로 연결되고 이어지는 하나의 세계이다. 그러나 그 세계는 그 맞은편에 있는 영사기 안의 돌아가는 필름이 그려 놓은 활동의 산물이다. 이 경우 우리가 실재하는 것으로 생각하는 것은 영사기 안의 낱낱의 필름이지 자막에 그려진 연속적 현상이 아니다. 자막에 그려진 현상의 연속성은 본래 아무런 연관 없이 존재하는 낱낱의 필름이 1초에 24장이라는 빠른 속도로 돌아감으로써 만들어진 가상이다. 자막 위에서 우리가 보는 연속적 흐름 혹은 그 흐름을 관통하는 사물 혹은 인물의 동일성은 우리가 실재하는 것이라고 생각하는 그 필름 자체에 의해서는 확보되지 않는다. 우리가 존재하는 일체는 찰나 생멸하며 자기 동일적 사물들을 가상 혹은 환상이라고 말할 때, 우리가 머리에 떠올리는 것은 대개 앞의 비유에서와 같은 실재와 환상의 관계이다. 돌아가는 필름 중의 한 장면이 24분의 1초라는 짧은 한순간 자막에 비춰지기 시작하는 순간이 생이고 끝나는 그 다음의 순간이 멸이다. 그런데 우리는 그렇게 생멸하는 필름 자체를 낱낱으로 보는 것이 아니라 그것의 흐름이 만들어 놓은 가상을 볼 뿐이다. 그 가상은 자막을 보는 우리의 마음 안에만 관념적으로 있을 뿐이다. 그러나 이 그럴 듯한 비유가 드러내는 우리의 사유의 한계는 무엇인가?

우리가 사물의 자기 동일성과 연속성은 환상일 뿐이며 실재하는 것은 찰나 생멸하는 것이라고 말하면서 실재와 환상의 관계를 앞의 비유처럼 이해한다면, 우리가 실재라는 개념 아래 실제로 이해한 것은 진정으로 찰나 생멸하는 것이 아니라 현상의 차원에서는 찰나 생멸로 보이지만, 실제로는 영구 불변하는 실체인 것이다. 영사기 안의 낱낱의 필름이 자막 위의 현상으로 나타나는 것은 단 한 찰나, 즉 현재로서 나타나는 것은 단 한 찰나이지만, 그 필름 자체는 미래에서 현재를 거쳐 과거로 이동해 가면서 계속 실재한다. 사물의 찰나 생멸이란 그것이 현재화된 순간의 찰나 생멸을 의미할 뿐이며, 그것 자체는 미래·현재·과거의 삼세를 거쳐 실재하는 것이다. 이것이 바로 일체 현상의 무상성과 무아성을 주장한 근본 원시 불교 이후 등장한 부파 불교(部派佛敎), 유부(有部)에서 주장했던 "법체항존 삼세실유"(法體恒存三世實有) 사상이다. 우리가 보는 현실은 우리 자신의 욕망과 집착에 의해 그려진 현상이지만, 그 배후에는 참된 존재, 법이 실재한다. 이 법을 법 자체로 보지 못하고 그것을 우리 자신의 의지와 욕망에 따라 합성하고 결합하여 그 구성물에 매달리는 것이 문제인 것이다. 그리고 우리가 욕망과 집착을 벗어나지 못하는 것은 우리가 자아라고 생각하는 것이 바로 우리 자신에 의해 실체화된 오온 화합물이라는 것을 모르기 때문이다. 즉 아집에 매여 아(我)를 실유(實有)라고 생각하여, 그 배후의 참된 법을 모르기 때문이다. 이와 같이 유부는 아직 "아공법유"(我空法有)에 머무른다.

그러나 우리의 미래와 과거는 어디에 있는가? 극장 안에서야 자막의 현상을 가능하게 하는 필름을 영화가 시작하기 전이나 이후에도 계속 발견할 수 있겠지만, 즉 관념 안에만 있었던 가상적인 자막 위의 세계와는 달리 관념 너머 실재하는 것으로서 언제나 거기 그렇게 있는 필름을 발견할 수 있겠지만, 우리의 현실에서 현재 아닌 과거와 미래는 과연 어디에 있는가? 무엇인가를 기억하거나 기대하는 우리 마음의 활동, 우리의 관념 세계 이외에 그 어디에서 우리의 과거나 미래를 찾을 수 있는가? 그러므로 앞의 비유는 전도된 것이다. 현재 한 찰나 가상을 빚어 내던 그 필름, 그것은 미래에서 현재로 이동해 와서 다시 과거로 이동해 가는 그런 것이 아니다. 일체가 찰나 생멸한다는 것, 한 찰나 전의 모든 것이 지금 이 순간에는 더 이상 없다는 것은 그것이 어디로 옮겨 갔다는 것이 아니라 그냥 완전히 사라져 버렸다는 것이다. 어디에 있다가 오거나 있다가 어디로 가거나 하는 것이 아니다. "오는 것도 없고 가는 것도 없다."[15] 찰나 존재가 떠나 오는 미래나 찰나 존재가 되돌아갈 과거란 없다. 찰나 생멸하는 그 현재만이 있다. 이것이 바로 유부를 비판하는 경량부(經量部)의 "과미무체 현재실유"(過未無體 現在實有)이다.

　그러나 다시 우리는 바로 한 순간 가상을 빚는 실재, 찰나 생멸하는 그 현재 순간의 실재인들 어디에서 찾을 수 있는가? 우리가 한 장면의 자막의 가상 세계의 근거로서 단 한 장의 필름을 발견할 수 있듯이, 그렇게 찰나 생멸하는 실재를 발견할 수 있겠는가? 그러나 우리가 낱낱의 실재라고 생각하는 그 낱낱의 필름은 이미 현상적인 흐름을 고정화하고 추상하여 얻어낸 결과이다. 그 필름 자체가 우리 눈앞에 마치 자막 위의 가상처럼 그렇게 긴 시간을 두고 놓여 있음으로써만 우리는 그 필름을 접할 수 있는 것이다. 다시 말해 우리가 가상의 근거로서의 실재라고 생각하는 한 순간의 필름 자체는 사실은 가상을 정지시키고 추상화하여 얻게 되는 것이며, 우리의 관념 이외의 다른 것이 아니다. 한 찰나에 생하고 다음 찰나에 멸한다고 생각되는 그 실재 자체가 사실은 연속적 흐름의 현상 너머 그 어디에서도 발견

---

15) 용수(龍樹), 《중론》(中論), "不去不來", "不來亦不去", 대정장 30, 1 中.

될 수 있는 것이 아니다.[16] 그러므로 관념적 동일성에 따라 연속적
흐름으로 이해되는 관념적 가상 세계만이 있는 것이지, 그것과 별도
로 찰나 생멸하는 실재가 따로 있는 것이 아니다. 그런 가상 너머의
실재, 법이란 존재하지 않는다. 이것이 바로 대승 불교, 중관(中觀)의
"법공"(法空) 사상이다.[17] 우리의 가상은 어떤 실재 위에 구축된 것이

---

16) 이렇게 되면 현량으로서의 순수 감각이 지각과 구분되지 않게 된다. 즉
    감각 자료(sense data)를 지각된 것과 구분하여 따로 설정할 수 없는 것이 된
    다. 그리고 이 경우 지각이란 개념상의 관념적인 동일성에 근거한 판단적
    인식을 뜻한다. 그렇다면 결국 현량 대상으로서의 자상(自相) 역시 개념적
    으로 파악된 비량 대상으로서의 공상(共相)과 본질적으로 구분되지 않는 것
    이 아닌가? 그러므로 소박한 실재론적 관점을 벗어나 일체 존재를 구성하
    는 관념적 동일성을 인정하게 되면, 자상과 공상의 구분 기준은 단순히 개
    념 분별을 떠났는가 아닌가가 될 수 없다.

17) 실재를 여실히 보지 않고 환상을 빚어 낸다고 하여, 마치 환상에 대립되
    는 참된 실재를 상정하는 듯이 오해해서는 안 될 것이다. 즉 우리가 현실로
    이해하는 이 세계가 모두 우리의 욕망과 우리의 관념적 동일성에 의해 구성
    된 환상의 세계라고 해서 다시 그런 욕망과 환상에 의해 물들지 않은 실재
    를 참된 실재로서 상정해서는 안 될 것이다. 그럼에도 불구하고 "환상"이라
    는 개념 자체가 가지는 논리 때문에, 즉 환상이란 그 환상에 대립되는 환상
    아닌 실재가 있어야 의미가 있다는 그런 논리 때문에 우리는 쉽게 환상과
    실재, 관념과 실재, 현상과 물 자체, 세간과 열반이라는 이원화에 빠지게 된
    다. 불교에 있어서도 부파 불교 시대의 유부가 그런 오류를 범하고 있다.
    유부는 하나의 집이란 관념적 존재이므로 실재하는 것이 아니고 집에 있어
    실재하는 것은 그 집을 이루는 대들보와 서까래와 벽돌 등이듯이, 우리의
    경험적 세계는 관념적 환상이며 그 근거에 참된 존재로서의 법이 존재하는
    것이라고 주장하였다. 관념 세계의 환상성과 무상성과 무아성을 주장하면서
    동시에 객관적 법에 대해서는 삼세실유를 주장한 것이다. 궁극 요소로서의
    법은 항존하는 자성적 존재이되, 그것들의 인연 화합 결과물인 현상은 무상
    하고 자성이 없다는 것이다. 그러나 오온 개공의 진정한 의미는 인연 화합
    의 오온 화합물이 무상하다는 것이 아니라, 그런 인연 화합하는 각 요소들
    자체가 자성이 없는 무상한 존재라는 것이다. 유부가 궁극적 실재라고 생각
    한 법 자체가 그 인연 화합의 결과물보다 오히려 더 무상하고 찰나 생멸적
    존재라는 것, 그런 의미에서 법 자체가 공하다는 것을 밝힌 것이 바로 대승
    의 법공이다. 이것이 곧 용수의 공 사상의 핵심이다. 삼세실유의 항속적 실

아니다. 가상을 떠받치는 고유한 실재란 없다. 영구 불변하는 실체로서도 없고 찰나 생멸하는 실재로서도 없다. 일체가 공인 것이다. 그러므로 연속적으로 이어지는 현상 너머에 찰나적으로 생하고 멸하는 무엇인가가 있다고 말할 수가 없다. 즉 "생하는 것도 없고 멸하는 것도 없다."〔不生亦不滅〕[18] 일체는 공이며 불생 불멸이다. 우리가 현상 너머 실재라고 생각하는 것은 관념적 현상으로부터 다시 추상화하여 생각된 관념의 관념이지, 관념 너머의 실재가 아니다. 현상의 근거로서 생각된 실재가 사실은 현상을 근거로 하여 추상 혹은 도출된 것이므로 그 전도된 관계를 바로 세우고 보면, 우리가 생각한 실재란 현상적 관념성을 벗어난 것이 아니다. 관념 너머에 찰나 생멸하는 실재라고 생각된 것, 그런 법 자체가 이미 공이다. 그것 자체가 관념이다. 우리의 관념적 세계는 실재에 기반을 둔 것이 아니라, 바로 관념이 관념으로 이어지며 빚어진 가상 세계이다. 이와 같이 법공이 말하는 공의 논리는 우리의 일상적인 관념의 논리를 벗어난다. 가상적 현상에 대해 그 근거로서 실재 혹은 법을 상정하는 논리, 무에서는 무밖에 나오지 않으므로 현상이 있다면 그 현상을 가능하게 하는 무엇인가가 있어야만 한다는 우리의 관념의 논리, 근거율에 따르는 사유의 논리를 넘어서는 것이다. 사유와 관념을 넘어서되 그 관념 너머 실재를 상정하지 않고 넘어서는 초월, 공으로서 관념을 넘어서는 초월, 즉 머무를 바 없는 초월인 것이다.[19]

재란 없다. 관념적 동일성의 세계보다 더 무상하고 더 무아인 것이 바로 법이다. 법 자체는 찰나 생멸하는 무실체이며 공인 것이다. 관념적 현상 세계가 관념 자체에서 기인하며 이어진다는 것이 유식에서 밝혀진다.

18) 용수, 《중론》, 대정장 30, 1 中.

19) 《금강경》의 "應無所住 而生其心"의 정신을 말한다. 이상에서 언급된 "삼세실유"(三世實有)에서 "과미무체 현재실유"(過未無體 現在實有)로의 이행, 그리고 다시 "현재실유"(現在實有)에서 "일체개공"(一體皆空)으로의 이행을 우리는 시간성 자체의 분석을 통해서도 사유해 볼 수 있을 것이다.

4. 유식성의 자각 : 가상에서 가상으로

아도 공이요, 법도 공이다. 일체는 생함도 멸함도 없는 공이다. 우리
가 보는 현실은 관념적 동일성에 근거한 가상일 뿐이다. 그것은 다른
어디에 근거한 것이 아닌 공이면서 그 자체로 형성되는 가상 세계이다.

그런데 왜 우리는 공에 머무르지 못하고 지속적이고 자기 동일적인
존재의 환상을 갖게 되는 것인가? 공에서부터의 가상의 현실은 왜 그
리고 어떻게 해서 만들어지는 것인가? 공을 모르는 무지 때문에 환상
을 창출하는 욕망이 생기는가, 아니면 환상을 창출하는 욕망 그리고
그 욕망에 의해 만들어진 환상 때문에 일체를 공으로서 여실하게 보
지 못하는 것인가? 욕망과 집착이 환상적 현실을 만들고, 다시 그 환상
적 현실 때문에 우리의 욕망과 집착이 재생산되는 이와 같은 욕망과
현실과의 원환적 관계를 드러내는 것이 바로 유식(唯識)에서의 종자
설(種子說)이다.

우리가 지각하고 행위하면서 살고 있는 이 현실 세계, 우리가 현실
로서 인지하는 이 세계의 모든 것은 어떤 일정한 형상, 내용, 관념을
따라 인식되는 것이다. 눈 앞의 사물을 보며 그것을 노란색의 큰 책상
으로 인식할 때, 우리의 인식은 우리가 가지는 노란색의 관념과 크기
의 관념 그리고 그런 노란색과 크기를 지닌 어떤 것(실체)의 관념 또
는 책상의 관념들을 떠나서 성립하지 않는다. 이처럼 우리에 의해 인
식된 세계, 우리가 현실로서 읽어 내는 세계는 관념으로 구성된 세계
이다. 이 관념은 형상이고 개념이며 말이고 언어이다. 우리가 객관적
현실이라고 생각하는 이 세계는 우리의 관념이 현실화되어 나타난 세
계이다. 우리가 인식하는 사물의 동일성이 관념적 동일성이므로 그런
동일적 사물들로 이루어진 세계는 곧 관념의 현현인 것이다. 마치 생
각에 따라 꿈을 꾸면, 그 꿈을 꾼 세계가 꿈꾼 자의 생각의 현현이듯
이, 관념에 따라 우리가 가지는 이 현실 세계는 우리의 관념의 현현인

것이다. 현실 세계로의 현현을 낳는 이 관념을 유식은 "명언종자"(名言種子)라고 한다. 그것의 언어적 관념성을 강조하여 명언이라고 하고 그것의 현실 구성적 힘을 강조하여 종자라고 하는 것이다.[20]

종자에 의해 관념적 세계가 구성되고(種子生現行) 또 그렇게 구성된 세계와의 경험이 다시 우리 마음 안에 새로운 종자를 심으므로(現行熏種子), 우리는 이 관념과 현실의 원환을 벗어날 수 없는 것이다. 사과 씨앗에서 사과나무가 열리고, 사과나무가 다시 사과 씨앗을 생성하듯이, 우리 안의 관념이 우리의 세계를 만들고, 그 세계와의 경험이 다시 우리 안에 그런 관념을 심어 주는 것이다. 관념에 따라 세계의 모든 것은 자기 동일성과 자기 이름과 자기 정체성과 자기 소속을 갖게 되고, 따라서 그런 이름과 그런 정체성을 지닌 세계와의 경험은 또다시 그런 관념을 낳는 것이다. 우리의 욕망과 집착에 의해 세계는 자기 동일적인 것, 영속적인 것, 나의 것으로 나타나고, 그런 자기 동일적인 영속적 세계와의 경험은 다시 우리에게 새로운 욕망과 새로운 집착을 조장하는 것이다.

종자가 뜻하는 관념, 개념, 말의 의미는 무엇인가? 유식은 기표(記表)로서의 말만을 인정할 뿐이지, 그 말에 상응하는 것으로서의 말 독립적 지시체, 자기 독립적인 개별적 실체를 인정하지 않는다. 이처럼 세계를 종자의 현현으로 보기 때문에 "유식무경"(唯識無境)이 성립한다. 즉 유식이 강조하는 것은 우리의 현실이라는 것이 그것을 파악하는 우리의 관념 밖에 따로 실재하는 것이 아니라는 것이다. 우리가 자기 동일적 실재로 파악하는 현실은 바로 우리 자신에 의해서 그렇게

---

20) 현실 세계의 이해가 우리의 욕망에 의해 규정되고 그 욕망은 언어에 의해 규정된다는 것을 선명하게 보여 주는 사람으로 현대의 정신 분석학자 라캉(J. Lacan)을 들 수 있다. 물론 그가 유아의 상징계 구성 과정을 통해 아이의 욕망이 어떻게 언어를 통해 형성되는가를 보여 주는 것은 프로이트가 부모의 상벌 체계를 통해 초자아가 어떻게 형성되는가를 보여 주는 것과 비교될 수 있을 것이다.

구성된 것이다.[21] 나아가 유식은 기표로서의 말을 넘어서서 자기 동일
적 보편적 의미체를 인정하지도 않는다. 영원한 이데아(플라톤)나 개체
를 넘어선 보편적 개념(헤겔) 등의 보편적 의미체는 부정된다. 관념 세
계 자체는 허상이며 가(假)로서 인정될 뿐이다. 우리의 음성 차별로서
나타나는 언어 이외에 그것에 상응하는 독립적 의미체가 보편자로서
따로 있는 것도 아니다. 명(名 : 단어, 개념)이나 구(句 : 문장, 명제)나 문
(文 : 음소, 철자)이 우리의 마음〔心〕과 마음 작용〔心所〕을 떠나서 의미
체로서 존재하는 것이 아니다. 말의 의미는 보편적인 독립적 의미체로
따로 존재하는 것이 아니라, 음성에 부여된 주관적 구성물일 뿐이다.[22]

이처럼 우리의 식(識)을 떠나서 객관적 대상 세계 자체가 따로 존재
하는 것도 아니며, 그렇다고 우리의 식이 영원한 의미로부터 비롯되
는 것도 아니다. 세계나 세계 이해로서의 의미가 모두 종자 즉 관념에
서 비롯되는데, 그 종자 자체가 가지고 있는 제1의 의미가 바로 찰나
멸이다.[23] 우리가 관념에 따라 일체를 연속적·지속적인 자기 동일성
의 존재로 구성하여 이해하지만, 그런 관념을 나타내는 우리의 관념,
말 자체는 찰나 생멸하는 것이다.

이런 종자들이 갈무리되어 있는 마음을 유식은 아뢰야식(阿賴耶識)
이라고 부른다. 무의식적 의지로부터 욕망과 집착의 종자를 훈습받음

---

21) 우리가 현실이라고 생각하는 이 세계(기세간, 처)는 종자의 현행이다. 종
자의 현행, 즉 현실화는 곧 아뢰야식의 주객 이원화를 뜻한다. 자체분으로서
의 식(識)이 보는 자(見分, 주관)와 보아진 것(相分, 객관)으로 이원화되는
것이다. 견분은 요별하는 작용이며, 상분은 그 주관에 대해 객체로서 나타나
는 일체의 것이다. 이 아뢰야식의 견분과 상분을 나와 세계로서, 아와 법으
로서 실체화하고 집착하는 것이 바로 의(意)이다. 아집과 법집은 이 의로부
터 비롯된다. 《성유식론》(成唯識論), 제2권, 대정장 31, 10 中 이하 참조.
22) "말의 음성 분위 차별에 의해서 가(假)로서 명구문을 건립한다"(依語聲分
位差別而假建立名句文身), 《성유식론》, 대정장 31, 6 中.
23) 종자 6의는 찰나멸(刹那滅), 과구유(果俱有), 항수전(恒隨轉), 성결정(性決
定), 대중연(待衆緣), 인자과(引自果)이다.

으로써 그 종자에 따라 나를 세계와 구분짓는 방식으로 나와 세계 자
체를 형성하는 주체, 그리하여 그렇게 형성된 세계에 매달려 그로부
터 벗어날 줄 모르는 업과 윤회의 주체가 바로 아뢰야식이다. 이 아
뢰야식 안에 종자가 심어지고 그 종자의 현행(현실화)이 곧 구체적 현
실이므로, 아뢰야식 너머에 식(識) 독립적 실재란 없다. 종자와 종자의
현행, 관념과 관념의 실현만이 있을 뿐이다.

5. 공공(空空) : 관념적 욕망과 공의 의식

　유식이 밝히고 있는 것처럼 우리의 삶은 관념과 관념 세계, 종자와
종자 현행의 원환으로부터 벗어나지 못한다. 우리의 이 관념 세계 내
의 사물들의 자기 동일성은 우리의 언어에 따라 구성된 관념적 자기
동일성이며, 이러한 관념적 자기 동일성에 따라 이것은 나 저것은 너,
이것은 나의 것 저것은 너의 것이라고 판단하면서 분별하여 매달리고
집착하는 욕망을 갖게 된다. 그리하여 다시 이 욕망과 집착에 물든 관
념이 생기고 증장(增長)하고 다시 현실화되므로 우리는 관념과 관념
세계의 순환, 종자와 종자 현행의 순환을 벗어날 수가 없다.
　그러나 우리는 우리가 가지는 관념적 동일성과 우리의 욕망에 따라
그 가상 세계 안에서 가상적 존재를 사랑하고 미워하며 그것에 매달
리고 집착하기도 하지만, 또 동시에 그것이 우리 자신에 의해 구성된
가상이고 관념 세계라는 것을 알고 있다. 우리는 어쩔 수 없이 우리
자신의 욕망에 머물러 있으면서 동시에 그것이 가상이라는 것을 알고
있다. 그렇다면 가상을 가상으로서 자각하는 이 의식은 어떻게 가능
한 것인가? 만약 꿈속에서 비록 드물긴 하지만 그것이 꿈이라는 것을
의식하는 경우가 있다면, 그것은 꿈꾸는 의식 안에 꿈을 넘어서는 의
식, 즉 잠 깬 현실 의식이 함께 작동하기 때문일 것이다. 그렇다면 가

상의 현실을 살면서 동시에 그것이 가상이라는 것을 의식할 수 있는 것은 그 가상의 현실 의식 안에 그 가상적 현실의 관념 세계를 넘어서는 의식이 함께 하고 있기 때문이 아닌가? 그렇다면 그 의식은 어떤 의식인가? 우리가 X를 X로서 의식할 수 있으려면 −X(X의 부정 혹은 X의 부재)의 의식이 동시에 가능해야 한다. 그러므로 언제 어디에나 편재해 있는 것은 그 있음이 없음과 구분되지 않기에 우리는 그것을 그것으로서 의식할 수가 없다. 물 속의 물고기는 물 밖에 던져져서 "물 너머"를 경험하지 않는 한 자신의 주위에 물이 있음을 의식하지 못하며, 공기 속의 인간은 공기로부터 차단되어 "공기 너머"를 경험하지 않는 한 자신의 주위에 공기가 있음을 의식하지 못한다. 고통 너머의 희열의 의식이 있기에 고통을 고통으로서 의식할 수 있으며, 삶 너머의 죽음의 의식이 있기에 삶을 삶으로서 의식할 수 있다. 그렇다면 우리가 가상적 현실을 가상으로서 의식할 수 있다는 것은 무엇을 말해 주는가? 우리가 우리의 현실을 우리 자신의 관념과 우리 자신의 욕망에 의해 구성된 관념적 현실임을 자각할 수 있다는 것은 무엇을 말해 주는가?

관념 세계를 관념 세계로, 가상을 가상으로 인식할 수 있다는 것은 우리 자신 안에 관념과 가상 너머의 의식, 우리의 욕망 너머의 의식이 있다는 것을 말해 준다. 우리는 한편으로는 관념적 가상 세계 밖으로 한 걸음도 벗어날 줄 모르지만 다른 한편으로는 바로 우리 스스로 그런 관념 세계를 구성하는 자이기에, 구성자로서의 우리 자신은 구성된 관념 세계를 넘어선 존재, 관념적 가상 세계를 넘어선 존재이다. 그러기에 우리는 우리 자신의 관념과 욕망을 넘어서는 초월 능력 즉 자유를 가졌다. 관념적 욕망의 사슬을 끊고 관념과 가상의 베일 너머로 "불립문자"(不立文字)와 "이언절려"(離言絶慮)의 능력으로 관념 너머의 실상을 직관할 수 있는 존재인 것이다. 우리 안에 관념 세계의 구성을 멈출 수 있는 능력, 우리의 관념과 우리의 욕망을 벗어날 수 있는 능력, 그리하여 무명(無明)에서 애(愛)로 그리고 다시 생사(生死)로 이어지는 연기를 따라 유전하지 않고 그런 연기 세계를 넘어서서 해탈할 수 있는 능력이 있다는 것을 말해 주는 것이다.

그렇다면 그 관념 너머에서, 우리의 욕망과 집착 너머에서, 연기의 세계 너머에서 우리가 마주하게 되는 실상은 과연 무엇인가? 우리의 언어가 끊기고 사유가 멎고 욕망의 불길이 꺼진 곳에서 우리의 마음에 드러나는 것은 아마도 그 자체 바로 공일 것이다. 관념이 멸하여 마음 본래의 공으로 돌아간 그 마음, 공으로 채워진 마음은 아(我)도 세계도 없는, 주관도 객관도 없는 그런 무념 무상의 경지, 망아의 경지일 것이다. 관념으로 채색된 세계 안에 살면서 그 세계의 관념성을 관념성으로서, 즉 가상으로서 의식할 수 있는 것은 우리 마음이 관념 너머로 나아가기 때문이다. 즉 관념 너머의 공, 관념으로 채색되지 않은 바탕색의 공을 알기 때문이다. 그러므로 이 공의 의식은 관념의 경험적 의식에 대해 초월적 의식이고, 관념적 가상 세계의 필연성의 의식에 대해 그 모든 가상을 벗어나는 자유의 의식이며, 가상을 세워 가는 삶의 의식에 대해 가상의 허물어짐을 아는 죽음의 의식이고, 관념적 가상의 유한한 의식에 대해 그 모든 한계지움을 넘어서는 무한의 의식이다. 관념과 욕망으로부터의 고통의 의식에 대해 그 모든 욕망과 집착을 벗어난 법열(法悅)의 의식이다.

그러나 가상을 가상으로서 의식 가능하게 하는 것이 공이듯이, 공을 공으로서 의식 가능하게 하는 것은 다시 가상이다. 관념으로 채색되지 않은 공의 바탕색을 의식하게 되는 것은 그 안에 채색된 관념들, 그리고 그 안에서 다시 지워질 관념들이 현존하는 한에서이다. 그러므로 관념의 아와 법이 공이듯이, 그 공 역시 다시 공이다. 이것이 바로 용수(龍樹, Nāgārjuna)가 깨달은 "공공"(空空)이 아니겠는가?[24] 다

24) "空亦復空", 용수, 《중론》, 대정장 30, 33 中.

시 말해 공의 의식은 유동적인 욕망과 집착이 남기고 간 흔적, 한 욕
망 대상에서 다른 욕망 대상으로의 끊임없는 미끄러짐이 빚어 낸 또
다른 환상일 뿐이다.

관념적 가상 세계를 형성하는 우리의 관념 자체는 그에 상응하는
객관 실재나 항구적 의미체를 갖지 않는 단순한 찰나 생멸의 말에 지
나지 않기 때문에, 다시 말해 관념 자체에 고정된 지시체나 의미체가
결부되어 있지 않기 때문에, 그 관념은 궁극적으로 어느 하나에 고정
되지 못하고 끊임없이 유동하고 표류하며, 따라서 우리의 욕망도 관
념을 따라 유동해 가고 결국 관념에서 관념으로 이어지는 가상 세계
도 역시 변화하고 유동한다. 이 때문에 우리는 자신의 관념에 따라 욕
망과 집착을 가지기도 하지만, 다시 관념과 욕망이 이동해 감을 통해
서 우리의 관념 혹은 관념 세계 그 자체가 고정적이지 않고 이동해
간다는 것, 설립되었다가는 다시 무너진다는 것, 그렇게 무상하고 공
허하다는 것, 즉 공이라는 것을 알게 된다. 우리는 우리의 욕망이 공
허하다는 것을 우리의 관념이 공허하다는 것을 통해서 알지만, 우리
가 그것을 알게 되는 방식은 우리가 우리의 일체의 관념을 벗어나고
일체의 욕망을 벗어남으로써가 아니라, 하나의 욕망에서 다른 욕망으
로 넘어감으로써 앞의 욕망이 공허하다는 것을 알고, 다시 두 번째 욕
망에서 세 번째 욕망으로 넘어감으로써 두 번째 욕망 역시 공허하다
는 것을 알게 되는 것이며, 그리하여 그 욕망이 어디로 향하든 결국
완벽한 충족은 있을 수 없다는 것을 직감하게 되는 것이다.

이를 통해 우리는 우리 안의 영원한 결핍, 그 어느 욕망 대상에 의
해서도 결코 충족될 수 없는 결핍을 의식하게 된다. 이 본질적 결핍
또는 공허의 의식은 밥을 먹으면 충족되는 욕구(besoin)나 잠을 자면
해소되는 욕구와는 달리 언제나 마지막 충족을 보류하고 연기시키면
서 무한으로 빠져 버리는 깊은 심연, 근본적으로 충족될 수 없는 결핍
의 의식이다. 이렇게 보면 우리가 느끼는 공의 의식이란 바로 우리 안

의 본질적 결핍과 공허의 의식, 즉 욕구와 달리 그 본질 자체가 바로 결핍인 무한한 욕망(desir) 이외의 다른 것이 아니다. 우리 안의 욕망은 비록 그것이 어느 한 순간 특정 대상에 고착되어 나타날지언정 결국 그 대상에 의해 다 충족될 수는 없는 그런 무한한 욕망으로서 존재한다. 그 무한한 욕망이 관념적인 특정 대상을 향하여 갈구하고 집착하게 되지만, 어느 대상도 그 욕망을 영원히 잠재울 만큼 완전하지 못하다. 하나의 관념이 다른 관념으로 이동해 가면, 욕망은 다시 새로운 대상을 선택하여 한 대상에서 다른 대상으로 미끄러져 간다.[25]

무념 무상의 특별한 공의 체험이 없이도 누구나 자신 안에서 느끼는 공허의 의식, 바로 이 어두운 심연에서부터 타자에 대한 욕망이 생겨나는 것이다. 우리는 그 공허와 빈터를 채우기 위한 우리의 갈망이 얼마나 큰 것인가를 알고 있으며, 그 공허를 채워 줄 수 있는 것은 사람뿐이라는 것도 알고 있다. 그럼에도 불구하고 우리는 어느 누구도 그것을 완전하게 채우지는 못하리라는 것, 그러나 우리는 끊임없이 그런 사람을 필요로 한다는 것도 알고 있다. 이처럼 욕망과 관념 너머의 공의 의식이란 결국 유한한 욕망의 좌절이 남기고 간 흔적, 유한한 욕

---

25) 내가 욕망하는 것, 내가 나와 동일시하는 것은 나의 관념에 따른 하나의 선택이다. 라캉은 이와 같은 나의 욕망의 대상 선택 과정을 일종의 은유라고 본다. 선택된 대상은 내게 있어 나의 욕망을 채우는 하나의 관념, 하나의 기표일 뿐이지, 그 너머의 실재성이나 의미성이 없다. 기의(記意)의 자리는 비어 있는 것이다. 그러기에 어느 은유 어느 기표도 욕망을 채울 만큼 완전하지 못하다. 따라서 우리의 욕망은 한 기표에서 다른 기표로, 한 대상에서 다른 대상으로 계속 미끄러져 간다. 엄마와 유사한 선생님, 선배, 친구, 애인…. 기표가 다른 기표로 대체되는 것을 환유라고 한다. 욕망이 하나의 대상에 고착되지 않고 끊임없이 미끄러져 가는 것이 환유이다. 이처럼 개별 대상으로 향한 욕망을 은유와 환유로서 자신을 전개하는 무한한 욕망의 표현 방식이라고 본다면, 특정 대상 지향적 욕망과 항상 자신을 결핍으로 드러내는 무한한 욕망은 본질적으로 다른 것이 아니게 된다. 즉 대상 지향적 욕망과 일체의 대상 초월적 공의 의식이 본질적으로는 같은 것이 된다.

망 대상에 의해 상처받은 무한한 욕망의 의식 이외의 다른 것이 아닐지도 모른다. 그렇다면 공의 의식에서 오는 가상으로부터의 벗어남, 즉 자유와 관념적 욕망에서 오는 특정 대상에의 집착은 과연 다른 것인가? 신을 사랑한다는 것과 인간을 사랑한다는 것은 과연 다른 것인가? 욕망을 벗어남과 욕망을 따름은 과연 다른 것인가?

6. 문화와 자유 : 욕망을 따름과 욕망을 벗어남

일체 존재의 공성에 머물러 있지 못하고 우리 자신의 욕망과 집착에 따라 끊임없이 관념적 가상 세계를 창출해 내는 의미는 무엇인가? 존재의 무상성을 등지고 행해지는 지속적 존재의 환상이 가지는 의미는 무엇인가? 우리는 욕망과 집착에 따라 사라져 가는 것을 고정화시키고 무상한 존재로부터 영속적 존재를 산출해 낸다. 예술과 학문, 과학과 기술은 모두 이러한 욕망과 집착의 산물이며 또 동시에 이런 욕망과 집착을 재생산하는 기반이 된다. 자연적 방식으로 사라져 가는 것을 인위적 방식으로 고정화시키는 것을 한마디로 문화라고 한다면, 우리의 물음은 우리의 삶에 있어서 문화가 가지는 의미는 과연 무엇인가 하는 것이다.

찰나 생멸적 존재를 가리우는 관념적 동일성의 문화 세계, 그 지속적 존재의 환상이 가지는 의미는 무엇인가? 그것은 존재의 공성의 망각에서 비롯되는 헛된 집착인가? 아공과 법공을 모름에서 오는 아집과 법집인가? 따라서 아공과 법공을 알아서 환상을 일으키는 욕망과 집착으로부터 벗어나는 것만이 참된 자유인가? 아니면 그것은 존재의 공성의 자각에서 비롯되는 창조적 활동인가? 비어 있는 찰나적 존재의 아픔을 극복하기 위해 존재에 적극적으로 영속적 의미를 부여하는 창조적 활동인가? 따라서 이러한 영속적 존재의 환상의 창조에 적극적으로 참여하며 욕망을 따르는 환상 안에 머무르는 것만이 진정한 자유인가? 다시 말해 우리의 물음은 다음과 같은 것이다. 지속적 존재의 환상은 자유를 막는 고통스러운 집착인가, 아니면 고통으로부터 벗어나게 하는 자유로운 활동인가? 환상이 비로소 고통을 만드는가, 아니면 고통을 벗어나기 위해 환상을 만드는가? 어떤 하나에 자신을 동일시할 수 있는 자기 도취적 환상은 고통을 낳는가, 아니면 우리를 고통으로부터 구원하는가? 다시 말해 환상으로부터의 벗어남이 우리의 구원의 길인가, 아니면 환상으로 빠져듦이 우리의 구원의 길인가? 욕망을 벗어남이 구원의 길인가, 아니면 욕망을 따름이 구원의 길인가?

우리는 이 두 가지 주장이 서로 극단적으로 다른 것처럼 보임에도 불구하고, 그 둘이 결국 하나라는 것을 발견한다. 영속적 세계와 가상 세계의 창조, 문화의 발전은 고통을 극복하기 위한 것이지만, 그러나 그것은 그 자체로 다시 새로운 고통을 산출한다. 환상 때문에 고통이 나온다고 해서 환상을 없애면 고통이 사라지고 따라서 고통 없는 희열만이 남을 것이라고 생각하는 것은 옳지 않다. 아집과 법집에서 고통이 오므로 아공과 법공의 자각을 통해 우리의 욕망과 집착을 벗어나면 고통이 사라지고 자유가 이루어질 것이라고 생각한다면 그것은 옳지 않다. 집착이 없으면 자유도 없고, 고통이 없으면 희열도 없다. 막힘이 없으면 뚫림도 없고, 중생계가 없으면 열반도 없다. 자유는 제한으로부터의 벗어남이다. 제한 자체가 자유를 막으면서 동시에 자유를 가능하게 하는 것이다. 고통이 없는 기쁨, 어둠이 없는 빛, 유한이 없는 무한, 인간이 없는 신이란 있을 수가 없다. 이것이 바로 연기의 기본 통찰이다. 우리에게 주어지는 일체의 것은 서로 상관 관계 안에서 성립하며 서로 상대적으로 존재하는 것이다. 광명은 어두움을 인연하여 가능하며, 어두움은 광명을 인연하여 가능하다.[26] 깸이 잠으로

---

26) 《잡아함경》, 17권, 456면.

부터 가능하고 잠이 깸으로부터 가능하며, 고(苦)가 낙(樂)으로부터 나오고 낙이 고로부터 나온다. 그러므로 고가 곧 낙으로 바뀌고 낙이 곧 고로 바뀌는 것이 존재의 질서이다.[27] 따라서 고의 경험이 없는 자는 낙을 낙으로 경험하지 못하며, 낙을 경험하지 못한 자는 고를 고로 경험하지 못한다. 고통이 배제된 기쁨만의 경험이란 있을 수가 없다.[28] 결국 환상을 넘어선 실재의 찬란함은 환상이 깨어지는 그 순간의 반짝거림일 뿐이다. 환상이 있기에 그 부정으로서 공이 있다. 그러므로 환상이 없으면 공도 없다. 환상에 의한 속박이 없으면 공의 자유도 없다. 고통이 없으면 즐거움이 없듯이, 생사가 없으면 열반도 없고, 중생이 없으면 부처도 없다.[29]

그러나 이것이 뜻하는 바는 과연 무엇인가? 우리를 고통으로부터 구원하는 바로 그것 자체가 우리를 고통으로 몰고 간다는 점이다. 찬란한 죄 사함과 구원을 약속하는 기독교는 그것을 위해 인간을 죄인으로 규정하며 인간으로 하여금 죄책감의 고통에 시달리게 한다. 가슴

---

27) 같은 책, 22권, 585면.
28) 그러므로 일체의 고통이 없고 오로지 기쁨만이 있는 극락, 천당이란 있을 수가 없다. 천당에서의 기쁨의 경험이 가능하기 위해서는 고통의 경험이 전제되어야 하기 때문이다. 천당에 가기 전 현생에서의 고통의 경험이 천당에서의 기쁨의 경험을 가능하게 하는 조건이라면, 이는 곧 우리가 이 현생의 고통의 기억을 내생(來生)에까지 유지하게 된다는 말이 된다. 그러나 고통의 기억 역시 이미 그 자체 고통이 아닌가? 결국 고통이 배제된 기쁨만의 경험이란 있을 수가 없다. 배고픔의 고통을 아는 자만이 배부름의 기쁨을 기쁨으로 느낄 수 있으며, 배부름의 만족감을 아는 자만이 배고픔의 고통을 고통으로 느낄 수 있다. 이는 산 자만이 죽을 수 있고 죽을 수 있는 자만이 살 수 있는 것과 마찬가지이다.
29) 이것이 바로 모든 이원론을 부정하는 대승 불교 사상의 핵심일 것이다. 진여심이 곧 생멸심이고 중생이 곧 열반이라고 말하는 화엄 사상(華嚴思想), 공(空)과 가(假), 열반과 생사의 중도를 주장하는 천태 사상(天台思想), 일체 중생의 불성(佛性)을 인정하는 선 사상(禪思想) 등은 모두 이러한 사상과 통한다.

벅찬 열반과 지혜를 약속하는 불교는 그것을 위해 인간을 무명과 헛된 탐욕의 존재로 규정하며, 인간으로 하여금 자신의 무지와 욕망에 몸둘 바를 모르게 한다. 마치 사랑이 아픈 기쁨이고 또 기쁜 아픔이듯이, 우리에게 고통을 주는 것과 그 고통을 벗겨 주는 것은 하나이며 동일한 것이다.

가상으로서의 우리의 인생은 각자가 쓰는 한 편의 소설로 비유할 수 있을 것이다. 누군가는 단편을 쓰기도 하고 누군가는 장편을 쓰기도 하고, 누군가는 해피 엔드로 끝을 맺기도 하고 누군가는 비통한 결말을 이끌어 내기도 할 것이다. 그러나 어차피 실재 아닌 소설이니 쓰지도 말고 읽지도 말자고 누가 말하겠는가? 어차피 실재 아닌 가상이니 그 안에서 기뻐하지도 괴로워하지도 말자고 누가 말하겠는가? 아무것도 씌어지지 않은 백지보다는 그 안에 웃음도 있고 눈물도 있는 소설, 즐거움도 있고 고통도 있는 소설을 우리는 더 가까이하고 싶어 하지 않는가? 그것이 비록 소설 속의 세계, 우리의 관념 세계일지라도 말이다.

일체가 공이라는 것은 우리가 우리 세계를 만들 수 있는 자유를 가졌다는 것을 말해 준다. 그리고 다시 일체가 공이라는 것은 우리가 만든 그 세계가 영원 불변의 고정된 세계일 수 없다는 것을 말해 준다. 무상한 존재가 서글퍼서 우리는 영속적 자기 동일적 관념 세계를 구축한다. 찰나 생멸의 자연 현상이 공허해서 우리는 예술과 문학, 과학과 기술의 문화 세계를 형성한다. 문화 세계는 우리의 고통을 덜어 주는 만큼 우리에게 새로운 고통을 가져다 준다. 그리고 새로운 고통을 가져오는 만큼 즐거움도 가져다 준다. 인간이 본성적으로 변화가 없는 소설보다는 많은 고통과 즐거움이 담긴 소설을 더 좋아하듯이, 그런 인간 본성에서 비롯되는 우리의 문화는 끊임없이 더 많은 즐거움과 더 많은 고통을 산출하는 방향으로 나아갈 것이다. 더 많은 편안함이 있으면 그만큼 더 많은 위험 부담이 있듯이, 편안함과 불편함, 즐

거움과 고통, 자유의 산출과 자유의 제한은 우리의 생각처럼 반비례
관계인 것이 아니라 철저하게 비례 관계인 것이다. 하나의 문화에 의
해 즐거움이 커지는 만큼 고통이 커지기에, 그 다음의 문화가 다시 그
것을 극복하기 위해 형성되겠지만, 그로써 고통이 감소되는 것이 아
니라 또 다른 고통이 새롭게 창출된다. 이렇게 하여 우리는 아주 많은
변화를 포함한 복잡하고 기쁘고 슬픈 소설을 읽게 될 것이다.

그러므로 문제는 욕망과 집착, 우리의 환상을 부정하는 것이 아니라
그것을 환상으로 자각하는 것이 필요한 것이다. 문화를 자연의 대립
으로 보며 부정하는 것이 아니라 그것이 자연과 마찬가지로 영구적이
지도 절대적이지도 않다는 것, 그것이 우리 자신의 욕망과 집착의 산
물, 우리 자신의 환상이라는 것을 아는 것이 중요한 것이다. 우리의
현실의 가상성을 망각하고, 존재 자체의 찰나 생멸성을 망각하고 일
체를 영속화하고 절대화하려 할 경우, 우리에게 더 이상의 욕망과 집
착과 환상이 가능하지 않기 때문이다. 그 다음의 소설을 쓰지 못하게
하는 소설, 그 다음의 문화를 가능하게 만들지 못하는 문화는 자기 파
멸적이다.[30]

---

30) 문화가 자신의 변화력을 개발하지 못하고 그 자체로 고정화되어 버릴 경
우, 즉 그것이 바뀔 수 있고 변화될 수 있다는 열린 태도의 문화가 아닌 닫
힌 욕망과 닫힌 집착의 문화일 경우, 한마디로 그것이 다른 가상으로 대치
될 수 있는 하나의 가상이라는 자각이 없을 경우, 그런 문화는 결국 몰락할
것이다. 문화는 자유의 산물인데, 닫힌 문화로서 자유를 부정한다면, 그 자
기 모순성 때문에 몰락할 수밖에 없을 것이다. 소멸하지 않고 영원한 것을
좋은 것이라고 생각하며, 썩지 않는 것을 아름다운 것이라고 생각하는 우리
의 관념에 따라 우리는 생멸하는 자연을 변질시켜 생멸이 없는 영속적인 것
을 만들어 낸다. 그러나 썩지 않는 비닐과 플라스틱은 자연 환경을 파괴하
는 주범이 될 뿐이다. 찰나 생멸성과 공성의 망각에서 비롯되는 고정화와
영속화가 자연의 이치에 반하는 것이듯이, 우리 인간 사회의 유동적인 삶을
변질시켜 영속적인 것을 이루려고 하는 것 역시 우리의 사회적 삶의 질서에
반하는 것이다. 자신의 환상에 매몰되어 남의 환상을 자신의 환상으로 대체
하려고 하는 것, 자신의 환상을 모두에게 타당한 절대적 현실로서 강요하는

7. 공(空)

계속되는 욕망과 집착에 따라 우리는 더 많은 웃음과 더 많은 눈물이 있는 소설, 더 많은 고통과 더 많은 고통으로부터의 구제가 있는 소설을 써 내려가게 될 것이다. 공으로서 허용된 우리의 자유 위에서 우리는 보다 복잡하고 보다 정교한 환상 세계를 구축할 것이다. 우리의 문화—그 끝은 무엇인가? 하나의 소설이 완성되고 나면, 우리는 무엇을 하는가? 그 다음의 소설을 쓸 것이다. 그러나 되돌아보면서 우리가 할 수 있는 말은 항상 하나로서 동일할 것이다. "헛되고 헛되나니 모든 것이 헛되도다!"

어느 한순간 헛됨을 잊을 수 있을 만큼 강한 욕망과 집착을 가진 자가 오히려 더 자유로울지도 모른다. 시인은 자신을 시의 정신과 동일시하는 한에서만 시인이고, 연주가는 자신을 음의 선율과 동일시하는 순간에만 진정한 연주가일 것이다. 남에게 피해를 주지 않는 한 자기 환상에 빠져 사는 편집증 환자가, 오른손에는 소설을 쓸 연필을 왼손에는 그것을 지울 지우개를 함께 들고서 "헛되고 헛되나니 모든 것이 헛되도다"를 외치면서 그래도 살고 있는 정신 분열증 환자보다 어쩌면 더 아름다울지도 모른다.

관념의 환상 세계를 이룩할 수 있는 것이 우리의 자유라면, 또한 그 환상 세계를 벗어날 수 있는 것도 우리의 자유이다. 관념을 넘어서는 자유는 관념을 구축할 수 있는 자유가 있기에 가능하며, 욕망을 벗어날 수 있는 자유는 벗어나고픈 욕망이 있는 한에서만 존재한다. 그러므로 큰 소리로 자유를 주장하는 자일수록 자기 안의 욕망의 소리가 큼을 말해 줄 뿐이다. 큰 소리로 인간의 선성(善性)을 주장하는 자일수록 자신 안의 악의 성향의 강함을 말해 줄 뿐이다. 그 마음 안에 자

것, 이것이 바로 전 세계 어디에서나 벌어지고 있는 권력 투쟁의 핵심일 것이다.

유에 대한 갈망이 큰 자일수록 벗어나고자 하는 욕망이 큰 자일 것이다. 그러므로 우리가 만드는 모든 차별이 사실은 무의미해진다. 욕망과 해탈, 선과 악, 인간과 신, 무명과 지혜, 자유와 부자유, 이 모든 차별이 무의미해진다. 우리는 부수기 위해 쌓고, 지우기 위해 쓰며, 헤어지기 위해 만날 뿐이다. 말한 것과 말하지 않은 것의 차별도, 이해를 받음과 이해를 받지 못함의 차별도 무의미해진다. 오늘의 이 말을 비롯하여 우리가 하는 모든 말은 누군가 듣는 자가 있다면 고백이 되고 아무도 듣는 자가 없다면 독백이 되겠지만, 그 둘의 차이를 누가 알겠는가? 말은 사라져 버린다. 말해진 것도 말해지지 않은 것과 더불어 그냥 사라져 버린다.

제 4 장

부정성으로서의 자아

1. 자아는 만들어진다

"신은 죽었다. 이제 내가 초인이 되어야 할 때다", "신은 죽었다. 신이 있다면, 내가 어떻게 그것을 견뎌 낼 수 있겠는가?"[1] 자아가 있다면, 자아의 본질이 이미 결정되어 있다면, 나의 삶은 이미 남에 의해 씌어진 각본에 따라 움직이는 배우의 삶이 될 것이다. 그리고 나는 그것을 참을 수가 없다. 그러니까 자아란 없다. 자아는 내가 만들어 나가는 것이다. 자아에 관한 한, "실존이 본질에 앞선다."[2] 이렇게 해

---

1) Nietsche, *Also sprach Zarathustra*(München, 1980), 102면. 니체는 여기에서 "신은 죽었다. 우리는 이제 초인이 살기를 원한다"라고 말한다.

2) 이것이 바로 20세기 철학자 사르트르(J. P. Sartre)가 개체적 실존에 대해 보편적 본질을 늘 앞세우던 서양의 전통적 사고 방식에 대한 반박으로서 내세운 실존주의 철학의 모토이다.

서 자아는 있는 것이 아니라 만들어지는 것이라는 생각이 싹튼다. 내가 나를 만들어 나가는 행위에 앞서 아무것도 선행적으로 주어져 있어서는 안 된다. 나의 삶의 자유와 자율성을 침해할 어떤 것도 허용될 수 없는 것이다. 이와 같이 "있는 자아"의 부정은 곧 자아의 끊임없는 생성과 자율성의 긍정으로 이어진다. 나는 내가 만든다. 적어도 나의 주인은 나다. 내게 이미 정해져 있는 운명이란 없다. 나는 자유다. 나는 내가 나를 나로 만들기 전에 이미 특정한 방식으로 규정되어 있는 존재가 아니다. 나는 이미 있는 존재가 아니다. 나는 나 자신에 의해서 만들어지는 것이다. 나 자신에 의해서?

그러나 자아가 자아 자신에 의해 만들어진다면, "만들어지는 자아" 이외에 "만드는 자아"라는 것이 따로 또 있단 말인가? 그렇다면 그 자체 만들어진 것이 아닌 본래 있는 자아, 변화하지 않는 동일성의 고정적 자아가 있단 말인가? 그와 같은 자아 분열에 빠지지 않기 위해서는 "만들어지는 자아" 너머에 그 자아를 만드는 주체로서의 자율적 자아가 따로 상정되지 말아야 한다. 자아란 철저하게 만들어지는 과정의 존재이다. 그것을 증명하는 간단한 예가 있다. 유아를 보라. 유아에게는 자아가 없다. 처음에 유아는 자신을 마치 하나의 외적 대상과 같이 발견한다. "나 배고파" 하기 이전에 "혜인이 배고파"라고 말한다. "나"를 말하지 못하고 자신을 3인칭적으로 칭한다는 것은 아직 자아가 형성되지 않았음을 말해 주는 것이다. 자아는 성장 과정에서 만들어지는 것이다.

그리고 그런 만들어짐의 과정은 결코 완료되지 않으며 항상 진행형일 뿐이다. "내가 먹은 것이 바로 나로 된다"[3]라고 말할 수 있는 것은 나의 신체에 대해서만이 아니다. 내가 생각하기보다는 내 안에서 내

---

3) 이것이 곧 이성주의적 관념적 형이상학 체계를 반박하면서 자아를 감성적 물질적 존재의 측면에서 파악하고자 한 포이에르바흐(L.A. Feuerbach)의 인간 이해를 단적으로 보여 주는 구절이다.

가 읽었던 구절들이 생각하고, 내가 화내기보다는 내 안에서 내가 아까 들은 말이 화를 내고 있는 것이며, 내가 좋아하기보다는 내 안에서 생겨난 생각이 기뻐하고 있는 것이다. 그래서 기쁨이 기쁨을 가져오고, 화가 화를 불러오며, 생각이 생각을 일으키는 것이다. 자아란 그런 생각, 느낌, 표상들이 스치고 지나가거나 침잠되어 머무르는 터전, 그런 표상들이 얼기설기 엮어 내는 산물일 뿐이다. 자아란 "상이한 관념들의 다발 또는 집합"4)이다. 그리고 그 만들어짐은 의식적 · 의도적인 차원에서 이루어지기도 하지만 더 광범위하게는 보다 깊은 무의식의 차원에서 진행된다.

결국 자아는 철저하게 만들어지는 것이며, 그 만들어진 자아 너머에 자아를 만드는 자율적 주체로서의 자아란 없다. 이렇게 해서 "주체는 죽었다"는 말이 퍼져 나간다. 그리고 우리는 주체로서의 자아를 죽임으로써, 자아의 자기 만듦의 꿈에서 깨어나게 된다. 자아는 철저하게 만들어진 존재이다. 그러면 그렇게 자아를 만드는 것은 무엇인가? 그것이 자아 자신이 아니라면, 그것은 도대체 무엇인가?

2. 자아를 만드는 것도 만들어진다

만들어진 자아에 대해 그 자아를 만드는 것은 그 자아를 둘러싼 자연 또는 사회나 역사로 이해된다. 여기서 사회나 역사는 인간 자신에 의해 만들어지고 자연은 그렇지 않다는 전제하에 모든 만듦의 궁극적 기반은 자연이라고 말할 수 있는가? 자연에 의해 형성된 것은 있는 것이고, 문화(사회나 역사)에 의해 형성된 것은 만들어진 것이라고 구

---

4) D. Hume, *A Treatise of Human Understanding*(New York, 1961), 229면.

분할 수 있는가? 그럴 수 없다. 왜냐하면 그 구분 자체가 실제 내용적으로 분명하게 행해질 수 없기 때문이다. 자연과 문화의 구분을 자아에서의 선천적 요인과 후천적 요인의 구분으로 보고, 유전자에 의해서 결정되는 것은 선천적으로 결정되는 것, 따라서 있는 것으로, 그 외의 환경에 의해 결정되는 것을 후천적으로 결정되는 것, 따라서 만들어지는 것이라고 간주하려고 해도, 거기에 역사성이 개입되면 구분이 다시 모호해진다. 왜냐하면 유전자에 담기는 내용이 오랜 기간의 반복된 경험의 축적일 수 있기 때문이다. 나에 대해 "있는 것"이 결국 나 이전에 "만들어진 것"일 수 있기 때문이다. 이는 마치 우리에게 이미 있는 것으로 간주되는 도덕적 규범과 가치 체계들 역시 우리 이전 혹은 그 이전 세대들의 경험 안에서 만들어진 것인 것과 마찬가지이다. 각 개체에게 마치 자연적 산물인 것처럼, 그냥 있는 것처럼 받아들여지는 많은 것들이 사실은 우리 전체에 의해 만들어진 것에 지나지 않는 것이다.

　이렇게 보면 그 자체로서 있는 것이 아니고 만들어지는 것은 자아뿐만이 아니다. 자아를 만드는 것 역시 그 자체에 있는 것이 아니라 많은 자아들에 의해 만들어진 것이다. 결국 우리는 우리가 만든 것에 의해 다시 만들어지는 것이다. 마치 거미의 행동 반경이 거미줄에 의해 제한되고, 그 거미줄은 거미에 의해 제한되는 것처럼, 인간은 인간 자신이 만든 것에 의해 제한되고 규정된다. 이와 같은 자아의 형성 과정을 가장 잘 표현하는 것이 바로 "인간은 언어 속에서, 언어를 통해서 자신을 주체로 형성한다"는 것이다. 인간이 형성한 사회 체계 안에서 그 사회 권력과 힘의 상징적 체계로서의 언어 체계 안에서 자아 자체가 형성되는 것이다. "나"와 "너"와 "그"라는 단어를 배우면서, 그리고 "해도 된다"와 "해서는 안 된다"라는 허용과 금지의 상징 체계를 배우면서, 자아는 만들어지는 것이다.

3. 모든 것이 만들어진다

이와 같이 자아만이 만들어지는 것이 아니라, 자아를 만드는 것까지도 만들어지는 것이다. 모든 것이 다 만들어지는 것이다. 이처럼 모든 것이 다 만들어진 것일 수 있기 위해서는 궁극적인 만듦의 주체가 따로 있지 않아야 한다. 이것이 "주체가 죽었다"고 말하는 우리의 정언명령이다.[5] 그 명령에 따라 우리는 뱅글뱅글 도는 꼬리잡기 놀이를 한다. 인간의 역사는 원숭이에게로 소급된다. 문화는 자연에 의해 만들어진 것이다. 그런데 인간의 기술 문명은 자연의 흐름을 바꾸어 놓는다. 자연이 인간에 의해 만들어지는 것이다. 유전자 조작을 통한 유전공학으로 우리는 자연에 따라 인간을 변경시키려고 하지만, 사실은 인간에 따라 자연을 변경시키고 있는 것이다. 인간이 사회를 만들지만, 다시 그 사회가 인간을 규정한다. 그래서 인간은 사회에 의해 만들어진다. 언어는 분명 인간에 의해 만들어진 것이지만, 그 언어 체계속의 담론이 다시 인간의 정체성을 규정한다. 그렇게 해서 자아는 언어 체계 속에서 만들어진다. 이렇게 돌고 도니까 우리는 만들어지기에 바쁘고, 또 소급하여 만들어진 것을 설명하기에 바쁘다. 엎치고 메어쳐서 서로서로 만들어짐의 원인과 결과를 바꿔 가면서 설명하면, 생물학, 심리학, 인류학, 언어학, 사회학, 역사학 등이 된다. 철학은 이것을 "해석학적 순환"이라고 정당화한다.

모든 것이 다 만들어진 것이라는 주장 이면에는 일체가 다 고정 불변하는 동일자로서 그 자체의 고유한 실체성을 가지는 것이 아니라

---

5) 이것이 바로 단 하나의 아르키메데스적 기준점을 근거로 존재와 인식의 체계를 확립하려고 한 서양 형이상학 전통의 기초주의적 정신 또는 그 근대성에 대항하는 탈현대 철학자들의 주명제이다. 그들이 가장 궁극적으로 해체되어야 할 것으로 간주하는 것은 바로 이성 중심적, 논리 중심적 근대성의 자아인 것이다. 우리가 본 글에서 지적하고자 하는 것은 그 해체가 담고 있는 문제점, 즉 그 해체 전략의 자기 모순적 성격이다.

인연 화합에 따라 만들어지고 다시 인연 화합에 따라 해체되어 없어
진다는 견해가 깔려 있다. 우리는 천성적으로 고정화와 획일화를 싫어
하며, 변화와 유동과 흐름을 좋아한다. 고정된 것, 불변적인 것, 그 자
체로 "있는 것"은 없다. 그런 것들은 모두 뜨거운 용광로 속에 던져 넣
어야 한다. 그 안에서 녹고 변화되고 용해되어 다시 "만들어져야 한
다." 자연도 생성 소멸하는 것이다. 사회와 역사도 변화 그 자체이다.
모든 것이 그렇게 어느 한 지점에 고정되어 있지 않고 흐르고 유동한
다. 흐르는 물, 타오르는 불, 바람에 날리는 흙, 흙의 양분은 식물의 살
이 되고, 식물의 푸름은 동물의 붉은 피가 된다. 그 피가 인간의 욕구
가 되며, 욕구가 소망을 낳고, 소망이 생각 속에서 꿈틀거린다. 그렇게
모든 것이 만들어지는 것이다. 멈춤이 없는 변화, 그 광란의 축제 속에
빠져들고 싶은 강한 욕구가 인간에게 있다.

4. 만들어진 것의 부정성으로서의 자아

이 광란의 축제에의 욕구 중 마지막 지향점은 무엇인가? 고정점을
남겨 놓지 않고 모든 것을 흔들어 유동하게 하고 흘러내리게 하고 소
멸하게 하려는 욕구, 모든 것이 자신 앞에서 고정 불변의 것이 아니고
만들어진 것, 따라서 또 그렇게 해체 가능한 것이라는 것을 확인하고
자 하는 욕구—그 욕구가 궁극적으로 지향하는 목표는 무엇인가? 모
든 것을 집어삼켜 녹아 내리게 하는 용광로의 불길, 그 광열하는 불길
은 어디까지 나아가는가?

모든 것을 불사르는 용광로의 불길, 자아의 불길은 결국 자기 자신
까지도 그 용광로 안에 집어 던진다! 용광로까지도 그 용광로의 불길
로 녹아 내리게 하는 것이다! 모든 것을 집어삼키는 용광로는 이제
자기 자신을 자신의 불길로 태워야 한다! 그리하여 그 용광로의 불길

속에서 고정된 자아는 사라져야 한다. 주체로서의 자아는 죽고, 그 주체의 사망 진단만이 남겨진다. "주체는 죽었다."

그런데 이것은 자기 모순, 역설이 아닌가? 있는 자아란 없다고, 그런 것이 있었다 해도 이미 죽었다고, 자기 자신의 사망을 선포하는 바로 그 장본인은 누구인가? 그리고 바로 이런 역설 속에서 자아의 참 모습이 드러난다. 스스로 죽었다고 말하기 위해 깨어 있어야 하고, 모든 것을 불태워 녹이기 위해 자신은 녹지 말아야 하는 것이 바로 자아이다. 자아가 모든 것의 있음을 부정함으로써 그것들을 만들어진 것으로 바꾸어 놓는다면, 그런 부정을 행하는 자기 자신에 대해 자아는 또 한 번의 부정을 행해야 하는 것이다. 모든 것이 무의미하다고 말하면서, 그러면 그 말도 무의미한가라는 질문에 대해 그것 역시 무의미하다는 말은 자기 모순이다. 진정 의미 있음이 무엇인가를 우리가 알 경우에만, 모든 것은 그렇지 않아서 무의미하다고 말할 수 있는 것이다.

모든 것을 집어삼켜 녹아 내리게 하는 용광로가 그 자신의 작열하는 불길로 자기 자신까지도 스스로 불사르고 나면, 그것은 이미 용광로가 아니게 된다. 스스로를 부정하려 하지만, 그 자신을 부정하고 나면, 그 자신이 부정되고 나면, 다시 모든 것의 고정화가 되살아나고 마는 것이다. 자신을 불사르려 하지만, 자신을 불태우면, 자신이 불에 타서 사라지고 나면, 다른 모든 것이 용광로 밖의 실체로 응고되고 마는 것이다. 바로 이 역설 때문에 자신을 다른 모든 것과 마찬가지로 만들어진 것 속에 정립할 수 없는 것이 자아이다. 어느 것이나 그 자신이 아닌 것을 통해 그 자신으로 드러나는 것이라면, 그 모든 것에 대해 그 모든 것의 만들어짐을 드러내기 위해, 그 모든 것이 아닌 것으로서, 그 모든 만들어진 것이 아닌 것으로서, 그 모든 것의 부정성과 타자성으로서 무엇인가 남아 있어야 한다. 전체를 부정하기 위해, 그 부정의 근거를 마련하기 위해 항상 깨어 있어야 하는 짐을 지는 자가 바로 자아이다. 전경을 드러내기 위해 배경이 요구되듯이, 존재를 드러내기 위해 무가 요구되듯이, 만들어진 일체를 드러내기 위해 요구되는 만들어지지 않은 배경이 바로 그것이다. 만들어진 세계가 우리 눈에 의해 보이는 세계라면, 그 세계를 바로 그런 것으로서 보는 그 눈이 곧 자아이다. 그러나 보는 눈이 보이는 것 안에 다시 위치할 수 없듯이, 세계의 의식이 의식된 세계 안에 다시 위치할 수 없듯이, 자아는 세계 안의 소여(所與), 세계 안에서 만들어진 것이 아니다. 그것은 보이지 않고, 만져지지 않고, 그 자체로서 자신을 드러내지 않으며, 단지 모든 보이는 것, 만져지는 것, 만들어진 것의 부정으로서만, 그 경계로서만 자신을 알릴 뿐이다.

5. 고통의 의식과 사랑

이처럼 자아가 단지 모든 것의 부정성으로서만 존재하기에, 그 자아의 의식은 결핍과 고통의 의식이다. 마치 무의 의식인 불안이 무의 현존을 말해 주듯이, 부정성의 의식인 고통이 우리에게 부정성으로서의 자아를 드러내 준다. 이 자기 의식 때문에 자아는 만들어진 것 안에 정착하지 못하고 부유(浮遊)하게 되며, 자기 자신을 이미 만들어진 것과 동일시하지 못하고 아직 만들어지지 않은 것, 아니 영원히 만들어질 수 없는 것으로, 자신을 비규정적 존재로 느끼게 되는 것이다. 이처럼 자아는 만들어진 모든 것을 비껴 가며 어디에도 고정되지 않은 허공으로 향한 시선의 주체이다. 웃고 있으면서 그 만들어진 웃음의 사라짐을 보기에 웃을 수가 없고, 울고 있으면서 그 만들어진 울음의 사라짐을 보기에 울 수가 없는 것이다. 자기 자신을 어느 하나에 고정시키지 못하고 정해진 것의 반대로 달아나고 마는 의식이 바로 자아이다. 그러므로 누군가 "자아가 있다"고 말하면, "아니다. 자아는 만들어진다"라고 반박하지만, 만일 반대로 누군가 "자아는 만들어진다"라고 말하면, "아니다. 자아는 있다"라고 말하는 것이 자아이다. 이처럼 자아는 부정성의 존재이다.

만일 자아가 전적으로 자연과 사회에 의해 규정되고 언어 체계 속에서 형성된 것이라면, 그 만들어진 만큼만이 자아일 것이고, 자기 의식도 그만큼만 나아갈 것이다. 만들어진 것이 자아의 전부라면, 자아에 있어서 결핍의 의식, 그것이 전부가 아니라는 부정성의 의식은 가능하지 않을 것이다. 만들어진 자아가 나의 이상(理想)이 아니라는 데서 오는 차별의 의식이 가능하지 않을 것이다. 그리고 그 차별과 부정성의 의식에서 오는 아픔이나 서글픔도 없을 것이다. 자아가 속속들이 단지 만들어지는 것이고 그것이 나의 전부라면, 나는 그렇게 만들어진 나 자신에 대해 거리를 둘 수도 없고 부정을 할 수도 없고, 따라서 항상 이미 만들어진 나 자신에 만족해야만 할 것이다.

자아가 이미 만들어진 것으로 그치지 않고 그 만들어진 것이 아닌 것, 아직 만들어지지 않은 공허로 느껴지기에 고통이 있게 되지만, 그러나 바로 그 고통을 통해 우리는 진정으로 서로를 사랑할 수 있게 된다. 우리가 서로 사랑할 수 있는 것도 우리가 만들어진 것 이상이기 때문이다. 각각의 자아를 만드는 배경과 환경, 역사와 문화가 다르기 때문에 만들어진 모습 역시 제각각이다. 그러나 우리가 그 만들어진 상이한 부분들을 넘어선 자아로서 이해될 때, 우리는 상대 안에서 자신을 발견하고, 자신 안에서 상대를 발견하게 된다. 자아의 본질에 있어 나는 즉 우리이며 우리는 즉 나인 것이다.

같은 모습으로서의 그것도 자아인가? 개체성이 없어도 자아인가? 보편적 자아가 말이 되는가? 그러기에 역설이라고 해 두자. 각각의 물방울이 같은 달을 머금을 수 있듯이, 우리 각각이 다 같은 자아를 그 본질로 삼는다는 것은 역설이지만 진리일 수 있다. 나의 생명과 너의 생명이 같은 생명이듯이, 나의 자아와 너의 자아가 같은 자아라고 말할 수 있지 않겠는가? 우리는 각각으로서는 특수이지만, 그 특수 안에서 실현되는 것이 보편이기에, 보편적 자아가 가능하지 않겠는가? 나와 너를 하나로 맺는 끈, 그것이 바로 우리들의 본질이며, 그것이 우리들의 본래적 자아가 아니겠는가? 내가 너를 사랑할 수 있고, 너의 고통을 나의 고통으로 느낄 수 있는 것은 우리가 본질적으로 하나이기 때문이 아니겠는가? 내가 만들어진 나(소아)를 넘어서는 자아(대아)를 갈구하게 되는 것은 바로 나를 넘어서서 너와 하나가 되고 싶어함의 표현이 아니겠는가? 그 너가 당신으로서의 신이라면, 당신을 나의 본질로 삼아 당신 안에서 본래적 나로 다시 태어나고 싶어서 나를 버리고자 함이 아니겠는가? "신이여, 당신은 왜 내게서 그렇게 멀리 있고 가리어져 있습니까?" 이 눈물은 신을 찾는 나의 눈물이겠는가? 나를 찾는 신의 눈물이겠는가? "신이여, 당신은 언제나 나의 내면 안에 나 자신보다 더 깊숙이 머물러 있었습니다."(아우구스티누스) 이 고백은 신을 인정하는 나의 음성이겠는가? 나를 인정하는 신의 음성이겠는가? 신을 보는 나의 시선과 나를 보는 신의 시선이 하나로 겹쳐질 때, 그 두 시선, 그 두 의식, 그 두 정신이 과연 구분될 수 있겠는가?(에카르트) "신이 만물을 의욕하여 만물을 만들었다. 그리고 신이 그 만들어진 것 안에 들어갔다. 그리고 그것이 바로 너이니라!"(우파니샤드)

이처럼 자아는 우리 안의 신적인 것이다. 인간적 언어로 규정되고 설명될 수 없는 것, 자연이나 역사로 환원될 수 없는 것, 현상적으로 대상화하여 기술할 수 없는 것이다. 진정한 자아란 우리의 자연성과 현상성을 넘어서는 것이다. 그것은 구체적인 형태를 갖춘 객관적 실재성이 아니다. 그것은 우리가 우리 안에 간직하고자 하는 우리의 이상이다. 우리가 우리의 본질로서 간직하고자 동경하는 것이다. 우리가 동경하는 바의 것, 우리가 바라는 이상, 자아 자체가 바로 그런 이상이며 동경인 것이다.

제2부
마음의 공성과 무한성

제 5 장

무한의 패러독스

1. 제논의 패러독스 : 무한 소급의 역설

그리스의 제논(Zenon)은 세상에서 가장 빨리 달리는 아킬레스도 그보다 몇 미터 앞에서 출발한 느린 거북이를 따라잡지 못한다는 패러독스를 말한다. 아킬레스가 거북이가 있던 그곳까지 빨리 뛰어가는 동안 거북이는 약간이라도 앞으로 나아가 있게 되고, 아킬레스가 다시 그곳까지 가는 동안 거북이는 다시 그곳을 떠나 조금이라도 앞으로 나아가게 되고, 아킬레스가 다시 그곳까지 가면 거북이는 이미 그곳을 떠나 조금 앞으로 가 있어 결국 아킬레스는 거북이를 아슬아슬하게 놓치며 결코 따라잡지 못한다는 것이다.

이와 유사한 제논의 두 번째 패러독스는 아무리 빨리 달리는 달리기 선수라도 결코 골인 지점에 도달하지 못한다는 것이다. 출발점에서 골인 지점에 가기 위해서 그는 그 중간점을 통과해야 한다. 그리고는 거기서 골인 지점까지 가기 위해서는 다시 그 중간점을 지나야 한다. 그리고 다시 그 남은 거리의 중간점을 지나야 하고 이렇게 하여 그 중간점은 계속 무한히 나오게 되며, 따라서 그가 가야 하는 지점이 무한한 것이 된다. 그러나 유한한 시간 내에 그가 어떻게 무한한 지점을 통과할 수가 있겠는가? 결국 정해진 유한한 시간 내에 무한한 지점을 통과하여 골인 지점에 도달한다는 것은 불가능하다는 말이 된다.

물론 우리는 현실적으로 아킬레스가 거북이를 따라잡고, 달리기 선수가 골인 지점에 도달하리라는 것을 알고 있다. 그렇다면 제논의 패러독스에 있어서 무엇이 잘못된 것일까? 아니면 그것 자체는 논리적인 데 반해 현실이 비논리적이므로 역설처럼 여겨지는 것일까?

무한한 지점을 유한한 시간 안에 통과하는 것과 관련된 두 번째 패러독스에 대해 다음과 같은 해결책이 제시되기도 한다. 즉 일정한 거리 안의 무한한 지점을 통과하기 위해 요구되는 것은 무한한 시간이 아니라 유한한 시간의 무한한 분할이라는 것이다. 골인 지점까지 계속되는 무한한 지점에 무한히 분할된 각각의 시점이 대응함으로써, 결국 달리기 선수는 무한한 중간점을 통과해 골인 지점에 도달할 수 있다는 것이다.

그러나 시간이 과연 무한 분할되는가? 그리고 무한 분할된다는 것은 무슨 의미인가? 시간이 무한 분할된다고 하면 과연 패러독스가 해결되는가? 우리는 오히려 두 패러독스가 모두 시간의 무한 분할을 전제함으로써 발생한 패러독스임을 볼 수 있다. 첫 번째 패러독스를 좀 더 구체적으로 생각해 보자. 예를 들어 거북이가 아킬레스보다 10미터 앞에서 출발한다고 하고, 아킬레스는 1초에 1미터를 가고 거북이는 그 1/10의 속도로 간다고 하자. 아킬레스가 출발하여 10초 만에 거북이가 있던 10미터 앞에 도달하지만 거북이는 그 사이 1미터 나아갔다. 다시 아킬레스가 그곳까지 뛰어가는 데 1초가 걸렸으므로 그 동안 거북이는 그곳으로부터 1/10미터 앞으로 나아갔다. 다시 아킬레스가 그곳까지 가는 데 1/10초가 걸리고 거북이는 다시 1/100미터 앞으로 나아갔다. 그리고 다시 아킬레스가 그 1/100미터의 거리를 1/100초에 뛰어가는 동안 거북이는 1/1000미터만큼 앞으로 나아가며 이와 같이 계속된다. 결국 아킬레스는 거북이 뒤를 바싹 따라오게 되지만 그래도 계속 차이가 남겨지므로 그를 따라잡을 수는 없는 것이 된다. 제논의 패러독스를 이와 같이 구체화시켜 놓고 보아도 우리에게 확실해지는 것은 결국 아킬레스가 거북이를 따라잡지 못한다는 논리 혹은 역리가 성립한다는 것이다. 현실에서는 분명 아킬레스가 거북이를 따라잡을 수 있음에도 불구하고, 제논의 패러독스에 있어 아킬레스가 거북이를 따라잡지 못하는 근본 이유는 무엇인가?

그 패러독스에 따르면 아킬레스가 뛰어간 거리는 $10+1+1/10+1/100+1/1000 \sim$미터가 되며, 이는 각각 그만큼의 시간(초)에 지나간 거리이다. 즉 그 패러독스에 의하면 아킬레스는 12미터에 도달하지 못하며 마찬가지로 시간 역시 11초에서 12초로 나아가지를 못한다. 1/10초가 가고 나면 다시 1/10초가 가기 전에 1/100초가 가야 하고 다시 1/1000초, 1/10000초가 가야 하고…. 그래서 결국 시간도 끊임없이 분할되어 가고 그에 따라 아킬레스가 갈 수 있는 거리(공간)도 계속 짧아지기 때문이다. 한마디로 아킬레스가 거북이에게 가까이 다가가면 갈수록 그 남은 거리가 무한히 분할되기 때문에 결국 아킬레스가 거북이를 따라잡지 못하는 것이다. 즉 그곳에서는 거리 및 그 거리를 가는 시간이 무한히 분할되어 시간도 공간도 앞으로 나아가지를 못하는 것이다. 어떤 크기이든 그것의 분할이 무한 소급된다면 계속 그 범위 안에 머물러 있게 되지 그 범위 밖으로 벗어나올 수가 없다. 그래서 아킬레스는 11미터에서 12미터로 나아가지 못하고, 시간도 11초에서 12초로 나아가지 못하는 것이다.

그러나 현실에서는 그처럼 시간이 한 범위 안에 갇혀 멎어 있는 것이 아니다. 자기 한계 속에 머물러 그 분할이 무한 소급되는 것이 아니라, 자기 한계를 벗어나 앞으로 나아가는 것이다. 한마디로 현실적인 시간은 탈자적이다. 그래서 현실에선 10초가 지나갔듯이 20초도 지나가게 되며, 따라서 20초 후에 아킬레스는 20미터의 위치에 있고 10미터 먼저 출발한 거북이는 2미터 더 나아갔으므로 아킬레스가 거북이를 8미터나 앞지른 것이 된다. 이렇게 하여 아킬레스는 거북이를 따라잡는 것이다. 그렇다면 현실의 시간이 무한 분할되어 자기 한계 안에 머물러 있는 것이 아니라 앞으로 나아갈 수 있다는 것은 무엇을 말해 주는가?

11초에서 12초 사이에 그 분할이 무한히 계속된다고 가정하면 우리는 무한 소급에 빠져 결코 12초에 도달할 수가 없다. 따라서 현실의 시간이 11초에서 12초로 나아간다는 것은 그 사이에 무한 소급이 존재하지 않는다는 것을 말해 준다. 그렇다고 시간이 결코 분할되지 않기 때문에 그런 것은 아니다. 봄과 여름이 구분되고 어제와 오늘이 구분되듯이, 한마디로 우리의 의식에서 지나간 시간(과거)과 지금(현재)과 다가올 시간(미래)이 구분되듯이 시간은 구분될 수 없는 완전한 통일체인 것은 아니다. 그렇다면 그렇게 구분되는 것으로서 분할됨에도 불구하고 그 분할이 무한 소급에 빠지지 않는다는 것은 어떻게 가능한가? 11초에서 12초로 나아가기 위해 1/10초가 가야 하고 그것이 가능하기 위해 1/100초가 가야 하고 다시 그것이 가능하기 위해 1/1000초가 가야 하고… 이런 식으로 계속 무한 소급되는 것이 아니라, 단적으로 11초에서 12초로 넘어갈 수 있다는 것은 무엇을 말해 주는가?

그것은 시간의 분할이 무한히 계속되어 무한 소급되는 것이 아니라, 그러한 무한 분할의 끝에 더 이상 분할될 수 없는 것이 존재한다는 것을 말해 준다. 제논의 논리에 따르면 연속적인 시간의 분할 결과 항상 다시 분할 가능한 연속적 시간만이 가능하므로 무한 소급이 귀결되지만, 현실에 있어서는 그 무한 분할의 끝에 놓여 있는 더 이상 분할될 수 없는 어떤 것, 즉 극한에 의해 무한 소급이 지양된다는 것이다. 결국 제논의 패러독스에서 보이는 무한 소급의 역설은 더 이상의 소급을 불가능하게 만드는 극한을 통해서만 해결될 수 있는 것이다.

여기서 우리는 두 가지 의미의 무한을 구분해야만 한다. 하나는 분할의 무한 소급에 이르는 과정으로서의 무한이며 다른 하나는 분할의 끝에 있는 극한으로서의 무한이다. 무한 분할은 그것이 끝남이 없이 계속적으로 나아간다는 의미에서의 무한이라면, 반대로 극한은 그것 이상으로 나아갈 수 없다는 의미에서, 즉 그것보다 더 큰 것 또는 그것보다 더 작은 것을 생각할 수 없다는 의미에서 극대 또는 극미인 극한으로서의 무한이 된다. 제논의 패러독스가 무한 소급에 근거한 패러독스였다면, 그 패러독스는 무한 소급의 지양, 즉 극한으로서의 무한을 통해서만 해결될 수 있는 것이다. 그러나 무한 소급으로부터 발생하는 패러독스를 피하기 위해 무한을 설정할 때, 우리는 다음과 같은 또 다른 패러독스에 접하게 된다.

2. 무한(극한)의 역설

무한의 두 가지 의미에 상응해서 우리는 연장적인 시간에 대해서도 그것을 이루는 구성체를 두 가지 방식으로 생각할 수 있다. 무한 소급에 이르도록 계속 분할 가능한 연장적 시간이 그 하나이며, 다른 하나는 무한 소급을 지양하는 더 이상 분할될 수 없는 극한으로서의 순간이다. 시간에 있어 무한 소급을 지양하는 극한, 즉 순간은 어떤 의미를 지니는가?

우리에게 1차적으로 주어지는 현상적 시간은 연장적인 것이다. 그러므로 우리는 그 연장을 분할하여 과거와 현재와 미래로 구분한다.[1] 1996년은 과거, 1997년은 현재, 1998년은 미래이다. 과거의 시간은 이

미 지나간 것 즉 있었던 것이지만 지금은 없는 시간이며, 미래의 시간
은 아직 오지 않은 것 즉 있을 것이지만 지금은 없는 시간이다. 있는
것은 오직 현재일 뿐이다. 그러나 현재 역시 연장적인 것이므로 다시
분할된다. 1997년 중에서도 5월은 가고 없고 7월은 오지 않았다. 6월
중에서도 다시 27일까지는 이미 없고 29일은 아직 없다. 28일 중에서
도 낮은 이미 가고 없고 밤은 아직 오지 않았다. 이 저녁의 세미나 시
간 중에서도 지금 이 문장을 말하기 전까지의 시간은 이미 없고 다음
문장을 말할 시간은 아직 오지 않았다. 이와 같이 현재의 시간도 연장
적인 한 계속 분할된다. 이 분할은 언제까지 계속될 것인가? 무한히
계속되는가? 분할이 계속된다는 말은 우리가 현재라고 생각했던 그
시간 안에 이미 과거와 미래가 함께 하고 있다는 말이다. 우리가 현재
라고 생각한 시간, 있는 것으로서 이해된 시간 안에 이미 없는 과거와
아직 없는 미래가 스며들어 있다는 것이다. 즉 존재 안에 비존재가 들
어 있다는 말이다. 비존재를 존재로 간주할 때 우리는 그것을 가상이
라고 한다. 따라서 시간이 무한 분할되는 한, 즉 더 이상 분할될 수 없
는 순간이 존재하지 않는 한, 우리는 순수한 현재를 포착하지 못하는
것이 된다. 우리가 현재의 존재라고 생각한 것에 언제나 비존재가 들
어 있으며, 우리는 그 가상을 벗어날 수 없다는 말이 된다.

　실재가 분할의 무한 소급에서가 아니라 더 이상 분할될 수 없는 것
에서만 찾아질 수 있는 것은 시간만이 아니라 물질적 사물에 있어서
도 마찬가지이다. 연장적인 물질을 분할하는 과정에서 무한 소급에
빠지지 않고 더 이상 분할될 수 없는 기본 요소를 찾으려고 하는 것
은 그런 것만이 궁극적 실재로 간주될 수 있기 때문이다. 왜냐하면 무
엇인가가 그 자신의 구성 요소인 다른 어떤 것으로 분할된다는 것은

---

1) 이하와 같이 시간의 분할 과정을 통하여 "있는 시간"을 찾으려고 한 대표
　적 시도를 다음에서 찾아볼 수 있다. Augustinus, *Confessiones*(München,
　1980), 제11권, 629면 이하 참조.

그것이 그 자체로서 존재하는 것이 아니라 그 구성 요소로 환원된다는 것을 뜻하기 때문이다. 만일 x가 y(1)와 y(2)로 분할된다면 x는 그 둘의 구성물이 되며, 궁극적으로 실재하는 것은 x가 아니라 y(1)와 y(2)이다. 그리고 다시 y(1)가 z(1)과 z(2)로 분할된다면, y(1)도 실재가 아니게 되며, 또 z(1)도 다시 분할된다면… 이런 식으로 계속될 것이다. 그러므로 연장적인 물질의 분할이 무한 소급에 이르게 된다면 우리는 결코 그런 분할 과정을 통해 더 이상 분할될 수 없는 궁극적 실재를 찾아낼 수가 없다. 따라서 만일 연장적 물질에 대해 더 이상 분할될 수 없는 실재를 가정한다면, 그 실재는 분할의 무한 소급을 지양하는 극한, 더 이상 분할될 수 없는 극미의 형태로서만 가능한 것이다. 이렇게 보면 궁극적 실재는 더 이상 분할될 수 없는 극미의 형태로서만 존재 가능하며, 그 궁극적 실재의 포착은 더 이상 분할될 수 없는 순간 안에서만 가능한 것이 된다.

그런데 이와 같이 더 이상 분할될 수 없는 극한으로서의 시간 또는 물질의 상정은 다시 그 자체가 역설적이다. 과거와 미래로의 연장성을 제외시킨 순수 현재로서의 순간이라는 것은, 없는 과거에서 없는 미래로 넘어가는 단지 경계의 의미만을 가질 뿐인데 그 안에 어떤 존재가 담길 수 있겠는가? 그리고 그와 같은 점적인 순간으로부터 어떻게 연속적인 시간의 흐름이 가능하겠는가? 물질적인 연장성을 배제시킨 더 이상 분할될 수 없는 극미라는 것은 추상적인 점적인 존재일 뿐인데, 그것이 어떻게 물질의 구성체일 수가 있겠는가? 그리고 그런 극미가 모여 어떻게 연장적 물질을 형성할 수 있겠는가? 이와 같은 역설은 무한 소급을 피하기 위해 설정되는 더 이상 분할될 수 없는 극한이라는 것이 바로 분할 가능한 연장체의 본질이면서 동시에 그런 연장성의 부정이기 때문에 발생하는 역설이다. 즉 순간이란 시간의 연장성에 입각해서 보면 가장 비시간적인 것이며, 오히려 시간성의 부정이 된다. 따라서 시간을 무한 분할하여 궁극적으로 더 이상 분할

될 수 없는 순간에 이른다고 하는 것은 시간에서부터 비시간적 차원
으로의 이행을 뜻하는 것이다. 이는 선을 무한히 분할하면 그 극한으
로서의 점에 이른다고 하는 것과 마찬가지이다. 1미터의 길이를 1/2로
나누고 그것을 다시 1/2 즉 1미터를 1/4로, 다시 1/8로, 또다시 1/16로
나누되 이렇게 나누는 것을 무한히 계속하면, 즉 1/n에서 n을 무한대
로 가져가면 그 극한값은 0이 된다. 어떤 길이를 무한히 분할하면 그
극한값은 0이 되는 것이다. 연장적인 것에서 그와 같은 비연장적인 것
으로의 비약, 그리고 또 역으로 그와 같은 비연장적인 것으로부터 연
장적인 현상(가상)으로의 비약—이와 같은 극한의 역설을 단적으로
표현해 주는 것이 바로 "색즉시공"(色卽是空)이 담고 있는 역설이다.
연장적인 것은 비연장적인 것에 기반하고, 보이는 것은 보이지 않는
것에 기반하고 있다는 것이 그것이다.[2] 시간적인 것의 내적 본질은
비시간적인 순간이며, 분할 가능한 연장적인 것의 내적 본질은 더 이
상 분할될 수 없는 비연장적인 무한이라는 것이 그것이다.

3. 역설의 형이상학

이상의 두 가지 역설은 연장적인 것의 분할에 있어서 그 끝을 생각
할 때 발생하는 역설이었다. 분할은 무한히 계속되든가 아니면 더
이상 분할될 수 없는 것에 도달하여 완료되든가 둘 중의 하나이다.
그런데 무한히 계속된다고 하면 우리는 무한 소급에 빠져 앞으로 나

---

2) 라이프니츠의 모나드(Monade)의 형이상학 역시 이와 같은 역설을 담고
   있다. 그는 현상적 세계인 복합적인 것의 근저에 있는 실체를 더 이상 분할
   할 수 없는 것, 단순한 것, 통일적인 것이라는 의미의 모나드라고 칭하는데,
   이 모나드는 현상에서의 복합적인 사물의 연장성이나 물질성과는 차원이 다
   른 비연장적 비물질적인 영혼 또는 힘으로 이해되고 있다.

아갈 수가 없다. 마치 돌다리 하나에서 다음 돌다리로 나아가는 그 사이에 무한 소급이라는 심연이 놓여 있을 경우 무엇인가 딛고 나아 갈 수 있는 것이 찾아지지 않아 계속 더 깊이 빠져드는 것과 같다. 아킬레스가 거북이를 따라잡지 못하고 달리기 선수가 목적지에 도달 하지 못하는 까닭이 바로 이와 같은 비약을 가로막는 무한 소급 때 문이었다. 그러나 분할의 끝에 더 이상 분할될 수 없는 극한이 존재 한다고 해도 우리는 그 극한에서 다음 극한으로의 비약적인 나아감 을 이해하기가 힘들다. 더구나 그 극한은 우리가 발을 딛고 있을 수 있을 만큼의 폭도 가지고 있지 않다. 연장성을 완전히 배제한 극한, 무한히 큰 것과 무한히 작은 것은 오히려 무한 소급보다 더 깊은 심 연인 것이다. 그 깊이가 극에 달했기에 더 이상 깊이 내려갈 수도 없 는 그런 끝인 것이다. 이와 같은 무한의 이중적인 역설을 칸트는 이 성의 이율 배반이라고 칭한다. 사물은 더 이상 분할될 수 없는 단순 한 부분으로 이루어져 있다는 정립도 그렇지 않다는 반정립도 모두 역설적이기 때문이다.

서양의 형이상학은 무한 소급의 역설을 피하기 위해 무한 소급보다 더 깊은 심연인 무한자를 궁극의 실재로 간주하는 역설의 형이상학이 라고 할 수 있다. 유한에 반대되는 무한자가 서양 철학사 내에서 구체 적으로 어떻게 이해되었는가를 살펴보자.

궁극적 실재를 물, 불, 공기, 흙 등으로 주장하던 철학자들과 달리 아낙시만드로스(Anaximandros)는 궁극적으로 실재하는 것은 그와 같 이 형태를 갖춘 구체적인 것이 아니라, 형태 지워지기 이전의 것인 "아페이론"(a-peiron)이라고 주장한다. 아페이론은 말 그대로 페라스 (peras : 한계)가 없는 것 즉 무한자이다. 이런 무한자가 제한된 것들, 한계를 지닌 것들의 가능 근거라고 여겨졌다. 반면 피타고라스는 그 런 무한하고 비규정적인 것에 한계를 부여하여 형태를 짓는 페라스를 존재 원리로 주장한다. 한계를 갖지 않는 무한은 비규정적인 무질서

한 혼동의 것이며, 그것에 질서와 미와 선(적당한 한계, 절도, 중용)을 부여하는 것은 한계, 즉 유한자로서, 그것이 바로 형상, 이데아이다. 결국 서양 고대에 있어 무한은 아직 제한되지 않은 것, 비한정(indefinite)을 뜻하며, 형상, 한계, 목적을 결한 것으로서 혼동 혹은 비존재로 이해된 것이다. 그러므로 무한(아페이론)이나 비한정보다는 유한(페라스), 한계, 형상이 더 우위의 것으로 간주되었다. 순수 형상으로서의 신일지라도 형상이 바로 한계 지음의 원리이므로 그 자체 무한자로 사유될 수가 없었다. 무한자인 아페이론은 형상에 의해 규정받기 이전의 혼동적 존재, 순수 질료로서 이해된 것이다.[3]

그러다가 플로티노스(Plotinos)에 이르러 무한이라는 것이 신의 제1속성으로 이해된다. 그에게서 무한은 더 이상 혼동이나 악으로서의 질료가 아니라, 동일자로서의 무한자인 신(현실적 무한)을 뜻하게 된다. 기독교적 사유에 따르면 세계는 경계가 있는 유한한 것, 불완전한 것이며, 오직 신만이 무한하고 완전한 존재인 것이다. 이처럼 중세에 이르면 유한보다도 무한이 우위의 것으로 간주되었고, 이 경우 무한은 단지 가능적 존재로서가 아니라, 현실적 존재로서의 무한으로 이해된 것이다. 유한한 이 세계가 무한한 신의 피조물로 이해된 것이다.[4]

---

3) 우리의 감관에 주어지는 모든 현상적 사물들은 이미 질료와 형상이 합해진 복합체로서 존재함에도 불구하고 그 개체에 있어서 형상에 의해 규정 받기 이전의 질료를 상정할 수밖에 없는 것은 그렇게 함으로써만 무한 소급에 빠지지 않고 일반적 형상을 받아들이는 개체의 개체성이 확립될 수 있기 때문이다. 페라스와 아페이론, 형상과 질료의 구분 및 우열 관계에 대한 논의는 Platon, *Plilebos*, 23b 이하 참조.

4) 현재 우리에게 주어진 유한한 사물 존재의 원인은 계속 그 이전의 원인으로 소급된다. 그러나 그렇다고 그것이 무한 소급에 빠져서는 안 되는 이유는 그 경우 현재 경험적으로 주어진 사실마저도 설명하지 못하게 되기 때문이다. 이와 같은 구조를 가지는 우주론적 신존재 증명의 전형을 우리는 토마스 아퀴나스 《신학 대전》에서 발견한다. Thomas Aquinas, *Summa Theologica*, q. 2, a.3 이하의 5가지 신 존재 증명 부분 참조. 가장 완전한 존재이므로 더 이상

이상으로부터 우리는 극한의 의미로서의 무한을 다시 두 가지 의미로 구분하게 된다. 하나는 아페이론으로서의 무한으로 이것은 유한한 존재자에서 그 형상적인 규정성을 사상함으로써 마주치게 되는 것이다. 그것은 형상을 통한 규정의 근저에 남아 있는 비규정적 질료와도 같은 것이다. 두 번째의 무한은 유한한 사물 세계의 유한성을 넘어서는 순수 형상적 존재로서의 신을 의미한다. 전자는 규정된 유한한 것에 대해 규정되기 이전의 무한이라면, 후자는 규정을 초월한 무한이다. 전자를 개별적 사물의 근저에 남게 되는 질료라는 의미에서 내재적 무한이라고 한다면, 후자는 그런 사물의 존재를 넘어선 신으로서의 초월적 무한이라고 할 수 있겠다. 그렇다면 내재적 무한과 초월적 무한은 어떤 관계에 있는가?

4. 내재적 무한과 초월적 무한의 관계 : 자연과 신의 관계

자연 사물에 대해 그 형상적 규정성(속성들)을 사상시키고 그 자체의 물질적 기반(순수 질료)으로서 남는 것이 바로 물 자체로서 내재적 무한을 뜻한다면, 초월적 무한은 그것과는 다른 방향, 즉 순수 형상의 측면에서 생각된 질서와 조화의 근원, 창조자로서의 무한자이다. 내재적 무한이 사물의 내적 본성이라는 의미의 자연에 해당한다면, 초월적 무한은 사물을 초월한 절대적 존재라는 의미의 신에 해당한다. 그렇다면 내재적 무한과 초월적 무한은 서로 상이한 것인가? 순수 질료와 순수 형상, 자연과 신은 서로 다른 것인가?

의 완전성을 상상할 수 없는 가장 완전한 존재로서의 신을 생각하는 본체론적 신 존재 증명 역시 무한 소급을 지양하는 무한자의 설정이라는 점에서는 그 이후의 우주론적 증명과 맥을 같이한다. 본체론적 증명의 전형은 Anselmus, *Proslogion*, c.2 이하 참조.

우리는 이와 같은 두 다른 의미의 무한, 즉 내재적 무한과 초월적 무한의 관계를 무한의 양극단(극한)으로서의 무한소와 무한대의 관계로 생각해 볼 수 있다. 우리는 무한소를 생각할 때 그것이 너무 작아서 결국 거의 없어져 버리는 것으로 생각할 수밖에 없다. 점점 작아져서 결국 그보다 더 작은 것이 없는 무한히 작은 것은 없는 것과 다를 바가 없는 것이 된다. 반면 무한대는 그것이 너무나 커서 그것 밖에 다른 것이 있을 수 없다. 왜냐하면 그것 밖에 그것이 아닌 무엇인가가 있다면 그것은 한계를 가진 것이 되어 무한히 큰 것이 될 수 없기 때문이다. 그러나 그처럼 한계가 없는 무한은 오직 그것만이 있는 유일한 존재가 되며, 따라서 무와 다를 바가 없는 것이 된다. 즉 무한대는 너무 커서 한계가 없으므로 결국 없는 것과 다를 바가 없는 그런 것이다. 동그라미 하나가 계속 커지다가 결국 무한히 커져서 없어질 때와 그것이 계속 작아지다가 결국 무한히 작아져서 없어질 때, 그 두 없음은 서로 구분될 수 있겠는가? 무한대와 무한소는 서로 구분되지 않는다. 무한소와 무한대의 양극단 사이에 유한한 것들이 무수히 존재하며, 그들은 서로 구분된다. 그러나 그 양극단은 서로 구분되지 않는 것이다.

이와 같이 극대와 극소의 두 무한이 서로 상통하고 있음을 수의 차원에서 생각해 볼 수 있다. 우리의 상식에 따르면 부분은 전체와 같을 수가 없다. 그러나 그것은 유한 세계에서만 타당한 논리이고 무한의 차원에서는 그 논리가 성립하지 않는다. 1부터 2까지의 실수의 집합은 모든 실수의 집합과 그 원소의 수가 같은 것이다. 즉 그 두 집합의 원소는 서로 일 대 일 대응의 관계를 보이는 같은 크기의 집합인 것이다. 두 집합이 그런 관계일 수 있는 것은 1과 2 사이의 실수가 무한히 많기 때문이다. 무한이 내재해 있기 때문이다. 즉 아무리 가까운 두 실수를 생각해도 그 둘 사이에는 무한한 수의 실수가 존재하는 것이다. 결국 가까운 두 수 사이에 존재하는 내재적 무한이 그 부분 수를 넘어서는 전체 수의 초월적 무한과 같은 크기가 되기 때문에, 그 무한을 통해 부분이 전체와 같아진다. 한마디로 말해 1과 2 사이의 내재적 무한이 실수 전체에 대한 초월적 무한과 일치한다고 말할 수 있으며, 이는 곧 가장 작은 것 속의 무한이 가장 큰 것 속의 무한과 일치함을 의미한다.

내재적 무한과 초월적 무한이 서로 상이한 것이 아니라 본질적으로 하나인 것이라면, 순간과 영원의 관계도 그에 따라 이해되어야 한다. 즉 순간과 영원은 둘 다 유한한 시간성에 대해 무한의 관계를 지닌 비시간적인 것이다. 무한히 분할된 시간의 극한이 순간이라면, 시간성의 초월은 영원이므로, 그것은 둘 다 시간적인 연속적 흐름의 성격을 떠나 있는 비시간적인 것이다. 순간이 시간 내재적 무한이라면, 영원은 시간 초월적 무한이다. 내재적 무한이 초월적 무한과 본질적으로 다른 것이 아니라면, 시간 내재적 무한 즉 순간(Augen-blick)에 우리에게 다가오는 것은 시간 초월적 무한 즉 영원이다.

주어진 유한에서 무한히 분할하다가 마주치게 되는 그 기반의 무한(내재적 무한)은 결국 그 유한을 무한히 확장하다가 마주치게 되는 초월적 무한과 같은 것이다. 즉 양극단의 무한은 서로 통하는 것이다. 하나에다 하나를 더해도 둘이 되지만, 하나를 둘로 나누어도 둘이 된다. 무한히 분할하다 보면 더 이상 분할할 수 없는 무한소에 부딪치게 되는데 그것이 다시 무한대와 다를 바가 없어 다시 또 분할을 시작하게 되는 것이다. 5층에서 4층, 3층으로 계속 내려가서 결국 다 내려가면 그 자리가 바로 출발 장소가 된다. 이러한 무한의 역설을 우리는 "펜로즈의 계단"에서 발견한다. "에셔의 폭포"도 마찬가지이다. 상이한 계층 사이에 나타나는 이와 같은 뒤엉킴을 호프슈태터(D. Hofstädter)는 "이상한 고리 현상"이라고 칭한다.5) 이것이 곧 내재와 초월, 안과 밖의 구분이 부정되는 "뫼비우스의 띠"가 의미하는 바이다. 유한한 것을 무한히 분할하여 내적 무한에 도달하니, 그 가장 내면적인 무한이 곧 그 유한 밖의 초월과 같아지는 것이다. 내재적 무한과 초월적 무한이 서로 구분되지 않는 것이다. "나의 가장 깊은 곳에 항상 당신(신)이 있어 왔습니다"라는 아우구스티누스의 고백이 말하듯이 가장 내면적인 것이 가장 초월적인 것이 된다.[6] 따라서 자연이 곧 신이고 신이 곧 자연이라는 "신 즉 자연"이 성립한다.[7] 한마디로 무한에 있어서는 유한에서 성립하는 모든 차별상이 사라진다고 말할 수 있을 것이다.

그러므로 무한의 차원에서는 사각형이 곧 원이며 원이 곧 선이 된다. 각이 있는 도형이 어떻게 각이 없는 도형 즉 원과 같아질 수 있는가? 원 안에 사각형을 그려 보면 하나는 각이 있고 다른 하나는 각이 없어 분명 둘은 구분된다. 이제 사각형을 8각형으로 만들면 그것은 원에 더 유사해진다. 다시 8각형을 16각형으로 또다시 32각형으로…. 그렇게 해서 각을 무한히 많이 하면 결국 그 각형은 원과 동일해진다. 직선을 하나 긋고 그 위에 그 선을 접선으로 삼는 원을 하나 그려 보자. 그리고 다시 그 원보다 반지름이 두 배인 원을 그리면 그것은 직선에 보다 더 가까워진다. 다시 그 두 배인 원, 또다시 그 두 배인 원…. 그렇게 해서 무한히 큰 원을 그리면 그 원주는 결국 직선과 같아진다. 이렇게 해서 무한의 차원에서는 다각형이 곧 원이며 원이 곧

---

5) 에셔(M. Escher)의 탈현대적 구조의 작품들은 호프슈태터의 저서 *Gödel, Escher, Bach: an Eternal Golden Braid*(Basic Books, 1979)에서 철학적으로 의미 부여되고 재해석되고 있다. 이인식, 《사람과 컴퓨터》(까치, 1992), 제5부, 제4장 참조.

6) Augustinus, *Confessiones*, 제10권 참조. 독일 신비주의자 에카르트(M. Eckhart)도 그의 독어 설교록 중에서 "신이 인간 안에 비로소 들어오는 것이 아니라 오히려 그는 본래적으로 그 안에 있어 왔다"라고 말한다. M. Eckhart, 11. Predigt 참조.

7) 실재하는 실체는 오직 신뿐이며, 자연은 곧 이 신의 자기 외화의 양태에 지나지 않는다는 것이 바로 스피노자(B. Spinoza)의 《에티카》(*Ethica*) 전체를 일관하는 중심 사상이라고 할 수 있을 것이다.

선이 된다. 노자(老子)의 "무한히 큰 각형은 각이 없다"[大方無隅]라는 말도 이와 같은 문맥에서 이해될 수 있을 것이다. 그러나 이와 같이 유한의 논리가 깨어지고 역설적인 무한의 논리가 전개되는 것은 무한히 커지는 경우뿐만이 아니다. 무한히 작은 경우를 생각해도 경우는 마찬가지이다. 한 원의 원주를 보면 그것은 분명히 하나의 곡선이다. 그러나 그 길이를 짧게 잡으면 잡을수록 그러다가 아주 무한히 작게 잡으면 결국 그 원호는 직선 즉 그 점에서의 접선과 같아지게 된다. 무한히 미분하면 원이 곧 선이 되는 것이다. 무한히 작은 것의 차원에서도 원이 곧 선이 되는 것이다.

이와 같이 초월적 무한과 내재적 무한이 같은 무한이라는 것은 곧 순수 형상과 순수 질료, 신과 자연이 하나라는 것을 말해 준다. 유한한 개체의 근거인 내재적 무한이 그 개체성을 넘어서는 초월적 무한과 하나이며, 시간의 극소인 순간이 시간을 초월하는 영원과 통한다는 것이다. 초월적 무한은 유한한 존재의 내면에서 내재적 무한으로 존재하면서 작용하고 있는 것이다.

다시 말해 무한은 유한을 떠나 있는 것이 아니라, 바로 유한 속에서 무한이 실현되고 있는 것이다. 영원이 순간 속에 있고, 신이 자연 속에 있다. 무한을 그리워하는 유한한 인간의 영혼 속에 무한이 있다. 그래서 "인간이 신을 사랑한다면, 그것은 신이 신 자신을 사랑하는 그 사랑과 다를 바 없다"라고 스피노자는 말한다. 이는 "내가 신을 바라보는 시선이 곧 신이 나를 바라보는 시선과 하나"[8]임을 강조하는 독일 신비주의자 에카르트의 생각과 상통한다.

순간에서의 영원의 실현을 우리는 데카르트(R. Descartes)에서도 찾아볼 수 있다. 즉 데카르트는 시간의 무한 분할을 통해 얻어진 순간의

---

8) Echart, 13. Predigt. 윗글에 이어 에카르트는 "나의 시선과 신의 시선은 하나의 시선, 하나의 봄, 하나의 인식, 하나의 사랑이다"라고 말한다.

상호 독립성으로부터 매 순간마다 창조가 일어난다고 주장하는 것이다.[9] 무한과 유한과의 관계가 역사의 시작 혹은 종말의 일, 먼 옛날 이야기이거나 먼 훗날 이야기가 아니라 지금 여기에서 벌어지고 있는 사건이라는 것이다. 이는 한마디로 순간 안에 영원이 담겨 있다는 역설, 일 미진(微塵) 안에 삼천 대천 세계(三千大千世界)의 신비가 담겨 있다는 화엄(華嚴)의 역설을 말해 준다. 그것이 역설인 것은 매 순간 영원이 실현되는 중이라면, 매 순간의 창조는 곧 매 순간의 파멸을 뜻하기 때문이다. 이 순간 세계가 창조되기 위해서, 바로 이전 순간 창조된 것은 그 순간으로 소멸되어야만 하는 것이다. 그 순간 소멸되어야 할 것의 그 한 순간의 창조─생사가 하나가 아니되 또 둘이 아니라는 역설이 바로 그것이다.

5. 역설의 자리 : 의식의 무한성

그렇다면 형이상학이라는 이름하에 왜 이와 같은 역설이 사유될 수밖에 없는 것인가? 그것은 사유를 통해 밝히고자 하는 우리의 현실 자체가 역설이기 때문이다. 아킬레스가 거북이를 따라잡을 수 있다는 사실, 우리가 목적지에 나아갈 수 있다는 사실, 매 순간 정지한 듯 보이는 화살이 그럼에도 불구하고 앞으로 나아간다는 사실, 시간이 흐르고 운동이 존재한다는 사실, 이 모든 사실이 일종의 역설을 담고 있기 때문이다. 그러나 그 중에서도 가장 역설적이고 가장 포착하기 힘든 역설은 바로 자기 의식의 역설이다.

이 순간도 그것이 무엇인가를 알려고 하면 끊임없이 되물어지기 때

---

9) 데카르트는 《성찰》 중 제3성찰에서 신 존재를 증명한 후, 그 신에 의한 이 세계의 창조가 순간마다의 창조이어야 함을 논증한다.

문에 무한 소급될 것 같은데, 그럼에도 불구하고 실제로는 무한 소급에 빠지는 것이 아니라 그것에 대한 부정할 수 없는 직접적 의식이 현존하는 그런 것이 하나 있다. 그것은 바로 "나는 누구인가?"라는 물음 속에 나타나는 자기 의식이다. 나는 누구인가? 이러저러한 의식을 하는 나에 대해 그 나를 묻는 순간 나는 다시 한 걸음 뒤로 물러나 그런 물음을 묻는 나를 묻게 되며, 그 물음을 묻는 나를 물음으로써 다시 그 물음을 묻는 나를 묻게 된다. 이렇게 해서 물음을 받고 있는 나 자신이 계속 뒤로 물러나고 만다. 그렇다고 해서 내가 나를 모르는가? 아니다. 분명 나는 나 자신에 대한 직접적 자기 의식을 가진다. 그러나 내가 나를 안다고 해도, 그럼 "그 나는 누구인가?"라고 물으면 정작 그것이 바로 나 자신인 것으로서 내가 알고 있는 것은 하나도 없다. 마치 무한 소급을 지양하는 극한으로서의 무한이 무한 소급보다 더 깊은 심연이듯이, 무한 소급을 단절시키는 직접적 자기 의식은 그처럼 내용 없는 심연 자체가 바로 자기 자신이라는 듯이 그렇게 공허한 의식인 것이다. 그렇기 때문에 그런 나는 마치 존재하지 않는 것처럼 여겨지는 것이다. 이처럼 공허한 자기 의식을 통해서 나에 대해 내가 알 수 있는 것은 내가 어떤 내용의 존재인가가 아니라 단지 "나는 나다"라는 그 사실뿐이다.

그렇다면 나에 있어서의 "나는 나다"라는 자기 의식은 너에 있어서의 "나는 나다"라는 자기 의식과 본질적으로 같은 것인가, 구분되는 것인가? 무한의 차원에서는 부분이 전체와 하나이듯이, 우리 각자의 자기 의식은 결국 하나의 무한, 동일한 무한인가?

모세가 "신이여, 사람들이 계명을 준 자가 누구냐고 물으면, 당신을 누구라고 대답해야 합니까?"라고 물었을 때, 신이 행한 대답은 "나는 나다"라는 것이었다. 우리가 우리 자신에게 던지는 "나는 누구인가?"라는 물음에 대해 우리가 할 수 있는 유일한 마지막 대답 역시 "나는 나다"이다. 그러나 우리는 그 대답 앞에서 모세처럼 만족해하는 것이 아니라 심한 공허를 느낀다. 마치 모든 차별성을 떠난 무한의 입김이 유한한 생의 촛불을 꺼 버린 후 남겨진 정적처럼 무엇인가 채워지지 않은 공허감이 몰려오는 것이다. 왜 그런가? 어디에서 오는 공허감인가? 유한한 인간에게 무한이 너무 크기 때문인가? 유한한 인간에게 무한이 너무 짐스럽기 때문인가? 차별성이 없어지는 무한의 단조로움이 지루하여 환상적인 유한의 장난을 끔찍이도 사랑하기 때문인가?

제6장

무한 이해의 두 유형 : 기독교적 실체론과 불교적 공론

1. 무한에의 물음

누군가 나에게 물었다. "나는 무한히 큰 것과 무한히 작은 것을 사유할 수 없는 것이 인간의 한계인 것 같다. 너는 그것을 생각할 수 있니? 나는 그것을 생각하려고 하면 할수록 생각할 수 없다는 막막함만을 실감할 뿐이다." 그때 나는 이렇게 말했다. "있는 어떤 것에서부터 출발하자. 그것이 무한히 크게 된다는 것은 그것이 계속 커지다가 결국 경계가 없어져서 사라지게 되는 것이 아니겠니? 그것이 무한히 작게 된다는 것은 그것이 계속 작아지다가 결국 흔적이 없이 사라지게 되는 것이 아니겠니? 그러니까 무한한 것은 무한하기에 유한한 것과 달리 있고 없음의 경계선상에서 유동하는 것이고, 무한히 큰 것은 무한히 작은 것과 통하는 것 아니겠니?" 이 말을 하면서 나는 과연 무엇을 사유한 것일까? 그는 정말로 무한히 큰 것을 사유하지 못한 것이고, 나는 정말로 무한히 큰 것을 사유한 것일까? 나는 무한히 큰 것을 있는 것으로서 사유한 것인가? 그런 것은 없다고 사유한 것인가?

기독교 성경에서 흔히 마주치는 구절은 "태초"이다. 오직 신 이외에 아무것도 없다가, 신에 의해서 최초로 세계가 만들어진다. 반면 불교 경전에서 흔히 마주치는 구절은 "무시이래"(無始以來)이다. 무시이래로 중생이 있는 것은 무시이래로 중생이 업을 짓기 때문이고, 그것은 무시이래로 무명이 있기 때문이다. 그래서 무시이래로 중생이 고통을 받기에 무시이래로 중생을 구제하고자 하는 부처가 있어 왔다. 최초를 상정하는 것과 최초를 상정하지 않는 것의 차이는 무엇인가? 최초를 설정함으로써 무한 소급을 끊는 것과 최초를 설정하지 않음으로써 무한 소급을 허용하는 것의 차이는 무엇인가? 신의 관점에서 사유하려는 것과 공의 관점에서 사유하려는 것의 차이는 무엇인가?

한때 나는 무한히 큰 것을 사유할 수 있으며, 바로 그런 무한자에 의해 무한 소급은 극복되는 것이라고 생각했다. 무한 소급이 극복되어야만 나의 삶에 있어서의 현재의 의미가 구제될 수 있는 것이라고 생각했다. 만일 시간이 무한 분할된다면 나는 더 이상 분할될 수 없는 순수한 현재 순간을 포착할 수 없을 것이며, 나의 사유가 무한 소급된다면 나는 어느 순간에도 사유하는 나 자신을 포착할 수 없을 것이라고 생각했다. 세상에서 제일 빠른 아킬레스가 그보다 몇 미터 앞에서 출발한 느린 거북이를 따라잡지 못한다는 역설, 아무리 빨리 달리는 달리기 선수라도 결코 골인 지점에 도달하지 못한다는 제논의 역설이 현실에서 발생하지 않는 것도 현실적으로 무한 소급이 극복되기 때문이라고 생각했다.[1] 그러다가 문득 아킬레스가 거북이를 따라잡지 못하고 달리기 선수가 골인 지점에 도달하지 못한다는 것이 참일 수도 있다는 생각이 들었다. 하루 종일 뛰었어도 한 발자국도 앞으로 나아간

---

1) 이 책의 제5장 참조.

것이 아니고, 평생을 말했어도 결국 한마디도 말하지 않은 것일 수 있다는 생각이 들었다. "오고감과 움직이지 않음이 하나"[去來不動卽一物][2]일 수 있다는 생각이 들었다.

문제는 무한을 다시 유한화시킴이 없이 순수 무한 자체로서 사유해야 한다는 것이다. 절대를 다시 상대화시킴이 없이 절대 자체로서 사유해야 한다는 것이다. 우리는 무한은 한계가 없는 것이므로 한계가 있는 유한이 아니고, 절대(絶對)는 대(對)를 끊는[絶] 것이므로 대를 가지는 상대가 아니라는 것을 알고 있다. 그러나 그와 같이 무한을 유한과 구별함으로써 우리는 다시 무한을 유한이 아닌 것으로, 즉 자기 아닌 것을 자기 밖에 가지는 것으로 유한화시키고 만다. 절대를 상대와 구별함으로써 우리는 다시 절대를 상대가 아닌 것으로, 즉 자기 아닌 것을 자신의 대로 가지는 것으로 상대화시키고 만다.

상대화에 빠지지 않고 진정한 절대에 이르는 길은 무한 소급의 극복을 통해서인가 아니면 무한 소급을 통해서인가? 우리 사유의 무한 소급은 사유의 한계를 말해 주는 것인가 아니면 오히려 사유의 무한성을 말해 주는 것인가? 절대를 향해 무한히 나아가는 우리의 사유 속에 나타나는 것은 단적인 존재 정립을 통해 그 이상의 무한 소급을 끊는 신(神)인가, 아니면 무한 소급되어 존재와 무가 하나로 융합되어 결국 있다고도 없다고도 할 수 없는 공(空)인가?

2. 현상의 상대성

시간과 공간 안에 존재하는 모든 것은 다 유한한 것들이다. 그것들은 시간적·공간적으로 제한되어 있는 것이다. 즉 영원히 존재하는 것

---

2) 법장(法藏), 《화엄오교장》(華嚴五教章), 대정장 45, 504 上.

이 아니라 어느 순간 생성되었다가는 시간과 더불어 변화하다가 소멸하는 것이며, 모든 곳에 편재(遍在)하는 것이 아니라 항상 어느 규정된 공간 내에 자기 위치를 갖고 있는 것이다. 이러한 시간적·공간적 제한성이 곧 그것들의 경계 혹은 한계를 구성한다. 그것들은 경계를 가진 것, 한계를 가진 것, 곧 유한한 것이다. 그러나 그것들을 유한한 것으로 규정짓는 경계 자체는 고정적인 것이 아니라, 끊임없이 미끄러지고 변형되는 유동적인 것이다. 그리고 이러한 유동성 때문에 그것들의 생주이멸(生住異滅)의 모습이 빚어지는 것이다. 경계란 안과 밖의 단절이 아니라, 이 둘이 함께 접하고 있는 접촉 지점 혹은 관계 맺음의 자리이며, 그러한 관계를 통한 변화의 자리이다. 변화란 경계의 이동인 것이다.

존재하는 것들의 유한성 그리고 그 경계의 이동성은 곧 그들의 의타성을 함축한다. 어느 것도 그 자체만으로 존재하지 않으며, 그 자체만으로 인식되지도 않는다. 그것은 그것 아닌 것으로부터 생성되었다가 그것 아닌 것으로 변화해 가는 과정 속의 것이며, 따라서 그것이 그것일 수 있기 위해서 그것 아닌 것의 존재가 필수적이다. 만일 우리가 그것의 경계를 인식할 수 없다면, 우리는 그것 자체를 인식할 수가 없다. 종이 위에 해를 그리려는 사람이 종이 전체를 해로 가득 채워 온통 빨갛게 칠해 놓는다면 그것은 해일 수가 없으며 또 우리는 그것을 해라고 알아볼 수도 없다. 종이 위에서 해가 해로 성립하기 위해서는 해와 해 아닌 것이 함께 해야 하기 때문이다. 해의 해 됨이 해 아닌 것과의 경계를 통해 가능하며, 그 경계는 해와 해 아닌 것이 함께함으로써만 성립하기 때문이다. 한 사물이 그 자신으로서 존재하기 위해서는 그것의 경계가 필수적이며, 나아가 그 경계 밖의 그것 아닌 것까지도 그것의 존재를 이루는 필수적인 것이 되는 것이다.

경계를 중심으로 하여 그것과 그것 아닌 것이 서로 대(對)를 이루게 된다. 그러므로 유한한 모든 것은 자기의 대를 가지는 것, 즉 상대적인 것으로 절대적인 것이 아니다. 다시 말해 자기 아닌 것과의 관계를 떠난 것, 자신의 대를 가지지 않는 것, 대를 끊는 것, 절대적인 것이 아니다. 이와 같은 유한한 세계의 상대성을 우리는 대대성(待對性)이라고도 부를 수 있다. 모든 것이 홀로 존재하는 것이 아니라 자신의 대와 더불어 한 짝을 이루며 존재한다. 빛은 어둠과 짝을 이루고 여자는 남자와 짝을 이루고, 선은 악과, 기쁨은 슬픔과 짝을 이룬다. 모든 것이 자신의 상대를 가진 대대적 존재이다.

이와 같이 유한한 모든 것은 경계를 요구하고 그 경계 너머의 자신의 상대를 통해 자신의 존재와 의미를 부여받는다. 만일 우리가 그것의 경계를 인식할 수 없다면, 우리는 그것 자체를 인식할 수가 없다. "한 명제의 의미는 우리가 그 명제의 부정의 의미를 파악할 수 있을 때에만 파악 가능하다"라는 말이 성립하는 것도 이 때문이다.[3] 예를 들어 "이 선은 직선이다"라는 명제는 직선과 직선 아닌 것과의 구분

---

3) 한 명제의 의미가 그 명제의 부정 가능성을 배제하면 성립할 수 없다는 말은 곧 어떤 명제도 의심 가능성을 그 자체 배제하는 그런 절대적으로 확실한 명제, 그런 의미의 진리 자체일 수는 없다는 말이다(비트겐슈타인). 이에 반해 데카르트가 절대적으로 확실한 것을 추구하면서 그것의 기준을 의심 불가능성으로 두었다는 것은 이미 우리가 일상적으로 또는 과학적으로 진리라고 생각하는 모든 명제를 그런 확실성의 영역에서 배제한다는 것을 의미한다. 결국 비트겐슈타인에 있어서는 부정 가능성 또는 의심 가능성이 전적으로 배제된 명제는 바로 그렇기 때문에 무의미한 명제로 생각된 데 반해, 그런 명제가 데카르트에게 있어서는 바로 그렇기 때문에 절대적으로 확실한 명제라고 생각되었던 것이다. 데카르트는 실제로 그러한 의심 불가능성의 기준에 따라 우리의 지각에 바탕을 둔 경험적 명제(일상적 혹은 경험과학적 진리)와 이성에 바탕을 둔 관념적 명제(수학적 진리)를 모두 불확실한 것이라고 단정한다(데카르트, 《성찰》 1). 그런 명제들이 그렇지 않을 수 있는 가능성(의심 가능성)을 함축하고 있다는 말은 곧 그 명제들의 의미가 자신의 부정을 통해 드러나는 상대적 의미라는 것을 말해 주는 것이다. 물론 데카르트는 의심 가능성이 전혀 있을 수 없는 것, 그 부정을 결코 생각할 수도 없는 것을 발견해 냈다. 그것은 곧 그 자신의 부정, 그 자신의 상대를 배제한 절대를 발견했다는 것을 의미한다. 데카르트에 따르면 그것은 의

기준이 서 있을 때에만 의미 있는 것이다. 선이 직선이 아닐 수 있는 가능성, 즉 이 명제의 부정 가능성 혹은 반증 가능성을 통해 이 명제의 의미가 살아나는 것이다. 둘이 구분되지 않는다면, 예를 들어 완전히 빈 우주 공간에 오직 점 하나만이 있고 그것이 움직여서 선을 이룬다고 해 보자. 이 경우 점 이외의 다른 모든 것을 배제함으로써 우리는 그 점이 이룬 것을 직선이라고도 곡선이라고도 말할 수 없게 된다. 직선과 곡선을 구분할 수 있는 기준이 없기 때문이다. 나아가 사실은 점의 움직임 자체 역시 파악 불가능한 것이 된다. 점이 움직인다고 하는 것과 움직이지 않는다고 하는 것을 구분할 기준이 없기 때문이다.

이와 같이 상대적인 어떤 것의 있음을 이해할 수 있는 것은 우리가 그것의 있음을 없음과 다른 것으로서 구분할 수 있기 때문이다. 즉 그것의 없음을 가능적인 것으로서 떠올릴 수 있기 때문이다. 육안으로 그것의 있음을 보면서 동시에 심안으로 그것의 없음을 볼 수 있는 까닭에 그것이 있다는 것을 안다. 즉 그것의 없음과 있음을 동시에 파악할 수 있는 한에서만, 그것이 없지 않고 있다는 것을 아는 것이다. 이것이 상대적 세계의 모습이다. 상대적 세계의 모든 것은 우리가 그것을 긍정하고 있을 때도 그것의 부정이 우리를 떠나지 않는 그런 것들이다. 살고 있으면서도 우리는 그렇지 않을 수도 있다는 것, 즉 죽을 수 있다는 것을 안다. 그러기에 우리는 그것을 절대적 삶이라고 이해하지 않는다. 사랑하고 있으면서도 우리는 그렇지 않을 수도 있다는 것을 안다. 그렇지 않을 수도 있는 것이기에 우리는 그것을 절대적 사랑이라고 이해하지 않는다.

심하는 자아 자체이다(데카르트, 《성찰》 2). 즉 일체의 긍정과 부정을 함께 사유할 수 있는 그 사유 주체이다. 이러한 데카르트적 자아와 우리가 나중에 언급하게 될 일심(一心)과의 동일점을 다시 생각해 볼 수 있을 것이다.

3. 절대에의 추구

상대적인 것의 있음과 그 의미는 그것의 경계 혹은 경계 밖의 것을 통해서 성립한다. 상대적인 것의 존재 및 존재 의미가 그것 아닌 것에 의존한 것이기 때문이다. A는 B에 의존하고, B는 다시 C에 의존하고, C는 다시 D에 의존하고…. 이렇게 해서 모든 것이 상대적이다. 내가 아침에 눈을 뜨는 것은 학교에 가기 위해서이고, 학교에 가는 것은 공부를 하기 위해서이고, 공부를 하는 것은 졸업을 하기 위해서이고, 졸업을 하는 것은 취직을 하기 위해서이고…. 또한 이렇게 해서 모든 것이 상대적이다. 그렇다면 그 모든 것은 결국 궁극적으로 무엇을 위해서인가? 더 이상 다른 것을 위한 수단이 아니라 그 자체가 목적이 되는 궁극적 의미, 상대적이 아닌 절대적 의미는 무엇인가? 그런 것은 과연 있는가, 없는가?

나는 나의 경계를 둘러싸고 있는 이 방 안에 있다. 나의 존재를 조건 짓는 것이 나의 경계이고, 그 경계를 조건 짓는 것이 경계 안의 나와 경계 밖의 나 아닌 것이라면, 나의 존재는 결국 나의 경계를 둘러싼 이 방에 의존하는 것이 된다. 즉 내가 있는 것은 나의 경계를 포함하는 이 방이 있기 때문이다. 그리고 이 방이 있는 것은 이 방을 포함하는 대구가 있기 때문이며, 대구가 있는 것은 대구를 포괄하는 한국이 있기 때문이고, 한국이 있는 것은 한국을 둘러싼 지구가 있기 때문이고, 지구가 있는 것은 지구를 담고 있는 태양계가 있기 때문이고, 태양계가 있는 것은 태양계를 실은 우주가 있기 때문이다. 그렇다면 우주는 어떤 의미에서 있는가? 존재하는 것 일체로서의 우주에게 그 존재성을 부여할 수 있는 우주의 경계 너머의 다른 더 큰 지평이라는 것이 과연 있을 수 있는가?

상대적인 것들의 경계를 계속 확장해 갈 때, 우리는 어느 지점에서인가 더 이상 상대적이지 않은 절대를 묻게 된다. 더 이상 자신의 경계 혹은 한계를 가지지 않은 무한, 경계 밖의 대를 끊는 절대의 물음을 던지게 된다. 그것은 그보다 더 큰 것, 더 포괄적인 것을 가지지 않는 것, 즉 그것 밖의 것, 그것의 경계를 우리가 생각할 수 없는 그런 것이어야 한다. 그러나 그렇게 대가 없고 경계가 없다면, 우리가 그것을 어떻게 인식할 수 있단 말인가? 바로 여기에 절대의 역설이 있다. 즉 그것이 진정한 의미의 절대라면 대가 없어야 하는데, 그런 의미로 경계가 없어야 하는데, 그처럼 경계 없는 것을 우리는 어떻게 그런 것으로서 알 수 있단 말인가?

　유한한 것, 상대적인 것이 그것의 경계를 통해서 그것으로서 성립한다고 하는 말은 그것의 유무는 그 자체로서 결정되는 것이 아니라, 그것보다 더 근본적인 것에 의거하고 있다는 말이다. 우리는 그 기준을 그것보다 더 큰 문맥으로 계속 확장하는 차원에서 구할 수도 있으며, 그것 자체의 내부에서 계속 분할하는 차원에서 구할 수도 있다. 무한대로 나아가든 무한소로 나아가든 두 경우에 모두 무한 소급을 끊는 경우와 허용하는 경우를 구분해 볼 수 있다. 무한대로 확장하는 경우 무한 소급을 끊는다는 것은 그 너머의 항으로 나아갈 수 없다는 말이 되며, 따라서 그것을 자기 아닌 다른 항, 자신의 대를 가지지 않는 절대로서 인정하는 것이 된다. 이는 시간적으로 최초를 인정하는 것이고 공간적으로 우주의 끝, 경계를 인정한다는 말이다. 우주의 최초는 없는 것에서 있는 것으로 생겨나는 최초가 되며, 이는 창조라고 말해지는 것이다. 반면 무한 소급을 허용하면 최초란 성립하지 않으며 모든 시간이 그 이전의 시간을 전제하게 되어 시작 없는 무시이래가 성립한다. 이런 의미로 보면 모든 것이 상대적으로 된다. 무한소로 나아갈 경우에도 무한 소급을 끊는 경우는 더 이상 분할될 수 없는 최소 단위를 궁극적인 것으로서 인정한다는 말이 된다. 이는 공간적으로는 극미 혹은 실체를 인정하는 것이며, 시간적으로는 찰나를 인정하는 것이다. 무한 분할로서의 무한 소급을 인정하게 되면, 더 이상 분할될

수 없는 실체란 존재하지 않는다는 무자성(無自性), 즉 공(空)의 논리
를 전개하게 된다.

4. 무한의 이해 I : 무한 소급의 부정— 신(神)

(1) 기독교적 창조론

기독교의 우주론적 신 존재 증명은 무한 소급의 불가능성에 기반
을 둔 것이다.[4] 여기 우리 눈 앞에 있는 어떤 것이든지 그것이 있다
는 것에서 출발해 보자. 그것은 그것의 원인이 있음으로써 그 결과
로서 있는 것이다. 그런데 그 원인은 다시 그 자신의 원인을 가진다.
이와 같이 그 원인의 고리는 계속 이어진다. 그러나 그와 같은 원인
으로의 소급은 무한히 계속되는 방식으로 열려 있을 수는 없다. 계
속 열려 있는 것이 아니라 어딘가에서 더 이상 소급될 수 없는 방식
으로 단적인 정립이 있어야만 그것의 결과로 무엇인가가 실제로 있
게 되고, 다시 그것의 결과로 그 다음 항이 있게 되고, 이렇게 하향
하여 결국 논의의 출발점이 되었던 사물 하나가 있다는 것이 인정될
수 있기 때문이다. 만일 무한히 소급된다면, 존재의 조건문인 가정태
로부터 존재의 인정인 현실태로 넘어올 수가 없을 것이다. 이렇게
하여 무한 소급을 끊는 것이 요구되는 것이다. 존재는 시간적으로

---

4) 우주론적 신 존재 증명에 무한 소급 부정의 논리가 사용되고 있는 것을
  우리는 중세 스콜라 철학자 토마스 아퀴나스에서도 찾아볼 수 있다. "신은
  존재하는가?"라는 물음에 대해 그는 신 존재 증명의 5가지 길을 제시하는
  데, 그 중 앞의 3가지 길에서 그는 운동과 능동인과 필연성의 계열에 있어
  무한 소급이란 있을 수 없으므로, 최초의 움직이게 하는 것, 최초의 능동인
  그리고 최초의 필연적 원인은 존재해야만 한다고 논증한다. Th. Aquinas,
  Summa Theologica, 제1권, q.2, a.3 참조.

무한 소급되는 것이 아니라 어느 한 순간에 없던 것에서 있는 것으로 최초를 갖고 존재하게 된 것이다. 단적으로 없음에서 있음으로의 전환이 있었으며, 그것이 곧 창조이다. 존재의 최초를 생각한다는 것은 곧 그것의 창조를 생각한다는 것이 된다. 이는 곧 그것의 없음과 있음을 동시에 떠올림으로써 그것이 없지 않고 있다는 것을 말할 수 있게 되는 것이다.

　이러한 무한 소급의 부정은 공간적 차원에서도 발생한다. 우주 전체가 무한히 확장되어 결국 경계가 없는 것이라면, 우리는 그것을 유라고도 무라고도 말할 수 없게 된다. 그러면 그 안의 태양계, 지구…그리하여 결국 나의 존재까지도 유라고도 무라고도 확정할 수 없게끔 흔들리고 마는 것이다. 이 흔들림을 막기 위해서는 결국 경계 설정을 하게 된다. 그리고 경계 설정을 한다는 말은 그것이 없지 않고 있다는 것을 제시하는 것이다. 결국 우주의 존재를 사유할 수 있기 위해 요구되는 것은 우주의 경계를 포괄하는 더 큰 존재이다. 그 큰 지평 안에서만 비로소 우주의 없음과 있음이 동시에 사유 가능해지고, 그 없음의 사유 가능성을 통해 우주는 없지 않고 있다고 확인될 수 있는 것이다. 이처럼 우주의 무한 소급을 끊기 위해 설정되는 우주보다 더 큰 존재가 곧 우주를 초월한 존재, 신인 것이다.

　우주 안의 한 사물이 그렇듯이 우주 전체가 없지 않고 있다는 것을 이해하기 위해서는 그 시간적·공간적 경계를 그어야만 하며, 그럴 수 있기 위해서는 그 경계 너머의 존재가 사유될 수밖에 없는 것이다. 분명 그 경계는 우리들 자신의 사유를 위해 긋는 경계임에도 불구하고, 그런 경계를 긋는 자 즉 그런 경계 밖의 존재는 우리와는 다른 존재, 우리의 사유가 미치지 못하는 존재인 신이라고 생각되는 것이다. 아주 미묘한 방식으로 우리 인간의 사유가 신의 사유로 변신한다.

　그리고 다시 거꾸로 우주 전체가 그렇듯이 우주 안의 한 사물도 분명히 없지 않고 있는 것으로 이해된다. 따라서 개별 사물의 분할에 있어서도 무한 소급은 허용될 수 없는 것이 된다.

(2) 실체론

현상의 생멸은 실제로 무에서 유로 또는 유에서 무로의 이행이 아니라, 부분에서 합으로 또는 합에서 부분으로의 모임과 해체의 과정일 뿐이다. 부분으로 분할되어 흩어져 버릴 때, 우리는 그 덩어리가 사라짐을 보고 그것이 멸했다고 말하지만, 사실은 그것은 더 궁극 요소로 환원된 것에 지나지 않는다. 그러므로 현상 배후에는 그런 궁극적 요소가 존재한다. 그리고 그것이 궁극 요소라면 그것은 더 이상 분할될 수 없는 것이어야 한다. 왜냐하면 더 이상 분할되는 것이라면, 분할된 그것이 분할되기 이전 것보다 더 궁극적인 것이 될 것이며, 또 만일 그런 분할이 무한히 계속되는 것이라면 궁극적인 것이란 결코 존재할 수 없는 것이기 때문이다. 하지만 만일 궁극적인 것이 없다면 그로부터 만들어진 현상도 없는 것으로 되어 버린다. 그러나 분명히 사물들은 존재한다. 그러므로 그런 사물들의 궁극적 실재로서 더 이상 분할될 수 없는 것이 존재한다. 이는 분할이 무한 소급될 수는 없으며, 결국 더 이상 분할될 수 없는 궁극적 실재에 의해 소급은 극복되는 것이라는 주장이다. 이와 같이 더 이상 분할될 수 없는 궁극적 실재는 원자, 요소, 극미, 실체 등 다양한 이름으로 불린다. 사물이 없지 않고 있는 것은 그것이 더 이상 분할될 수 없는 궁극적 실체로 구성되어 있기 때문이다.

(3) 신적 관점의 사유

신의 세계 창조설은 실체론으로 이어진다. 그러므로 유신론은 유물론과 통한다. 물리적 세계의 궁극 요소로서의 실체는 신에 의해 만들어진 실재인 것이다. 즉 실체는 분명 창조된 것, 없지 않고 있는 것이다. 세계를 신의 창조로 이해할 때, 그 이해에는 두 가지 관점이 섞여 있다. 하나는 세계를 신의 관점으로 바라보는 것이다. 그렇게 함으로써 세계를 자체 존재, 즉자적 존재가 아닌 유한하고 상대적인 것으로 이해하는 것이다. 즉 다른 개체 이해에서와 마찬가지로 세계 전체의 긍정의 의미를 그 부정을 통해 파악한다. 그러나 이 세계의 있음이 그것의 부정 가능성을 통해 그렇게 상대적으로 이해될 수 있는 것은 세계를 없음에서 있음으로 옮겨 놓은 창조자의 관점에서나 가능한 것이다. 다른 하나는 자신이 창조자가 아니라 피조물이라고 자각함으로써 신이 아닌 인간의 관점을 취하는 것이다. 그렇게 되면 세계는 신에 의해 창조된 것으로서 인간에 대해 절대적인 것이 된다. 세계가 없지 않고 있는 것은 그것이 그렇게 창조된 것이기 때문이다. 이와 같이 세계를 없는 것이 아니라 단적으로 있는 것이라고 단정하는 인간의 관점 속에도 신의 관점이 스며들어 있는 것이다. 여기서 문제는 우리 자신의 사유를 구성하는 분리될 수 없는 두 관점을—하나는 인간의 관점이고 다른 하나는 신의 관점인 것처럼— 분리하는 것이다.

세계 창조론이나 세계 실체론은 세계가 궁극적으로 없는 것이 아니고 있는 것이라는 전제 때문에 성립된다. 그러나 우주 전체가 없지 않고 있다는 것, 우주의 창조, 우주의 시작, 사물의 궁극적 요소는 정말 사유될 수 있는 것인가? 세계 전체가 없는 것이 아니라 있다는 것을 사유할 수 있기 위해서는 전체의 없음을 의미 있게 생각할 수 있어야 하는데 우리가 과연 일체의 없음을, 나 자신의 존재를 포함한 일체의 없음, 절대 무, 순수 무를 사유할 수 있는가? 일체의 부정의 사유 가능성은 누구에 의해 사유된 가능성인가? 창조한 신의 관점에서는, 즉 세계의 경계 너머에 있는 자의 관점에서는 세계는 없지 않고 있다고 말할 수 있겠지만, 그것이 어떻게 우리 자신에 의해 사유될 수 있단 말인가?

5. 무한의 이해 Ⅱ : 무한 소급의 허용 — 공(空)

(1) 불교적 무시이래론

어떤 존재하는 것의 원인을 거슬러 올라가기를 무한히 계속하여 최초의 원인을 상정하지 않는다는 것이 무시이래이다. 우주의 시작, 존재의 시작은 없다. 따라서 존재를 없던 것에서 있는 것으로 시작하게 하는 창조자도 없다. 우주는 시작이 없이 있는 것이다. 시작이 없다는 것은 무한 소급이 끝나지 않는다는 것이며, 결국 무 아닌 유로서의 정립이 시작되지 않는다는 것이다. 시작이 없는 것이므로 그 이후의 전체 계열로서의 우주 전체는 있다고도 말할 수 없고 없다고도 말할 수 없는 것이 된다.

이러한 무한 소급은 공간적 차원에서도 발생한다. 일체를 그 안에 포괄하는 우주는 자신의 궁극적 경계를 가지지 않는다. 따라서 그 경계 밖의 제3자를 통해 우주의 존재를 없지 않고 있는 것이라고 판가름할 수 있는 그런 기준이란 존재하지 않는다. 이처럼 우주는 그 자체 경계가 없으므로 그것을 없다고도 할 수 없고 있다고도 할 수 없는 것이 된다. 무한 소급을 허용함으로써 전체로서의 우주의 있음이 설명되지 않는 것이다. 그러므로 그 안의 태양계, 지구…그리하여 결국 나의 존재와 내 곁의 한 사물의 존재까지도 유라고도 무라고도 확정지을 수 없도록 흔들리고 마는 것이다.

이와 같이 무한 소급 때문에 우주 전체의 있음의 의미가 흔들리게 되면, 그 흔들림의 파장은 우주 안의 한 사물에게까지 나아간다. 즉 전체에 있어 무한 소급을 인정하듯이 개체의 분할에 있어 다시 무한 소급이 발생하는 것이다.

(2) 공론

실체론과 달리 개별 사물에 있어 무한 분할을 인정하면, 우리는 그 개체 안에 그것의 존재를 보장해 주는 궁극적 요소로서의 실체를 부정하는 것이 된다. 즉 일체의 것은 무한히 분할 가능한 것이며, 더 이상 분할될 수 없는 것으로서의 실체란 존재하지 않는 것이다. 우리가 궁극 요소라고 생각한 것도 다시 분할된다. 우리는 현상적 존재를 이해하기 위해 현상을 떠받드는 궁극 실재를 더 이상 분할될 수 없는 것으로서 전제하며 그것을 계속 찾아 나갈 것이지만, 그런 것은 끝내 얻을 수 없을 것이다. 무한 분할이 가능하다면, 현상을 분할하여 얻은 현상 중에서 더 이상 분할될 수 없는 궁극적 존재나 궁극적 요소란 있을 수 없기 때문이다. 그러므로 실체는 없다. 즉 공이다. 그러므로 공론을 주장하는 자들의 주된 반박 대상은 바로 더 이상 분할될 수 없는 것으로서의 극미(極微)였다.

사물을 떠받드는 더 이상 분할될 수 없는 궁극 요소가 없다는 말은 사물 자체의 존재가 근거가 없다는 말이다. 사물 자체가 궁극적으로 없는 것이 아니라 있는 것이라고 말할 수 있는 절대적 기준이 없다는 말이 된다. 사물은 자체 내에 실체성, 자기 자성을 가지지 않는다. 이와 같은 사물의 무실체성 혹은 무자성을 공이라고 한다. 이것이 "색즉시공"(色則是空)이다.

(3) 공의 사유

무시이래의 사유는 우주 전체가 경계 없음을 받아들인다. 그러므로 궁극의 지평은 있다고도 없다고도 할 수 없는 것이 된다. 그리고 이것이 바로 공이다. 그러므로 무시이래론은 공론으로 이어진다. 우주는 시간적으로 최초를 가지지 않으며, 공간적으로도 무한하여 경계가 없다. 무한한 것은 경계가 없고, 경계가 없는 것은 그것 아닌 것과 구분되지 않으므로, 그것이 그것으로서 드러나지 않는다. 그러므로 경계가 없는 것은 그것의 없음과 있음이 구별되지 않으며, 결국 있다고도 할 수 없고 없다고도 할 수 없는 것이 된다. 세계를 무시이래의 존재로 인정하는 것은 그것의 있음을 없음으로부터 구별할 수 있는 단적인 시작을 정립하는 것이 아니므로 우리에 대해 그것의 유와 무는 구분되지 않는다.

그러나 있음과 없음의 구별을 넘어선 것이 곧 절대이며 공이다. 세계 너머의 다른 절대자를 상정하지 않음으로써 세계는 그 자체가 그것 아닌 것과의 관계에서 파악되는 것이 아니라 오히려 그 자체로서 파악되어야 할 것이 된다. 세계 자체를 상대화하여 그것이 없지 않고 있는 것이라고 판단 내릴 수 있는 세계 유무의 기준이 따로 있지 않은 것이다. 이런 의미에서 세계는 그 자체로서 절대적인 것이 된다. 그런데 이와 같이 절대적이라는 것은 곧 그것이 있음과 없음의 구별을 넘어선 것이 된다는 것이며, 이런 의미에서 공이다.

6. 공과 마음

(1) 일즉일체

해를 나타내기 위해 종이 전체에 빨간색을 칠하지 않고 부분만을 칠한다고 해서 반드시 해가 되는 것이 아니다. 만일 빨간 해를 빨간 종이 위에 그린다면, 그것은 해가 아니다. 경계가 성립하지 않기 때문이다. 경계는 하얀 바탕색에 빨간색이 칠해짐으로써 성립한다. 즉 경계 밖의 것으로 드러나게 되는 하얀색은 원래 경계 안에 함께 있었던 것이다. 빨간 규정은 빨갛지 않음의 부정으로서 성립하는 것이며, 이런 의미에서 모든 규정은 그 부정을 자신의 가능 근거로서 전제한다.

빨간색 종이 위에 빨간 해를 그리고자 하면, 다른 방식으로 그려야 한다. 즉 경계를 나타내기 위해서 그 위에 빨간색을 칠해서 해를 그리는 것이 아니라, 해 밖의 것에다 다른 색을 입혀야 하는 것이다. 해 아닌 것의 바탕이 본래 해였기에 다른 색을 칠함으로써 해의 부정이 되어 해 아닌 것이 된다. 해 아닌 것은 해의 부정으로서, 그 자신 안에 자신의 부정성으로서의 해를 본래의 바탕색으로서 가지고 있는 것이다.

이처럼 사물의 규정성 안에는 그것의 부정성이 함께 하고 있다. 사물 안의 이 부정성, 무자성이 곧 공이다. 한 사물이 그것일 수 있기 위해서 그것 아닌 것의 존재가 필수적이다. 연기를 이루게 되는 것, 그것이 그것 아닌 것에 의해 생겨날 수 있는 것은 그것 안에 그것 아닌 것, 그것의 부정성, 공성이 그것 자체의 본질로 자리 잡고 있기 때문이다. 우리가 사물을 볼 때 그것과 그것 아닌 것과의 교체만을 보면 현상만을 보는 것이다. 그 사물 자체를 본다는 것은 그 사물 안의 공을 보는 것이다. 그 공을 통해 그것은 그것 아닌 것과 통하고 그것 아닌 것과 하나가 되어 있는 것이다. 모든 사물 각각이 전체 우주를 담은 소우주일 수 있는 것은 바로 그것의 본질이 공이기 때문이다. 그 공 안에 전체 우주가 담겨 있는 것이다.

이렇게 한 개체 내의 공이 결국 우주 전체의 공과 하나가 되므로, 각 개체는 그대로 우주 전체의 경계 없음과 대(對) 없음, 즉 절대의 성격을 가지게 된다. 하나가 일체와의 관계 안에서 고찰되면 상대적 존재로 이해되는 것이지만, 그 일체를 담고 있는 하나 자체로서 고찰되면 그 자체 절대적 존재가 된다. 각각이 전체 우주를 담은 우주의 절대적 중심일 수가 있으므로, 자신이 기준이 되어 우주를 운행시킬 수 있는 것이다. 그렇게 되면 나는 하루종일 뛰었어도 한 발자국도 움직

인 것이 아닐 수가 있으며, 평생을 살다 갔다 할지라도 일찍이 태어난
적도 없고 또 죽은 적도 없는 것일 수가 있다.

(2) 마음

개체가 자성이 없고 본래 공이기에 그 공을 통해 다른 개체 전체가
들어올 수 있는 것이다. 다른 것과의 연관 관계 안에서 그것이 그것으
로 있는 것이기에 자성이 없는 공이라고 하는 것이며, 그러하기에 그
공 안에 다시 다른 일체의 것과의 연관 관계가 성립하는 것이다. 그래
서 모든 것은 서로 안에 서로 포함되며, 모든 것은 서로 같은 것이 된
다. 즉 상입(相入)하며 상즉(相卽)하는 것이다. 일중다(一中多)이고 다중
일(多中一)이며, 일즉다(一卽多)이고 다즉일(多卽一)이다. 하늘의 달이
모든 이슬 방울마다에 비추어 상입상즉한다. 인드라(Indra) 망(網)의
각 구슬마다에 다른 일체의 구슬이 반영되고 그 반영된 그림자를 다
시 또 서로 반영하고 그리하여 상즉상입의 연기가 중중무진(重重無盡)
으로 이어지는 것이다.

그 중 불가사의한 것은 바로 그러한 공이 자기 자신을 공으로서 의
식 혹은 자각한다는 것이다. 유와 무의 이변을 떠난 공이 마음이라고
불릴 수 있는 것은 공이 놀랍게도 자기 자신을 의식할 수 있기 때문
이다. "자기 본성을 신비스럽게 아는 능력을 가지므로 그것을 이름하
여 마음이라고 한다."5) 마음은 경계가 없으므로 그것의 있음을 그것의
없음으로부터 구분해 낼 수가 없다. 결국 그것은 있다고도 없다고도
할 수 없는 것이며, 있고 없음의 상대를 떠난 절대이다.6)

마음은 이처럼 경계가 없고 형상이 없기에, 그것을 이것이라고 드러

---

5) "性自神解 故名爲心", 원효(元曉),《대승기신론소》(大乘起信論疏).
6) "當知唯心 無外境界 卽復此心 亦無自相 念念不可得", 마명(馬鳴),《대승기신론》,
   대정장 32, 582 上.

내 보일 수가 없기에, 그것을 여기 머무는 것이라고 제시할 수가 없기에, 우리는 대개 그 마음을 잊고 무심히 산다. 그러나 그러면서도 우리는 단 한순간도 그 마음 밖으로 나갈 수가 없는 것이다. 손오공이 아무리 멀리 달아나도 부처님 손바닥 안에 있듯이, 우주 끝까지 아무리 멀리 나아가도 우리는 우리의 마음 밖으로 벗어날 수가 없는 것이다. 존재하는 것의 전체로서의 우주의 있음을 이해하기 위해, 즉 그것이 없지 않고 있다는 것을 말하기 위해, 우리가 우주 너머의 절대의 관점, 신의 관점을 취할 때조차도, 그렇게 우주의 경계 너머에 존재하는 것으로 생각된 그 신조차도 우리의 마음 밖의 존재가 아닌 것이다. 그러기에 절대는 우주의 경계 너머에 상대적인 것들 밖에 따로 있는 것이 아니라, 우주 안의 각각의 개체 안에, 상대적인 것들 바로 한가운데에 들어 있는 것이다. 개체들은 자신 밖의 절대를 통해 구원받는 것이 아니라, 자신 안의 절대 즉 공을 통해 구원받는 것이다.

7. 묘(妙)

그런데 우리는 우리 사유 안에서 우리가 취하는 그 절대의 관점을 왜 우리 자신의 관점이라고 생각하지 않고 신의 관점이라고 객관화하는 것인가? 있다고도 없다고도 말할 수 없는 그런 절대가 바로 우리 자신의 마음이라는 것을 왜 우리는 그렇게 자주 잊을 수 있는 것인가? 이는 사유자 자신이 자신의 사유 과정 자체는 보지 못하고 사유된 대상, 사유된 결과만을 보기 때문이다. 우리는 우리가 사유하면서 마치 그것을 신의 사유인 듯이 생각한다. 그러나 만일 신의 사유를 우리가 사유할 수 있는 것이라면, 그것은 곧 우리 안에 신이 있다는 말이 되지 않겠는가? 그것이 바로 우리의 마음이 아니겠는가?

그 하나의 마음에서 비롯되는 사유가 마치 다른 두 주체의 사유인

듯이 분리되는 일이 흔히 있다. 그리하여 상반되는 것처럼 나타나는 두 사유가 결국은 한 동전의 양면에 지나지 않는 것일 수가 있는 것이다. 누군가(갑)가 무한한 신이 이러이러하게 세계를 창조하였다고 주장한다고 하자. 그런 주장을 하는 사람에 대해 다시 누군가(을)는 우리는 유한한 인간이기에 무한한 신은 알 수 없는 것이라고 주장한다고 하자. 갑이 우주의 기원을 신으로 설명하고자 하는 것은 유한한 인간의 머리로는 우주와 생명의 기원을 알 수 없기에 무지의 도피처로서 신을 불러온 것이다. 우주의 기원을 "신의 창조"라고 설명함으로써 자신이 우주의 기원과 신에 대해 잘 알고 있다고 믿고 그렇게 말하고 있는 것이지만, 실제로 그 믿음과 말의 이면에 감추어진 것은 그가 우주의 기원과 신에 대해 아무것도 모른다는 것일 뿐이다. 안다는 주장은 모른다는 아픔을 잊기 위한 절규일 뿐이다. 안다는 말이 폭로해 주는 진실은 결국 모른다는 것이다. 반면 신은 알 수 없는 것이라고 말하는 을의 사유 이면에 감추어진 것은 자신은 신을 그렇게 알 수 없는 자로서 알고 있다는 확신이다. 구체적·경험적으로 인식하고 서술할 수 없는 것은 신이 바로 그런 방식으로 존재하기 때문이며, 자신은 신을 그 존재 방식에 따라 그대로 잘 알고 있다는 확신이다. 모른다고 말하는 을의 사유 속에는 채워지지 않은 신의 자리가 있으며, 그 빈자리에 대한 앎, 그 자리가 바로 신의 자리라는 앎이 있는 것이다. 그러므로 신을 모른다는 말은 신을 안다는 말의 다른 표현이다. 모른다는 말이 폭로해 주는 진실은 결국 안다는 것이다. 유한을 말할 때 그 사유 속에 함께 있는 것은 무한이다. 무한이 함께 하지 않는다면, 어떻게 유한을 유한으로 알 수 있겠는가? 무한을 말할 때 그 사유 속에 들어 있는 것은 유한이다. 유한을 통해서가 아니라면 우리가 어떻게 무한에 이를 수가 있겠는가?

유한과 무한의 패러독스는 바로 이것이다. 무한은 한계가 없는 것이므로 한계를 가진 유한과는 구분된다. 그러나 무한은 한계가 없는 것이므로 그 어느 것도, 즉 유한조차도 무한이 아닌 것으로서 무한의 한계 밖에 놓여 있을 수는 없다. 왜냐하면 그럴 경우 무한의 한계 밖에 유한이 있는 것이 되고 그런 무한은 한계를 가진 무한이 되어 진정한 의미의 무한일 수 없기 때문이다. 따라서 유한은 무한과 구분되는 어떤 것, 무한의 경계 밖의 어떤 것일 수가 없다. 결국 무한은 유한과 구분되면서 또 구분되지 말아야 하는 것이다. 무한은 유한 안에 있으면서 또 있지 말아야 하는 것이다. 우리가 우리 자신에 대해 느끼는 유한성의 의식, 결핍의 의식이 그것을 말해 준다. 이것은 한편으로는 무한이 우리 안에 있지 않다는 것을 의미한다. 만일 무한이 우리 안에 있는 것이라면 우리가 그 무한성에 만족해하지 왜 유한하다는 결핍을 느끼겠는가? 그러나 그것은 다른 한편으로는 무한이 우리 유한 안에 있다는 것을 말해 준다. 만일 무한이 우리 안에 있지 않다면, 우리가 어떻게 우리 자신의 한계를 느끼고 우리를 유한한 것으로 알 수 있겠는가?

이와 같이 앎의 배후에 모름이 있고 모름의 배후에 앎이 있고, 존재의 배후에 무가 있고 무의 배후에 존재가 있다. 무한은 유한과 구분되지만, 유한 너머에 따로 있는 것이 아니다. 절대는 상대와 구분되지만, 상대 너머에 따로 있는 것이 아니다. 상대 너머에 따로 있지 않다고 상대와 하나인 것도 아니다. 상대와 하나도 아니고 다르지도 않은 것, 있지도 않고 없지도 않은 것, 그것이 바로 공(空)이고 묘(妙)이며 절대(絕對)이다.

제 7 장

무분별의 논리 : 불교와 탈현대

1. 고통의 근원에 대한 물음

"인생은 고해(苦海)다"라는 말을 들을 때, 우리는 그 말을 불교적이라고 생각한다. "삶은 공허하고 모든 것은 무상하다", "어차피 공수래공수거(空手來空手去)다"라는 말을 들을 때도 우리는 그 말을 불교적이라고 생각한다. 그러나 이와 같은 고통 의식과 허무 의식은 불교만의 특징은 아니다. 모든 철학적 사유가 우리 삶의 현실에서 출발할 수밖에 없고 우리의 삶 자체에 고통과 허무가 스며들어 있는 것이라면, 철학은 동서를 막론하고 어디서나 그와 같은 고통과 허무 의식에서 출발한다고도 볼 수 있기 때문이다. 우리의 삶 속에서 걱정하고 애타하고 서글퍼하는 고통의 시간과 즐겁고 만족스러운 기쁨의 시간을 각각 더해 본다면 기쁨보다 고통의 시간이 더 많을지도 모른다. 이렇게 보면 삶에 있어서 고통의 시간은 결코 우연히 잘못 끼여 든 외적인 것이 아니다. 그것은 우리의 삶 자체가 가진 피할 수 없는 속성인 것이다. 인생의 자연적 과정인 생로병사(生老病死) 속에도 아픔이 있고, 사랑하는 자와 헤어지고 싫은 자와 만나야 하는 사회적 삶 속에도 슬픔이 있다. 이러한 고통을 떠나 기쁨에 머무르고자 하는 욕구가 인간으로 하여금 고통의 근원에 대한 철학적 물음을 던지게 하는 것이다. 현실은 왜 이렇게 고통스러운 것인가? 이 고통은 어떻게 벗어날 수 있는 것인가? 이러한 고통의 근원은 무엇인가?

역(易)의 관점에서 자연을 보면 자연의 흐름을 따르는 식물이나 동물보다 유독 인간만이 반자연적 행위를 하며 더 많은 고통을 당하는 것 같다. 자연의 이치인 기(氣)가 막힘 없이 잘 통하기만 하면 인간에게도 자연적 조화가 이루어져 고통이 사라질 것이다. 이렇게 보면 고통의 근원은 자연의 흐름인 기의 막힘이다. 성서적 관점에서 보면 인간은 본래 낙원에서 행복하게 살도록 창조되었는데, 불행한 이 지상으로 전락하게 된 까닭, 즉 고통이 함께 하게 된 까닭은 인간이 자신을 창조한 신의 말을 거역하고 금지된 선악과를 먹었기 때문이다. 신의 명령을 어기고 신처럼 알고자 한 것이 고통의 근원이 된 것이다. 역에 있어서는 자연이, 성서에 있어서는 신의 명령이 당위로서 부과되어 있는데도, 인간이 그것을 어기는 행위를 함으로써 고통의 삶이 시작된 것이다.

그렇다면 불교에서는 고통의 현실을 어떻게 이해하고 있는가? 불교에서는 고통의 근원을 무엇으로 보고, 어디에서 그 고통을 극복할 길을 찾고 있는가? 그리고 그 불교 사유에 있어서의 기본 특징은 무엇인가?

이 글은 불교적 사유의 기본적인 논리를 "무분별의 논리"(동일화의 논리)로 특징짓고자 한다. 형식적으로 말하자면 이는 서로 다른 것으로서 분별되는 a와 b에 대해 그 공통 근거로서 분별 이전의 무분별을 찾아 나가는 논리이다. 일상적 언어 사용에 있어서도 a와 b를 분별하여 서로 다르다고 말할 때, 우리는 그 둘의 절대적 차별성을 이야기하는 것이 아니다. "홍옥과 부사는 다르다", "사과와 배는 다르다"라고 말하기는 하지만, "사과와 삼각형은 다르다", "삼각형과 악은 다르다"라고 말하지는 않는다. 홍옥과 부사는 같은 사과이고 사과와 배는 같은 과일이기에 분별이 의미 있는 데 반해, 사과와 삼각형 또는 삼각형과 악은 공통적 기반을 가지고 있지 않기 때문이다. 이는 다르다는 분별이 이미 다르지 않은 무분별의 공통 근거에 기반하고 있음을 말해주는 것이다.

이제 이 글에서는 이와 같은 형식의 무분별의 논리가 불교에서 고통의 근원 혹은 고통 극복의 길을 설명함에 있어서 어떻게 내용적으로 전개되는가를 살펴보기로 한다. 불교에 따르면 고통은 집착에서 오고, 집착은 무명(無明)에서 온다. 그러므로 그 고통의 극복은 집착으로부터의 해방(해탈)을 통해 가능하고, 그 무집착은 무명이 아닌 명(明)을 통해서만 가능한 것이다. 집착을 야기시키는 무명은 곧 잘못된 분별적 지식을 의미하며, 해탈을 가능하게 하는 명은 곧 분별식이 아닌 무분별적 지혜를 의미하므로, 결국 불교 논리는 집착과 고통을 야기시키는 분별을 지양하고 무분별의 지혜, 즉 반야(般若)를 획득할 것을 그 기본 골격으로 삼는다. 이런 의미에서 불교적 논리를 한마디로 무분별의 논리라고 특징지을 수 있을 것이다.

2. 무명과 분별심

우리의 고통은 어디에서 오는가? 원하는 것이 이루어지지 않거나 원하지 않는 것이 닥칠 때 우리는 고통스러워한다. 좋은 것에 대한 집착 그리고 그것을 향유하고자 하는 나에 대한 집착으로부터 고통이 몰려오는 것이다. 불교는 주관적 자아에 대한 집착을 아집(我執)이라고 하고 객관 사물 세계에 대한 집착을 법집(法執)이라고 한다. 이와 같은 아집과 법집은 자아나 사물이 어떤 고정적 실체로서 존재한다는 생각에서 온다. 존재하는 것이 그 자체의 본성과 항구성을 가지고 있다는 생각이 전제됨으로써 비로소 그런 것들에 필사적으로 매달리고자 하는 집착이 생겨나는 것이다.

이러한 아(我)와 법(法)에 대한 실체론적 사유는 우리의 일상적 사유 및 일상에서 출발하는 철학적 사유에서도 흔히 발견된다. 일상적으로 밖을 보면 객관 대상이 있고 안을 보면 주관 자아가 있으므로 우리는 당연히 아와 법은 분명히 별개의 것으로 존재하고 또 지속적인 자기 동일성을 유지한다고 생각한다. 나아가 불교 발생 당시 인도에서는 철학적 사상으로서의 관념론과 유물론이 각각 자아나 사물을 궁극적 실체로서 주장하는 입장으로서 동시에 성행했었다.[1) 브라마니즘 (Brahmanism)과 육사 외도(六師外道)가 그것이다. 브라마니즘은 궁극적 실재인 브라만(Brahman)과 하나인 아트만(Atman)을 인간 각자가 그 자신의 본질로서 구유하고 있다는 실아(實我)를 주장하였으며, 반면 육사 외도들은 우주의 궁극적 실재를 물질적 요소로 보고 자아 역시 정신적 실재인 것이 아니라 물질적 요소들의 집합체에 지나지 않는다고 주장하였다.

이 두 가지 극단적 입장에 대해 불교는 궁극적으로 정신적 아도 실유(實有)가 아니고 물질적 법도 실유가 아니라는 아공 법공(我空法空)을 주장한다. 즉 불교에서는 존재하는 것의 자기 동일적 지속성 대신 무상성(無常性)을 주장하고 자기 본체적 자성 대신 무아(無我)를 주장하는 것이다. 존재하는 모든 것의 무상과 무아는 아와 법에 대한 실유 사상을 부정하는 것이다. 그러나 모든 것이 정말로 무상하며 자기 자성을 가지지 않는가? 시간 안에 존재하는 것들로서 언제나 동일한 것

---

1) 불교 이전의 인도 사상, 특히 유심론적 경향의 브라마니즘과 유물론적 경향의 육사 외도에 대해서는 원의범, 《인도 철학 사상》(집문당, 1988), 41면 이하와 길희성, 《인도 철학사》(민음사, 1989) 참조.

으로서 머무르는 것이 없다는 것은 누구나 경험하는 바이다. 사람이 늙어 가듯이 동식물도 늙어 변화되고 무생물들도 닳고 낡아서 결국 다 없어지고 마는 것이다. 즉 사는 것 혹은 있는 것은 결국 죽고 없어지기 마련이다. 그러나 적어도 사는 기간 만큼은 자기 동일성을 유지하고 항상된 것이 아닌가? 항상된 것이 있기에 그것이 없어졌을 때 무상을 말할 수 있는 것이 아닌가? 마치 삶이 있기에 죽음을 말할 수 있듯이 말이다. 그러나 불교에서는 항상된 것 같은 그 존재 자체가 실은 무상한 것임을 말한다. 삶의 과정 자체가 죽음의 과정이라고 말하는 것과 같다. 즉 긴 시간으로 봐서 서서히 변화하여 달라졌다는 것은 그것이 어느 한 찰나도 같은 것으로 있지 않았음을 뜻한다고 보아 찰나 무상을 주장하는 것이다. 한 찰나라도 지나고 나면 모든 것은 변화되어 그 어느 것도 이전의 것과 동일한 것이 아니다. 현재의 것과 과거의 것이 다르듯이 오늘의 것과 어제의 것이 다르고, 오늘의 것과 어제의 것이 다르듯이 이 순간의 것과 바로 이전 순간의 것이 다르다. 이러한 찰나 무상적인 존재를 연속적 동일체로 동일화하고 고정화하고 실체화함으로써 비로소 지속적 자아와 지속적 세계의 관념이 가능하고, 그렇게 실체화된 아와 법에 대한 집착이 생겨나는 것이다. 즉 집착을 낳는 분별은 곧 찰나적 존재로부터 연속적 동일체로의 고정화와 실체화의 사유를 의미한다. 그와 같이 찰나 무상적 존재를 실체화하여 그 자체 자기 자성을 가지는 자아나 세계로 고정화시키고서, 그 아와 법을 구분하여 "이것은 절대적으로 주관이고 저것은 절대적으로 객관이다"라고 분별하거나, 자와 타를 구분하여 "이것은 나고 저것은 너다. 이것은 본래 내 것이고 저것은 본래 네 것이다"라고 분별하게 된다. 이와 같이 자아와 세계, 자아와 타자를 분별하여 그 자체 본성을 가진 항구적 존재로 생각할 때 그것에 매달리는 애착과 집착이 생겨나고 그로부터 온갖 고통이 야기된다. 그러므로 아도 법도 실체적이고 영속적인 존재가 아니라는 것, 자성이 없다는 것, 공하다는 것을 앎으로써 그것에 대한 집착을 벗어나 고통으로부터 해방될 수 있는 것이다.

이와 같이 불교에서는 고통을 없애기 위해서 집착이 없어져야 함을 강조하고, 집착이 없어지기 위해서는 존재에 대한 우리의 잘못된 생각, 무명이 없어져야 함을 강조한다. 즉 고통을 벗어나기 위해서는 1차적으로 집착을 버려야 하는데, 이것은 강제적으로 자연 흐름에 맞추려고 노력한다고 되는 것도 아니고 신에게 용서를 빈다고 되는 것도 아니다. 집착이 무명에서 오기 때문에 그 무명을 벗어남으로써만 고통이 사라진다. 즉 진리를 모르는 것, 잘못 아는 것이 집착의 원인이 되며 고통의 근거가 된다. 그러므로 아공과 법공의 참된 앎인 명(明)을 통해서만 고통의 극복이 가능한 것이다. 아공과 법공을 알아 집착을 벗어나고 고통으로부터 해방된 상태를 불교는 해탈(解脫)이라고 부른다. 해탈에 든 경지가 곧 열반(涅槃)이 되는 것이다. 이와 같은 분별을 넘어서게 하는 것이 바로 아공과 법공의 지혜이며, 불교는 궁극적으로 그와 같은 무분별의 지혜를 추구하는 것이다. 이제 이렇게 획득된 무분별의 논리가 불교 내에서 어떻게 확장되어 가는지를 살펴보기로 한다.

3. 불교의 무분별의 논리 : 공의 논리

(1) 실체론에서 생멸론으로

우리의 일상적 사유는 늘 유무의 분별로부터 출발한다. 일상의 논리를 체계화한 철학적 사유도 대개 마찬가지이다. "태초에 말씀이 있었다"(성서), "태초에 존재가 있었다"(우파니샤드), "있는 것은 있고 없는 것은 없다"(파르메니데스), "처음에 존재만이 있다"(헤겔) 등의 말에서 볼 수 있듯이 출발점은 항상 유무의 분별인 것이다.

그러나 불교는 유무의 구분이 사태의 출발점이 될 수 없음을 주장

한다. 상견(常見)이나 단견(斷見)에서처럼 유나 무가 궁극적 출발점이
될 수 있는 것이 아니고, 그것은 오히려 인연의 쌓임과 흩어짐에서 비
롯되는 연기(緣起)의 결과라는 것이다. 연기는 "이것이 있기에 저것이
있고, 이것이 없기에 저것이 없다"는 것인데, 그 중 전자는 인연의 집
의 과정인 유전문(流轉門)이 되고 후자는 인연의 멸의 과정인 환멸문
(還滅門)이 된다. 따라서 세계는 유전문에 따라 보면 있는 것이고, 환멸
문에 따라 보면 없는 것이 된다. 유전문을 따라 인연 화합의 결과로서
이루어진 세계가 유위(有爲)의 세간(世間)이라면, 환멸문을 따라 세간
이 멸하여 번뇌가 끊긴 무루(無漏)의 세계는 열반인 것이다. 즉 유와
무는 사태의 출발점이 아니라 연기에 따른 생멸의 결과이다. 그리고
이와 같은 생멸론 혹은 연기론은 유무의 극단적인 이견인 상견과 단
견의 분별을 넘어서는 중도의 논리가 될 수 있는 것이다.

(2) 생멸론에서 불생 불멸론(空論)으로

그러나 실체론적인 유와 무의 분별을 지양하고자 하는 생멸론은 다
시 생과 멸, 세간과 열반이라는 새로운 이원적 분별을 창출하는 것은
아닌가? 그리고 그것이 본래 지양하고자 했던 유와 무의 분별을 오히
려 더 강화시키고 있는 것은 아닌가? 왜냐하면 "차유고피유 차무고피
무"(此有故彼有 此無故彼無)의 연기론은 있는 것은 있는 것에 의해 있
게 되고 없는 것은 없는 것에 의해 없게 된다고 말함으로써 오히려
유와 무의 이분을 더 철저화하는 경향이 있기 때문이다. 생멸론이 세
간 유무에 앞서 인연 화합에 의한 생멸을 보다 근본적 질서로 간주하
는 것이라면, 《중론》에서는 생멸 자체의 원리가 부정된다. "일체는 불
생 불멸이다."[2] 이는 연기론의 부정이 아니라 연기 자체의 가능성을

---

2) 용수의 《중론》, 첫 게송의 첫 구절이 바로 "생하지도 않고 멸하지도 않는
다"(不生亦不滅)이다. 《中論》, 제1觀, 《因緣品》, 대정장 30, 1564 中. 용수의 8不

공성에서 구한 것이 된다. 즉 연기의 작용은 인과 관계의 각 항인 차와 피가 각기 고정된 자기 자성을 가짐으로써가 아니라 오히려 자성을 갖지 않은 무자성, 즉 공일 때에 가능한 것이다. 다른 인(因)에 의해 과(果)가 될 수 있고, 다른 과(果)에 대해 인(因)이 될 수 있다는 것은 곧 그 자체가 하나의 고정되고 유리된 자체의 본질을 지니지 않고 다른 것과의 관계 속에서 자신을 규정할 수 있게 개방되어 있는 무자성의 공이기 때문에 가능하다. 따라서 공은 있거나 없는 것으로 보이고 생하고 멸하는 것으로 나타나는 우리의 허구적 세간(世間)의 진정한 모습인 것이다. 즉 속제(俗諦)의 관점에서 보면 세간은 있거나 없거나 생하거나 멸하거나 하는 가상이지만, 진제(眞諦)의 관점에서 보면 모든 것은 공일 뿐이다. 이와 같이 공은 유무의 분별과 생멸의 분별을 지양하는 중도(中道)의 논리를 이룬다.

(3) 진속 불이(眞俗不二)론

그러나 유무나 생멸의 분별을 지양하는 공의 논리는 또다시 진(眞)과 속(俗)이라는 새로운 분별을 만들어 내지 않는가? 불교적 사유는 이미 인도에서부터 분별적 이원성을 지양하고 중도를 찾아왔지만, 중국에 오면 그와 같은 무분별의 추구는 더욱더 강화된다. 중국의 불교 종파 가운데 대표적인 것이라고 할 수 있는 천태(天台), 화엄(華嚴), 선(禪)은 모두 일(一)과 다(多)를 통일하고 진과 속을 융합하려는 철저한 동일화의 논리를 보여준다.

다양한 현상 속에서 공을 보는 과정은 "가(假)를 따라 공(空)에 들어감"의 과정이며 이는 진제관이다. 반면 공을 깨달은 뒤 그 공 자체의 공을 깨달아 다시 방편적 언설의 세계로 되돌아옴은 "공을 따라

인 "不生不滅, 不常不斷, 不一不二, 不來不去"에 관한 더 자세한 논의는 梶山雄一·上山春平,《공의 논리》, 정호영 옮김(민족사, 1989) 참조.

가에 들어감"의 과정으로서 속제관이 된다. 그리고 이와 같이 가와 공이 서로 구분되는 것이 아님을 보는 것은 제3의 "중도 진제관"이 된다. 이와 같은 세 과정의 구분에 대해 천태는 그 셋이 단계적인 것이 아니라 동시적이며 서로가 서로를 다 내포하고 있다는 "삼제원융"(三諦圓融)을 주장한다. 단계적이고 차별적인 분별을 지양하면서 나아가 진과 속을 구분하는 것(진제와 속제)과 구분하지 않는 것(중도 진제관)조차도 다시 구분되지 않는다는 것이다. 이와 같이 모든 분별의 부정은 심이 곧 법이고 법이 곧 심이며, 일념(一念)에 삼천 대천 세계가 다 포함되어 있다는 천태의 논리를 가능하게 한다.[3]

현상적으로 보면 개별적인 사물들은 서로 구분된다. 각각은 자기 자신과의 동일성만을 가질 뿐 서로 다 다른 것이 된다. 이 개체적 천차 만별상이 사법계(事法界)를 이룬다. 그러나 차별 세계의 다양성 안에도 세계의 통일성이라고 할 수 있는 동일한 본성이 있다. 즉 모든 사물이 실체 없는 무아(無我)라는 점에서 동일한 것이다. 이런 세계의 무차별적 동일성이 이법계(理法界)를 이룬다. 그러나 다시 보면 전체와 동일성으로서의 이(理)와 개체와 차별성으로서의 사(事)가 서로 독립되어 있는 것이 아니라 서로 융합되어서 사의 이이며 이의 사로서 있는 것이다. 이것이 이사무애법계(理事無礙法界)이다. 그러나 이와 같이 개개의 사물 속에 동일한 이(理) 전체가 포함되어 있는 것이라면 결국 개개의 사물 역시 서로 안에 서로를 포함하고 있는 것이 된다. 이것이 바로 이사를 구분하고 다시 그 둘의 분별을 지양하는 화엄의 궁극적 주장인 일 중 일체, 일체 중 일의 사사무애법계(事事無礙法界)이다. 개개 사물이 무한성과 영원을 통해 서로 대응하고 서로 조화한다는 사사무애 혹은 상즉상입(相卽相入)의 사상은 현상적 분별성을

---

3) 空·假·中 3諦의 천태 사상에 관해서는 체관, 《天台四敎儀》, 이영자 옮김 (경서원, 1980), 109면 이하 참조. 타무라 쇼루·우메하라 타케시, 《天台法華의 思想》, 이영자 옮김 (민족사, 1989), 61면 이하 참조.

지양하는 무분별의 논리의 최고 형태라고 할 수 있을 것이다.[4]

그러나 이와 같은 화엄적 논리가 사유되지 않고 단지 그 결과만을 취하여 모든 과정적인 분별의 교학(敎學)을 의도적으로 배제하게 되면, 문제는 다시 원점으로 돌아간다. 우리가 선(禪)에서 발견할 수 있는 것이 그것이다. 극도의 추상적 사유 결과로서 도달된 일 즉 일체 사상에 있어 그 사유 과정을 배제하고 결과만을 취해 거기서부터 출발한다면, 그리하여 일체가 부처라는 말이 거침없이 주장되면, 오히려 불교는 위험하고 타락적인 양상을 맞게 될 수도 있는 것이다.

그러나 이와 같은 무분별의 논리는 과연 불교만의 논리인가? 서양에 있어, 특히 근대에서 현대를 거쳐 탈현대에 이르기까지의 사유 과정은 탈실체론적 논리라는 점에서 이와 유사한 무분별의 논리를 보이는 것이 아닌가?

4. 탈현대의 무분별의 논리 : 탈의 논리

(1) 근대적 분별의 논리

서양의 근대는 마치 불교 발생 당시의 인도에서처럼 정신과 물질의 이원적 구분을 주장하고 또 그렇게 구분된 둘 중의 하나를 다른 하나

---

4) 사법계에서 이법계와 이사무애법계를 거쳐 사사무애법계로 나아가는 화엄 적 사유의 길을 우리는 업감(業感)연기에서 뇌야(賴耶)연기와 여래장(如來 藏)연기를 거쳐 법계(法界)연기로 나아가는 길과 대비시켜 볼 수 있다. 마지 막의 화엄적 법계연기는 곧 여래(如來) 출현 또는 여래 성기(如來性起)를 의 미한다. 이사무애법계 또는 화엄의 성기 사상에 대해서는 법장, 《화엄오교 장》, 대정장 45, 484 이하. 의상, 《화엄일승법계도》, 한국불교전서, 제2권, 3 면 이하 참조. 전호련, 《의상화엄사상연구》(민족사, 1994), 30면 이하 참조. 김두진, 《의상》(민음사, 1995), 85면 이하 참조.

보다 더 근본적인 실재로서 간주하는 관념론적 이성주의와 유물론적 경험주의가 동시에 성행했던 시기이다. 주객의 이원화, 인간과 자연의 대립적 이해에 근거해서 객관주의, 과학주의 그리고 그에 바탕을 둔 기술주의의 출현이 가능했고, 나와 너의 절대적 구분, 개인과 전체의 대립적 관계에 근거해서 개인주의, 이기주의 그리고 그에 바탕을 둔 자본주의의 출현이 가능했던 시기이다. 본유 관념 혹은 이성 원칙에 근거해서이든 실험 관찰의 경험 법칙에 근거해서이든 근대는 우리에게 주어진 이 현실을 하나의 원리, 하나의 법칙 아래 체계적으로 파악하고자 했던 시기이다. 현실의 원리를 있는 그대로 체계적으로 읽어 내고 파악하는 능력이 곧 이성이다. 따라서 근대는 합리성의 시대라고도 말할 수 있다. 우리에게 현실은 이 구체적 현실 하나이므로 그것을 가장 합리적으로 체계화한 이론 역시 단 하나일 뿐이다. 따라서 근대에는 "보편 학문", "유일 학문"이라는 개념이 유행했다. 기존의 다양한 체계, 다양한 이론들도 궁극적으로는 가장 이상적이고 가장 절대적인 학문의 전형인 수학에 기반을 둔 물리학적 체계로 모두 환원될 수 있다는 신념을 가졌던 때가 바로 근대이다. 인간의 사고나 행동을 생물학적 원리로 환원시키고, 생물학적 원리를 다시 화학 혹은 물리학적 원리로 환원시켜서 설명하려는 시도, 지금까지 지속되는 그 노력은 바로 그때 기획된 것이다.

이 논리에는 참된 앎과 그릇된 앎의 구분이 굳건히 자리 잡고 있다. 인식 차원에서 현실을 있는 그대로 밝혀 내는 인식(episteme)과 현실을 제대로 밝히지 못하는 의견(doxa)의 절대적 구분이 주장된 것이다.[5] 즉 인식상에서의 참과 거짓의 이원성이 주장된 것이다.

---

5) 물론 이러한 참된 인식으로서의 에피스테메(episteme)와 참이 증명되지 않은 의견(doxa)의 구분은 근세만의 것이 아니다. 플라톤의 《국가론》에 나타나는 동굴의 비유나 선분의 비유 역시 이와 같은 참된 실재에 대한 바른 인식과 허상에 관한 거짓된 의견과의 이원론적 구분을 주장하고 있다.

(2) 근대에서 현대로

그러나 사람들은 점차적으로 우리가 현실에 대해 갖는 이론이나 체계라는 것이 결코 절대적일 수 없음을 알게 되었다. 시간과 공간에 따라 우리의 지각 범위가 변화하듯이 역사와 문화에 따라 현실을 보는 눈은 변화하기 마련이며, 따라서 그에 대한 이론들도 다양해질 수밖에 없다는 것을 알게 된 것이다. 이성은 관심에 의해 지배를 받고 역사에 의해 제약당한다는 것을 알게 된 것이다. 인간 이성의 근저에서 그것을 규정하고 조정하는 비이성적 의지와 무의식을 발견하고(니체, 프로이트), 인간의 학문이나 사상의 근저에서 그것을 규정하는 정치 경제적인 역사적 현실을 발견하게 된 것이다(마르크스). 그러므로 현실에서 단 하나의 구조나 원리를 찾아내려고 하는 것은 무리이다. 다양한 이론, 다양한 체계가 가능하지만, 그 중 어느 것이 더 참되다거나 전형이 되어 다른 모든 것이 그 쪽으로 환원되어야 한다는 등의 주장은 가능하지 않다. 즉 우리는 이렇게도 생각할 수 있고 저렇게도 생각할 수 있다. 그러나 그 중 어느 하나를 객관적 진리라고 가려낼 만한 절대적 기준이란 존재하지 않는다. 이와 같이 다양한 체계의 인정과 더불어 유행하게 된 개념이 곧 "상대주의", "주관주의"이며, 우리는 이런 시대를 현대라고 말할 수 있다. 우리는 객관 자체에 대한 절대적 인식을 갖고 있지 않으므로, 주관주의나 상대주의 또는 회의주의에서 벗어날 수가 없는 것이다.

그러나 이 논리에는 무엇이 전제되어 있는가? 그것은 객관적 존재와 주관적 인식의 이원성이다. 현실에 대한 인식 및 이론이 절대적인 객관적 인식이 아니라는 의미에서 어느 정도의 허구성을 내포하고 있는 것이라고 본다면, 여기에는 객관적 현실과 주관적 허구의 이원성, 즉 객관과 주관, 현실과 허구의 이원성이 전제된 것이다.

(3) 현대에서 탈현대로

이런 상황에서 탈현대가 말하고자 하는 것은 무엇인가? 탈현대는 현대적 의미의 상대주의나 주관주의를 넘어선다. 어떠한 객관, 어떠한 절대를 통해서인가? 그것이 아니다. 오히려 반대로 현대가 상정하는 객관과 절대를 부정함으로써이다. 현실에 대한 인식은 다양한 것으로 보면서 그 기반의 현실은 오직 하나라고 보는 생각, 현실에 대한 인식은 허구적이라고 보면서 그 대상인 현실은 객관적 존재 자체라고 보는 가정, 탈현대는 그 논리의 기만을 폭로하고자 하는 것이다. 객관과 주관, 현실과 허구의 이원성은 우리의 사유 속에서 만들어진 것에 지나지 않는다. 우리가 단지 다양한 허구적 인식만을 갖는다고 생각하면서 전제해 놓은 유일한 객관적 현실, 그런 것은 없다. 이와 같이 그 앞에서 그것과 비교해서 우리의 인식이 주관적이고 상대적으로 되어 버릴 그런 객관과 절대가 부정되고 나면, 상대주의나 주관주의라는 말은 그 의미를 상실하게 된다. 우리가 현실이라고 상정하는 그 현실마저도 사실은 우리에 의해 그렇게 이해되고 해석된 현실, 즉 주관적으로 그려진 허구에 지나지 않는 것이라면, 현실과 허구의 구분이 사라지게 되며, 현실을 잃어버렸다는 상실감에서 오는 허무주의 역시 극복된다. 그리고 그것은 허무를 건져 줄 만한 가치를 통해서가 아니라, 그런 가치에 대한 기대를 버림으로써이다.

결국 탈현대의 논리는 우리의 이원적 사고에 대한 철저한 부정이라고도 볼 수 있다. 객관과 주관, 현실과 허구, 진리와 비진리가 분리된 서로 다른 것이 아니라, 결국 주관적 객관과 객관적 주관, 허구적 현실과 현실적 허구가 되어 버림으로써 구분되지 않는 것이 된다. 따라서 흔히 객관적 현실의 기술이라고 여겨지는 학문과 주관적 허구의 창조라고 여겨지는 예술도 본질적으로 다른 것이 아니게 된다.[6]

이상과 같이 보면 근대에서 현대로 그리고 다시 현대에서 탈현대로 가는 논리의 변천 과정은 곧 이전의 논리에 담겨진 이원성의 부정 과정이라고 볼 수 있다. 이원적으로 구분하여 그 중 하나는 옳고 다른 하나는 그르다는 논리에 반대하여, 그 둘이 그렇게 서로 다른 것이 아님을 밝힌 것이 된다. 근대에서 객관적 인식과 주관적 의견을 구분하였다면, 현대에서는 앎은 다 주관적이고 상대적일 수밖에 없음을 밝힘으로써 그 둘간의 구분을 와해시켰다. 그러나 그런 현대에 아직도 유일한 객관적 실재와 다양한 주관적 인식, 절대적 현실과 상대적 허구라는 구분이 남아 있었다면, 탈현대에서는 현실 역시 주관적이고 허구적임을 밝힘으로써 그런 구분을 와해시킨 것이다.

5. 무분별의 논리의 의미

분별과 차별을 만든다는 것은 나와 너의 경계를 형성한다는 것이고, 이것은 유기체의 발생 및 생명 유지를 위한 기본적 과정이다. 생명 과정 자체가 끊임없는 경계 그음으로서의 차별화와, 다시 그 경계의 넘어섬으로서의 자기 동화 과정의 반복이기 때문이다. 빵을 먹는 데에 있어서도 우리는 배고픈 나와 내 배를 채워 줄 수 있는 빵을 일단 분별할 줄 알아야 한다. 빵은 나에게 있어 나 아닌 대상으로서 나타나야 하는 것이다. 그럼으로써 나는 그 나 아닌 것을 욕구하게 되고 그것을 내 것으로 만들기 위해 먹어치우게 된다. 그리고 결국 그렇게 빵은 내 안에 들어가 나의 살과 피, 즉 내가 되는 것이다. 그와 같이 분별에 근

---

6) 이것은 구조적 틀을 떠난 요소의 파악이 불가능하고, 이론적 패러다임을 떠난 객관 자체의 관찰이 불가능하다는 통찰에 기반을 둔 것이라고 볼 수 있다. 결국 우리가 생각하는 객관 자체, 실재 자체라는 것도 일종의 해석, 일종의 판(version)에 지나지 않는다는 것을 알아낸 것이다. 이런 의미에서 탈현대적 논리는 오히려 반실재론적 관념론의 논리와 상통한다.

거한 자기 동화 과정에서 나는 빵의 개체성과 대상성을 부정하고 나와 하나로 융합시키는 것이다. 책을 읽음에 있어서도 마찬가지이다. 우리는 칸트의 글을 읽기 전에 일단 무엇인가를 알고 있는 칸트의 생각과 아직 그것을 모르는 나의 생각을 분별할 줄 알아야 한다. 무언가를 배울 수 있기 위해서는 나는 아직 그 무엇을 몰라야 하는 것이다. 그리고는 나는 그것을 읽고 이해한다. 그러면 그것은 결국 나의 생각이 된다. 내가 세계를 보는 눈은 그렇게 해서 확장되는 것이다.

그런데 그와 같은 분별을 지양하고 무분별을 강조하는 불교적 논리는 무엇을 말하고자 하는 것인가? 공의 관점에서 나와 너의 차별을 없애고 결국 무분별적 전체와 동일성을 회복하고자 하는 불교 논리가 추구하는 바는 무엇인가?

개체와 차별성을 부정하고 전체와 동일성을 갈구하는 것은 진화론적으로 보자면 유기체적 생명 이전의 무기물의 상태로 회귀하고자 하는 사상이다. 그것은 개체적 삶이 그 개체의 유지를 위해 치러야 할 고통을 피하고자 고통이 없는 무기물의 상태, 원시적 동일성의 상태로 되돌아가려는 것이다. 그것은 또한 우주론적으로 보자면 시공간에 자리 잡은 개체적 존재가 생성되기 이전의 우주적 근원 상태, 우주 폭발(빅뱅) 이전의 상태로 되돌아가고자 하는 것이 된다. 심리학적으로 보자면 그것은 개체가 가지는 욕망과 충동의 부정으로서 욕망 억제의 원리가 된다. 삶이 온갖 욕망과 충동의 과정이라고 본다면, 욕망을 억제하고 분별을 지양하는 것은 욕망과 분별에서 성립하는 삶의 부정으로서 죽음의 본능의 자기 표현이 된다.

불교를 포함한 많은 형이상학적 사유는 그것이 현상적인 다양성과 개체성과 분별성을 넘어서서 근원적 동일성을 추구하는 한, 신, 일자, 기, 공 등 그 무엇으로 불리든 간에 결국은 바로 그와 같은 원시적 동일성으로의 복귀를 희구하는 것일지도 모른다. 단지 차이점이 있다면 우주론적 · 진화론적 · 심리학적 관점에서 보면 그 동일성과 전체성은 무기물이나 무존재 또는 죽음의 상태와 다를 바 없는 것인데 반해, 형이상학적 관점에서 보면 그것은 가장 생명력이 넘치는 살아 있는 근원으로서 사유된다는 것뿐이다. 그러나 그 둘은 정말 다른 것인가? 그리고 다르다면, 그 차이는 어디에서 오는 것인가?

제3부
유한한 관념의 세계와 그로부터의 해탈

제**8**장
관념과 정신

1. 이상한 만남

학교가 아주 조용한 4월의 어느 토요일 오전, 연구실에 앉아 언젠가 세미나에서 다루었던 "정신"에 대해 생각하고 있었다.[1] 그때 노크 소

---

1) 어느 교수의 "문화 철학의 존재론적 기초"라는 제목의 세미나였는데, 거기에서는 하르트만(N. Hartman)을 중심으로 하여 개인 정신, 객관 정신, 객관화된 정신의 구분 및 관계가 논의되었다. 나의 관심 대상은 각 개인의 사유 활동에 있어 그 활동 주체 혹은 사유 주체로서의 개인 정신이었다. 사유 (관념의 흐름)에 대한 사유 주체로서 설정되는 정신이 과연 어떠한 존재인가를 생각했다. 정신 자체가 사유 형태 혹은 표상으로 주어지지 않음에도 불구하고 그것을 인정하는 것이 정당한가? 그 정신을 개체성의 의식이라고 할 수 있는가? 정신이 어떤 의미에서 자아일 수 있는가? 오히려 그것은 절대 정신 혹은 신이 아닌가? "얼굴과 얼굴을 마주 대하듯 그렇게 신을 보게 되기를" 희망하듯이 나는 나를 볼 수 있기를, 나 자신에 대한 직관을 가질 수 있기를 바랄 뿐이었다.

리가 나서 "네"라고 대답하자 문이 열리며 단정하게 차린 여학생이 연구실로 들어섰다. 흔히 하듯이 신분을 밝히고 용건을 말하는 대신 무척 당황한 얼굴로 오히려 내게 물었다. "왜요? 왜 왔냐구요? 그런데요…. 잘 모르겠는데요. 교수님께서는 아십니까? 왜 왔는지 저도 잘 모르겠어요. 도서실에서 책을 보는데, 가라는 소리가 들려서 왔어요. 그냥 여기로 가 보라고 해서 왔어요."

우리는 흔히 이런 사람을 환상과 환청을 가지면서 그것이 실재라고 여기는 신경증 혹은 정신병 환자로 간주할 것이다. 왜냐하면 우리는 일상적으로 환상과 실재, 주관적 생각 및 의식 세계와 객관적 실재 세계를 분명히 구분하기 때문이다. 그러나 그 순간 나는 그렇게 쉽게 단정지을 수가 없었다. 주관적 해석을 떠난 순수한 객관적 실재란 존재하지 않는다는 것, 적어도 우리가 아는 세계란 우리의 주관에 의해 이해되고 해석된 현상이라는 것, 따라서 실재와 허구, 실재와 환상 사이에 본질적 구분이 없다는 것 등이 그 동안의 철학적 반성을 통해 내가 얻은 결론이었기 때문이었다. 따라서 나는 아주 진지하게 그 여학생의 말을 들었고 그 후 며칠간 계속 그 문제에 대해 생각하지 않을 수가 없었다.

그 여학생의 물음은 적어도 내게는 철학적인 물음이었다. 나 자신이 항상 되풀이해서 묻고 생각하지만 그러면 그럴수록 더욱더 미궁으로 빠져드는 그런 물음들이었던 것이다. 그 여학생은 책을 읽으려고 도서실에 앉아 있으면 갑자기 상(像), 아는 사람의 얼굴, 관념들이 나타난다고 말하면서 나에게 다음과 같이 물었다. "관념이라는 것이 존재합니까? 그 관념들은 어디로부터 오는 것입니까? 어떻게 해서 그 관념들이 나를 보고 있을 수 있습니까? 그 관념이 어떻게 하라고 해서 그대로 하면 이상한 것입니까? 제가 이상하게 보입니까?" 나 자신이 아직 답을 모르는 물음들 앞에서 나는 일반 상식의 수준에서 다시 반문할 수밖에 없었다. 보통 사람의 경우 제정신이라면 어디로 갈 때 왜 그리로 가려고 하는지의 이유를 알고 하는 것이 아니겠는가. 대개는 관념이 떠오를 때 그것을 단지 내가 그렇게 떠올린 것이라고 생각하지 않겠는가. 그런데 자네는 그렇게 생각하지 않는 이유가 무엇인가, 누가 자네에게 이리로 오라고 이야기한 것 같은가? 그 여학생의 대답은 계속 "모르겠는데요"였다. "관념 속에서 누군가 가라고 해서 시키는 대로 왔습니다." "그 말하는 누군가가 자기 자신이라고 생각되지 않는가?" "그럴지도 모르겠네요…. 모르겠습니다. 저는 아닌 것 같습니다. 저는 올 생각이 없었어요. 교수님을 잘 모르거든요. 혹시 교수님이 아닐까요?" "난 그런 생각을 한 적이 없는데." "그럼 다른 누구일지도 모르겠네요. 모르겠습니다. 모르기 때문에 알려고 왔습니다. 제가 왜 왔는지 교수님은 모르십니까?" 이런 식의 이색적인 이야기를 하던 중 그 여학생은 문득 말을 그치고 일어나서 인사를 하고 나가 버렸다. 아마도 이제 그만 가라는 소리가 들려서 나갔을지 모르겠지만, 그날 그리고 그 이후로 나는 자꾸 그 문제를 다시 생각할 수밖에 없었다. 그 여학생은 왜 왔는가? 문득 영혼의 친화력 같은 것을 생각해 보기도 했다. 이른바 정신 나간 사람으로 여겨야 할 그 여학생의 말이 내게는 오히려 어떤 정신 있는 사람의 말보다도 더 솔직하고 진지하게, 그래서 가장 정신 가까이에 있는 듯이 느껴졌던 이유가 무엇일까?

2. 관념의 힘

관념(Idea)이라는 것이 존재하는가? 어떠한 철학적 사변의 도움 없이도 나는 그 여학생과 마주한 바로 그 순간 부정할 수 없는 관념의 힘을 느낄 수 있었다. 무엇이 그 여학생을 오게 하였는가? 그것은 관념이다. 그런데 그런 것은 그 여학생뿐만이 아니다. 우리는 누구나 관념의 지배를 받는다. 생각, 느낌, 희망, 의지 등 모든 의식의 표상을 생각 혹은 관념이라고 한다면 바로 관념이 우리를 움직이게 하는 것이며 우리의 움직임의 방향과 내용을 결정한다. 누구나 느낌이나 의지혹은 생각에 따라 행동하지 않는가? 우리를 움직이게 하는 그 힘을 가진 관념을 어떻게 없다고 할 수 있겠는가? 예를 들어 식당에 가려는생각을 하기 때문에 그 생각 또는 관념에 따라 식당에 가며, 누군가를만나고 싶다는 생각이 들기 때문에 그 생각 또는 관념에 따라 사람을만난다. 이런 측면에서 보면 플라톤이 말하는 이데아의 실재성이나 헤겔이 말하는 개념의 현실성 등은 모두 부정할 수 없는 것이다. 이처럼관념이 그 자체의 실재성을 가지고 그 자체의 논리에 따라 움직이기때문에 우리는 관념에 대해 그것의 자유로운 사용자의 위치에 있는것이 아니다. 내게 어떤 생각이 들 때 그런 생각이 내게 왜 생기는 것인지, 어떤 느낌이나 욕구가 느껴질 때 그런 느낌이나 욕구가 내게 왜생기는 것인지를 내가 다 알 수 있는 것은 아니다. "문득 이런 생각이든다"라고 말하는 경우에서처럼 왜 그리고 어떻게 해서 그런 관념이내게 주어지는지, 왜 그런 생각이 내게 드는지를 내가 모르는 경우가많이 있다. 즉 내가 생각하는 것이 아니라, 내 안에서의 관념의 흐름이내게 생각으로 주어지는 것일 뿐인 경우가 있다. 따라서 내가 내게 주어진 관념에 따라 행동해도, 그 관념의 원인이 분명하지 않음으로 인해 왜 그런 행동을 하는지를 내가 모를 수도 있는 것이다. "그때는 내정신이 아니었나 보다"라고 말하는 경우에서처럼 근원을 알 수 없는관념에 따라 말하고 행동하는 경우가 많이 있다. 생각나는 대로 말하지만 왜 그런 생각을 하게 되었는지, 그 의미가 무엇인지를 알지 못하는 수가 많다. 그냥 발길 가는 대로 가다 보니 교회 안에 와 있게 되는 수도 있고, 그냥 머리 꼭뒤가 이상하게 끌리는 듯싶어 뒤돌아보니아는 사람이 나를 바라보고 있는 수도 있다. 소크라테스(Socrates)는길을 걷다가 종종 다이몬(Daimon)의 소리에 귀를 기울이기도 했고,로마로 가라는 계시를 받은 베드로는 그 말소리에 따라 그렇게 했다.

우리가 일상적으로 주어진 관념에 의해 지배받는다는 것은 그 관념이 한 시대 정신을 대변하는 경우를 생각해 보면 보다 확실해진다. 신교와 구교간의 종교 전쟁, 자본주의와 공산주의간의 전쟁에 있어서 실제로 인간을 움직이는 것은 관념 혹은 이념의 논리 즉 이데올로기이다. 오늘날은 과학의 발전과 부의 축적 등이 우리 시대를 지배하는 관념이 아니겠는가? 일류 대학을 가고 고소득 직장을 가져야 성공한 인생이라는 생각 역시 우리 위에서 우리의 삶을 통제하는 관념이 아니겠는가? 이처럼 우리를 움직이는 실제적인 힘을 가진 것은 우리에게 주어진 관념이다. 일상적으로 우리는 관념에 따라 생각하고 말하고 행동한다. 이렇게 보면 관념의 소리에 따라 그냥 내 방까지 오기는 왔는데 왜인지는 모르겠다고 말하는 그 여학생과 그런 여학생을 이상하다고 생각하는 우리들간에 무슨 차이점이 있겠는가?

3. 관념 너머의 정신

만일 흄(D. Hume)이 말했듯이 자아가 단순히 관념의 다발에 지나지 않는 것이라면, 즉 관념만이 존재하며 자아란 단지 그런 관념의 흐름 이외의 다른 것이 아니라면, 따라서 나의 사유나 행동이 전적으로 관념에 의해 규정되는 것이라면, 그 여학생과 우리 사이에는 큰 차이가 없게 된다. 우리 역시 우리의 관념에 의해 지배받아 행동한다. 내가 생각하고 내가 행동한다고 생각하지만, 사실은 내 안에 생겨난 관념이 생각하는 것이고 그 관념이 나의 신체를 움직이는 것일 뿐이다. 왜 그 순간에 그런 관념을 가지게 되는가 하는 것은 그 이전 순간의 관념에 의해 설명될 뿐이다. 왜 그런 생각을 하게 되었는가가 그 이전의 다른 생각을 통해 설명되는 것이다. 관념은 그 자체의 논리에 따라 흐름을 이루며, 우리는 그 관념에 따라 생각하고 그 관념에 따라 행동할 뿐인 것이다.

그럼에도 불구하고 우리가 그 여학생과 우리 사이에 어떤 본질적인 차이가 있는 것처럼 생각한다면, 그것은 우리가 관념 너머에서 관념을 능동적으로 선택하고 산출하고 조절할 수 있는 자아를 인정함으로써만 비로소 가능할 것이다. 즉 그 여학생은 자신에게 주어진 관념에 대해 수동적이고 따라서 스스로도 알 수 없는 관념의 힘에 의해 그대로 행동하게 되는 데 반해 우리는 관념에 대해 능동적일 수가 있다. 많은 경우 생각이 생각을 따라 이어지기도 하고 의도하지 않은 관념이 주어지기도 하지만, 생각이 꼭 계속 이어지는 것도 아니고, 그 생각이 곧장 행동으로 이어지는 것도 아니다. 우리는 주체적으로 생각하기를 의도할 수 있고 생각을 그만둘 수도 있으며, 떠오르는 관념을 무시할 수도 있고 그것에 대항하여 싸울 수도 있다. 말하자면 관념 안에서 관념에 매인 경험적 자아 너머에 또 하나의 자아, 즉 그런 관념의 흐름 밖에 있으면서 그 흐름의 방향을 멈출 수도 있고 시작할 수도 있고 뛰어넘어 갈 수도 있는 그런 자아가 있어야만 하는 것이다. 우리는 이러한 관념 너머의 자아를 관념에 매인 경험적 자아와 구분해서 초월적 자아 혹은 정신이라고 부른다. 즉 관념은 그 자체로 살아 움직이는 것이 아니라 정신의 활동에 의해 산출되고 정신의 감시를 통해 통제되는 것이다. 관념의 흐름이 사유라면, 정신은 사유하는 주체로서 존재하는 것이다. 그렇기 때문에 우리는 단순히 관념에 따라 수동적으로 움직이는 그 여학생을 정신 나간 사람이라고 생각하고, 우리 자신은 그 관념을 스스로 통제하는 힘을 지닌 정신 있는 사람이라고 생각하는 것이다. 칸트의 경험적 자아와 구분되는 의식 일반으로서의 초월적 자아나, 헤겔의 객관 정신, 절대 정신으로 이어지는 개인 정신 또는 후설 (E. Husserl)의 의식 흐름을 구성하는 궁극 주체로서의 초월적 자아 등은 모두 이러한 정신을 의미한다. 불교 유식이 업(業)에 따라 훈습되고 현현되는 종자(種子)의 흐름으로서의 아뢰야식(阿賴耶識)을 망식

(妄識)으로 보며 그것을 넘어선 해탈 가능성을 논하는 것에 대해 《대승기신론》이 그 해탈의 주체를 일심(一心) 혹은 여래(如來)라고 칭할 때, 그 일심은 곧 관념 너머의 정신을 의미하는 것이다. 그러나 정신 있는 사람이 정말로 자신을 정신으로서 이해하는 것일까? 정신이 정말로 내가 일상적으로 나라고 생각하는 그 나인가? 내가 정신을 아는가? 내가 나를 아는가?

문제는 그런 정신 자체는 관념의 형태로 우리 의식 안에 주어지지 않는다는 것이다. 즉 정신 자체는 일정한 내용을 가진 표상, 관념 혹은 생각으로 주어지지 않는다. 정신의 활동 결과로서의 관념은 일정한 내용을 가진 생각을 형성하며 우리는 그것을 볼 수도 있고 읽을 수도 있지만, 그 활동 주체로서의 정신 자체는 볼 수도 없고 읽을 수도 없다. 우리는 생각 속에서 생각을 알 뿐이지, 생각하는 주체 자체는 우리의 의식에 주어지지 않으며 표상으로 떠오르지도 않고 그것에 대한 관념을 가질 수도 없다. 정신은 그것이 사유 주체라는 점에서 자아이어야 함에도 불구하고 자아의 관념보다 항상 한발 앞서가기에 우리가 관념으로 붙잡을 수 없는 것이다. 그래서 철학에서는 초월 자아나 정신이라는 것이 개념이나 표상으로 객관화되어 파악될 수 있는 경험 대상이 아님을 강조한다. 일심은 우리의 상(相)을 떠난 것이다.

4. 관념 안의 자아와 세계

그러나 우리가 일상적으로 나라고 생각하는 것은 이미 활동 주체로서의 정신이 아니다. 즉 어떤 의지나 생각을 통해 파악된 나라는 것은 더 이상 관념 너머의 정신이 아니라 이미 이런저런 관념으로 옷 입혀진 경험적 자아인 것이다. 내 의식에 직접적으로 주어지는 것이 정신 자체가 아니라 단지 관념일 뿐이므로, 내가 나 자신을 내가 아는 바대로의 내용을 통해 이해할 때 그렇게 이해된 나는 이미 정신이 아니라 관념인 것이다.

관념 안에서 우리는 관념을 가진 나와 관념 대상으로서의 세계를 구분한다. 즉 세계의 생각과 생각된 세계가 주관과 객관으로 분리되어 나타나지만 그 둘의 분리는 관념 안에서 성립하며 그 둘의 존재도 관념 차원을 넘어서지 못하는 것이다. 우리가 일상적으로 자아와 세계를 관념 안에서 이원화하여 파악한다는 것, 따라서 이원화된 자아와 세계는 실재가 아니고 우리의 관념에 지나지 않는다는 것은 모든 관념론 철학이 공통으로 주장하는 바이다. 경험 자아나 외적 세계가 모두 현상에 불과하다고 보는 칸트의 논리나 자연을 정신의 외화된 현상으로 보는 헤겔의 논리도 마찬가지이다. 자아와 세계, 아(我)와 법(法)은 식〔阿賴耶識〕의 흐름을 정지시키고 고정화하는 집착 의지〔末那識〕의 소산〔假〕이라고 보는 유식의 논리도 그러하다. 우리가 일상적으로 이해하는 자아와 세계는 관념의 옷을 입은 현상적 자아와 현상적 세계인 것이다. 관념 안에서 그런 관념을 가진 자로서 생각되어지는 자아, 관념에 의해 사로잡힌 자아는 경험적 자아이다. 배고플 때 밥을 먹으려고 하고 기쁠 때 기뻐하고 슬플 때 슬퍼하는 자로서 그와 같이 관념 안에서 직접 의식되는 자아가 곧 경험적 자아이다. 관념을 가지면서 누구나 동시에 그 관념 안에 사로잡힌 자기 의식을 가지는 것이다. 그 여학생도 "제가 여기에 왜 왔냐고요?"라고 물었을 때 찾아온 자가 바로 자기 자신이라는 그러한 자기 의식을 가졌던 것이다. 나아가 그런 경험적 자아에 대립된 대상으로 객관화되어 나타나는 세계 역시 관념 내의 세계에 지나지 않는다. 관념 안에서 관념을 통해 파악된 세계는 경험적 세계인 것이다. 나의 배고픔을 채워 줄 수 있는 밥은 나에 의해 그렇게 이해된 밥인 것이다. 우리 의식이 1차적으로 대상 의식이듯이, 우리가 가지는 대부분의 관념은 세계의 관념이며, 세계는 그렇게 우리의 관념 안에 사로잡힌 세계이다. 그 여학생이 찾아와서 "제가 여기에 왜 왔냐고요?"라고 물을 때 그는 자기가 찾아온 사람이 바로 여기 이곳의 타인이라는 것을 잘 알고 있었던 것이다.

그런데 이처럼 관념 안에서 이원화되고 대립되어 나타나는 관념 내의 자아와 세계를 우리는 일상적으로 관념을 넘어서며 관념 독립적인 실재의 자아와 실재의 세계인 듯이 간주한다. 이 관념 속에서, 우리는 관념적 경험적 주체를 실재의 자아라고 생각한다. 나의 관념 나의 생각이니까 내가 생각하고 내가 원하는 것이라고 생각한다. 그리고 관념 속에서 우리는 관념적 경험적 세계를 실재의 세계인 양 생각한다. 세계에 대한 관념이니까 세계는 관념을 가능하게 하는 원인으로 관념 너머에 있다고 생각하는 것이다. 그러나 내가 관념 안에 사로잡혀 있으며 그 관념을 통해 나와 세계를 이해하는 한 그 자아와 세계는 실제로 관념 안의 자아와 세계인 것이다. 한마디로 말해 우리가 일상적으로 실재하는 자아나 세계로 여기는 것들은 사실은 관념적인 것들일 뿐이다. 그 관념 안의 자아와 세계는 끊임없는 관념의 흐름을 주관과 객관의 양극으로 고정화하고 추상화하여 얻어낸 추상물에 지나지 않는다. 고정화된 주관이나 객관보다는 그 자체의 논리에 의해 흐름으로 이어지는 관념이 더 선행적인 것이다. 그래서 우리는 그 관념의 흐름을 객관 의식이나 자아 의식에 선행한다는 의미에서 무의식이라고 부르기도 하고 의지나 욕망이라고 부르기도 하는 것이다. 경험적 자아나 경험적 세계보다는 관념의 흐름이 더 원초적이다.

따라서 자아나 세계가 관념이 아니라 실재라고 주장하는 실재론자는 사실은 관념 안에 살면서 그것을 실재인 듯 생각함으로써 그 관념을 벗어나지 못하므로 오히려 관념론자인 것이다. 그들은 실재라고 생각된 관념, 즉 환상 속에 사는 것이다. 반면 자아나 세계가 결국 관념이라고 생각하는 관념론자는 관념적인 것의 관념성의 의식 속에서 실재에 대한 향수를 간직함으로써 오히려 실재론자인 것이다. 그들은 자신이 실재 아닌 관념의 환상 속에 살고 있음을 알고 있는 것이다.

5. 환상과 실재의 역설 : 정신의 역설

일상적 관점에서는 관념 너머의 실재의 정신이 오히려 환상 같고, 관념 내의 자아와 세계가 오히려 실재인 듯이 여겨진다. 이처럼 반성 (철학)의 관점에서의 실재가 일상적 관점에서의 환상이 되고 오히려 반성의 관점에서의 환상이 일상적 관점에서의 실재가 되는 실재와 환상의 역설은, 피할 수 없는 역설일 것이다. 왜냐하면 그것은 우리의 정신 자체가 가지고 있는 역설, 즉 정신은 우리가 그것을 내용적으로 규정하려고 하면 이미 정신이 아니게 된다는 역설의 표현이기 때문이다.

관념의 흐름이 있으면 거기에는 그 흐름을 가능하게 하는 활동 주체로서의 정신이 바로 나로서 작용하고 있는 것이 분명하다. 그런데 그 나는 나임에도 불구하고, 내가 그것을 나라고 생각하는 순간 바로 내가 아니게 된다. 즉 정신 자체는 나의 의식에 주어지지 않기 때문에, 내가 나를 의식 안에서 관념에 따라 이해하려고 하면 그렇게 이해된 나는 이미 정신이 아니게 되는 것이다. 내가 생각하는 것이고 내가 행동하는 것이라고 간주하면서 내가 그 나를 안다고 생각하면, 그 나는 이미 정신으로서의 내가 아니라 관념으로 붙잡힌 경험적 자아일 뿐이다. 우리의 앎이 관념을 통한 앎이기에, 내가 나를 안다고 생각하면, 그렇게 알려진 나는 정신이 아니고 단지 관념적 나일 뿐이므로, 결국 나는 나를 모르는 것이 된다.

반대로 내가 나를 정신으로 이해하면 그 정신은 관념으로 주어지지 않으므로 나는 나를 모른다고 해야 한다. 그러나 나를 알 수 없는 정신으로서 아는 것이므로 나를 바르게 알고 있다는 말이 된다. 한마디로 말해 내가 나를 안다고 생각하면 나는 나를 모르는 것이 되고, 나를 모른다고 생각하면 그때 비로소 나를 바로 안 것이 된다. 실재의 나(정신)에 대해서 안다고 생각하면 그렇게 알려진 나는 관념적 나(환상)에 지나지 않는 것이다. 내가 나를 나라고 생각하면 이미 그것은 내가 아닌 것이 되어 버리는 것이다. 내가 그 나를 나라고 생각하지 않고 관념으로 잡으려 하지 않을 때, 그것은 나로서 작용한다. 즉 나는 생각하지 않는 곳에서 나로 존재한다(라캉).[2] 정신은 그 정신 스스로 활동하는 것이지 내가 정신을 차리고 정신이 되려고 하면 이미 정신이 아니다.

따라서 내가 정신을 차리려고 하면 할수록 나는 정신을 잃게 된다. 나는 이렇게 해서 나 자신과 끝없는 숨바꼭질을 하고 있는 셈이다. 내가 보이지 않아 찾고 있을 때만 나는 나이다. 찾았다고 생각하는 순간 그것은 이미 내가 아니다. 나는 나에게 감추어져 있을 때만 나인 것이다. 내가 나 자신에게 감추어져 있다면, 다른 누구에게 알려질 수 있겠는가? 감추어진 나는 "감추어진 신"만이 아는 것인가?

소위 정신 있는 사람은 자신이 누구인지를 잘 알고 있는 사람이다. 관념에 따라 이미 고정화된 자아를 자신의 본질로 인식하고 있으므로 더 이상 흔들림이 없다. 그 자아는 경험이 축적된 관념적 자아, 경험적 자아인 것이다. "내가 누군데!"라고 말할 수 있는 높은 자의식의 사람, "내가 사장인데, 내가 교수인데, 내가 판사인데"라고 말할 수 있는 사람은 자신을 그렇게 잘 알고 있는 사람이다. 그런데 그렇게 확고하게 알고 있음으로써 정신으로서의 자신을 모르고 있는 것이다. 자신이 자신을 모른다는 사실을 잊고 지내는 것이다. 관념과 환상에 사로잡혀 실재를 잊은 것이다. 유한성에 사로잡혀 무한을 잊은 것이다. 그것은 우리의 일상을 가능하게 하는 커다란 망각이다. 그렇지만 정신 나간 사람은 자신이 누구인지를 모르는 사람이며, 모르기 때문에 자신을 찾고 있는 사람이다. 자신 안의 어떤 생각, 어떤 느낌, 어떤 의지와도 자신을 동일시할 수 없기에 자신의 삶에 있어서 자신을 잃어버린 듯한

---

2) 이것은 "나는 생각한다. 그러므로 나는 존재한다"라는 근세 데카르트의 명제에 대한 반박으로서 사유된 명제이다.

상실감에 빠지기도 하고 무력감에 빠지기도 하지만, 그것은 자기 자신을 관념 너머의 정신으로 이해했기 때문에, 즉 자신을 바로 알기 때문에 비로소 가능한 것이다. 관념이 관념임을 아는 것은 실재를 알기 때문이다. 유한이 유한임을 아는 것은 무한을 통해서만 가능한 것이다. 그러나 정신은 사유 주체이기에 나이어야 함에도 불구하고 그것이 나에게 알려질 수 없다는 점에서 또한 내가 아니다. 나는 정신으로서의 나를 마주 대해서 알아야 행복할 수 있을 것 같은데, 내게는 그 행복이 불가능한 것이다. 내가 정신인 한 나는 나를 알 수 없으며, 내가 나를 아는 한 나는 정신이 아닌 것이다. 소위 정신 나간 사람은 그와 같은 자신의 불행을 의식하는 사람이다. 자신이 자신을 모른다는 사실, 자신이 아직 자신이 아니라는 사실을 잊을 수가 없는 것이다. 내가 내가 아니라는 사실을 의식하면서 어떻게 제정신일 수가 있겠는가? 관념을 넘어서는 정신이 바로 자아의 본질임에도 불구하고 그 정신이 나로부터 그리도 멀리 있다는 것을 느끼면서, 그 정신이 바로 나이고 이 관념들은 다 그 자아의 활동의 결과일 뿐인데도 그 내가 마치 얼굴 없는 유령과도 같다는 것을 보면서, 내가 어떻게 제정신을 유지할 수가 있겠는가? 어떻게 나의 불행의 의식을 벗어날 수가 있겠는가?

"너 자신을 알라"는 철학의 꿈은 실현 불가능한 것인가? 나 자신을 알 수 없는데, 내 밖의 모든 것을 안다고 한들 무슨 의미가 있겠는가? 그러나 사람들은 대개 그 역설에 직면해서 자아에 대한 집착을 버리기로 결심한다. "내가 끝까지 나이고자 하면 결국 나를 잃게 된다." "살고자 하면 죽을 것이요, 죽고자 하면 살게 될 것이다." "내가 나이고자 하는 것을 그만두고 나를 비우면 그 빈 자리를 반드시 신이 채워 준다"라고 에카르트(M. Eckhart)는 말한다. 신을 만나기 위해 나를 비워야 하는가? 그럼 나의 정신이란 결국 신의 입김인가? 내가 내 의지대로 내 관념대로 나를 옷 입히지 않으면 신이 나를 돌보리라는 것은 결국 우리의 정신은 신의 정신이라는 것인가? 그렇다면 정신을 정신으로 알고 싶다는 것은 결국 신이 되고 싶다는 바람인가? 인간의 불행은 인간이 신이 아니고 인간이라는 데서 비롯되는 피할 수 없는 운명인 것인가?

6. 비(悲)

"왜요? 왜 왔냐구요? 모르겠는데요." 누군가 나에게 "당신은 왜 이 세상에 와서 살고 있습니까?"라고 물으면 나 역시 그렇게 대답할 수밖에 없을 것이라고 생각하니 가슴이 답답하다. 언젠가 나의 딸이 커서 "왜요? 왜 나를 낳았는데요?"라고 물을 때 뭐라고 대답해야 할지 모른다면 얼마나 답답하겠는가?

정상과 비정상의 차이는 모르는 것을 당연한 것으로 받아들이며 사는가, 모르는 것을 괴로워하며 사는가의 차이인가? 자신이 무엇을 모르는지를 모르며 사는 것과 자신이 무엇을 모르는지를 아는 것의 차이인가? 정상인이 되기 위해 우리는 커다란 망각 속에 살아야 하는 것인가?

정신 나간 사람처럼 갑자기 찾아와서 두서없이 던지고 간 그 여학생의 질문은 그러나 나의 마음을 사로잡기에 충분한 질문이었다. 그리고 질문자의 정신 혹은 정신 없음이 솔직하게 투영된 아주 진지한 질문이었다. 어느 교실에서도 어느 학회에서도 그렇게 솔직하고 따라서 그렇게 깊이 있는 질문을 들어 보지 못했던 것 같다. 적어도 내게는 그렇게 여겨졌다. 왜 그랬을까를 생각해 보니 그 질문자가 이른바 정신 있는 사람이 아니었기 때문인 것 같다. 관념으로 옷 입혀지지 않은 그 정신 없음이 오히려 그 안에 새겨진 정신의 발자취를 유지할 수 있게 한 때문인 것 같다.

그런데 그런 물음을 던지던 그 여학생은 며칠 후 몇몇 선생들과 학생들에 둘러싸여 정신과로 실려 갔다. 어쩌면 정신과에서 약물 투여로 커다란 망각을 선사 받아 올지도 모르겠구나 생각하니 가슴이 답답했다. 그런데 들리는 말에 의하면 정신과에서 그 여학생을 정상이라고 판정 내렸다고 한다. 어떻게 그 여학생이 정상일 수 있단 말인가? 어떻게 그 당황과 어지러움과 고통이 정상일 수 있단 말인가? 어떻게 밤잠을 못 자고 거리를 헤매면서 그 커다란 망각과 싸우는 것이, 그리고 아침이면 다시 그 싸움에서 얻은 상처가 주는 아픔이 정상일 수 있단 말인가?

그 후 어느 토요일 오후 그 여학생은 다시 또 내 방을 노크했다. 누가 정신이 있고 누가 정신이 없는가를 판정 내리지 않는다는 심정으로 이야기했다. 누구나 자기 자신을 잘 모르고 자신 안의 관념이 어떻게 형성되는 것인지, 도대체 누가 그 관념을 운용하는 것인지 잘 모른다. 그래서 많은 부분을 우연으로 돌리거나 신의 뜻으로 돌리는 것이 아니겠는가? 무엇을 위해 무엇에 의해 사는 것인지를 모르기 때문에, 도대체 내가 누구인지를 모르기 때문에 미칠 것 같기도 한 것이 인생이 아니겠는가? 그런데 대개는 그 미칠 것 같은 아픔을 혼자 삭이고 말하지 않고 행동하지 않는다. 그것이 이른바 정신 있는 사람의 삶의 방식이 아니겠는가? 그 여학생은 대답했다. "저는 정신이 없으면 어떻게 되는지 끝까지 가 보고 싶었습니다. 의식이 어디까지이고 무의식이 어디까지인지, 삶이 어디까지이고 죽음이 어디까지인지 알고 싶었습니다." "그래, 그렇게 돌 것 같아서 정말 빙빙 돌고, 여기저기 무엇인가를 찾아 돌아다니고 나서 알게 된 것이 무엇인가?" "허망하다는 것입니다." 나는 다시 한번 영혼의 친화력에 대해 생각해 보았다. 그 여학생이 내 방에 온 것은 우연인가? 우연이 아니라면 무엇인가?

제 9 장

관념 세계의 형성과 그로부터의 초월

1. 권력의 논리와 제2의 현실 : 관념 세계

"아저씨, 동대구행 새마을호, 저녁 여섯 시, 금연석으로 하나 주세요."
"삼호차, 중간자리, 좋은 자리요." 컴퓨터로 표를 끊는 대신에 서랍 속
에 들어 있던 표 한 장을 선뜻 내준다. 기차 여행을 자주 하는 나는 3
호차가 금연석이 아니라는 것을 잘 알고 있다. 오늘은 평일이고 아직
40~50분 남았기에 분명 금연석에도 빈 자리가 있을 텐데, 저 아저씨
가 반환된 표를 처리하느라고 새 표를 끊지 않고 이걸 내게 주는구나
생각하며 다시 한 번 더 요구해 본다. "아저씨, 금연석으로 달라고 했
는데요." "거, 중간 좋은 자리 아니오!" 짜증 난 듯한 목소리와 함께 유
리창 칸막이 너머 제복 입은 아저씨의 눈빛에는 단적으로 "나를 귀찮
게 하지 말라"는 명령이 담겨 있는 듯하다. 정말 금연석은 자리가 없
는 것일까? 그러나 나는 이것을 더 이상 물을 필요가 없다는 느낌이

든다. 더 이상의 물음으로 그를 귀찮게 할 경우 나는 좋은 자리가 있든 없든 간에 결코 지금 상태보다 더 나아질 수는 없다는 생각이 스쳤기 때문이다. 내가 금연석을 달라고 다시 요구하면 그는 짜증 섞인 화를 낼 테고 결국 자신을 정당화하기 위해서라도 남아 있는 좌석 중 가장 나쁜 자리인 화장실 옆 좌석을 주고 말 것이다. 화장실 냄새보다야 차라리 담배 연기가 낫겠지 하며, 비금연석 표를 손에 들고 판매 창구를 떠나는 마음은 꽤나 무겁다.

　마음이 무거운 것은 운이 나쁘면 담배 연기 속에서 세 시간을 고생하리라는 생각 때문만은 아니다. 분명 컴퓨터 검색을 해 보면 금연석에도 좋은 자리가 있을 텐데, 저 아저씨는 누군가 샀다가 반환한 표를 왜 꼭 나한테 처리하려고 하는 것인가? 내가 그에게 대항하여 얻을 수 있는 것이라곤 아무것도 없다는 것을 그는 잘 알기 때문에 자신에게 편리한 대로 일을 처리하는 것이라는 불쾌한 생각과 동시에 이것은 곧 권력의 논리에 의해 지배를 받는 우리의 서러운 현실의 한 단면이라는 생각이 들었다. 자신에게 유리하고 편리하다면 남의 권리를 침해하는 것에 대해 그다지 큰 양심의 가책을 느끼지 않는 현실, 오히려 권력이 곧 능력으로 통하는 현실, 권력을 가진 자의 횡포 그리고 권력을 가진 자의 협박에 대항했을 때 오히려 자신의 처지가 더 나빠지는 것이 두려워서 참고 받아들여야 하는 권력을 가지지 못한 자의 무력함, 결국 권력의 논리는 권력을 가진 자나 가지지 못한 자나 똑같이 좇고 있는 현실의 논리인 것이다. 그렇기에 권력 다툼이라는 현실의 게임이 중단 없이 진행된다. 미국만이 권력 행사를 하는 것이 아니라, 모든 나라가 자신보다 힘 없는 약소국에 대해 마찬가지의 권력 행사를 한다. 후세인만 폭력적 권력을 휘두르는 것이 아니라, 많은 꼬마 부하를 거느린 힘센 골목대장 역시 권력을 휘두른다. 재벌이 노동자에 대해 행하는 억압적 권력 행사나 역무원이 나를 대하는 태도나 무엇이 다를 바가 있는가? 큰 권력을 가진 자는 크게 행사하고 작은 권력을 가진 자는 작게 행사한다는 차이가 있을 뿐 원리는 마찬가지이다. 권력이 있는 자가 주인으로서 있어야 할 바를 명령하고, 권력이 없는 자가 그것을 따를 수밖에 없는 권력의 논리는 인간과 인간의 관계를 목적과 수단의 관계로 바꾸어 버려 경쟁과 갈등만을 남겨 놓는 것이다.

그러나 이처럼 우리를 억압하고 분열시키는 이 현실의 본질은 무엇인가? 권력이 없는 자가 따를 수밖에 없는 현실, 가진 자가 내세우고 못 가진 자가 당하게 되는 현실, 그 본질은 무엇인가? 단순히 담배 연기가 싫기 때문에 비금연석 좌석표를 갖게 된 것에 대해 불쾌한 생각이 몰려온 것이 아니다. 금연석에 좋은 좌석이 얼마든지 있는데도 역무원이 이미 있는 표를 처리하기 위해 마치 좌석이 없는 것처럼 거짓의 현실을 만들어 냈다고 생각되기 때문에 화가 나는 것이다. 힘 없는 내가 저항할 경우, 내게 돌아오는 몫은 그 거짓의 현실에 따라 화장실 옆으로 이미 정해져 있다. 만일 실제로 좌석이 없었던 것이라면 비금연석이든 화장실 옆이든 대구로 올 수 있는 것만도 다행으로 여기며 만족해했을 것이다. 현실은 그것이 아닌데, 진실은 그것이 아닌데라는 생각, 내게 닥쳐 있고 내가 감수해야 할 현실이 참된 진짜 현실이 아니라 조작되고 변형된 현실이라는 점에 분노가 이는 것이다. 단순히 내게 주어진 양이 적다고 분노하게 되지는 않는다. 분명히 내 몫이 더 많아야 하는데, 실제는 더 많은데, 누군가의 조작에 의해 빼앗겼다고 느껴질 때 분노가 생기는 것이다. 20~30년 전보다 누구나 더 잘 먹고 더 잘 입어도 상대적 빈곤감이 커짐에 따라 더 불만족스럽고 더 비판적으로 되는 이유가 여기에 있다. 우리에게 주어진 현실이 있는 그대로의 참된 현실, 제1의 현실이 아니라 권력자에 의해 이미 조작되고 변형된 제2의 현실이라고 생각될 때, 그 현실을 뒤집고 거부하고 싶은 충동이 이는 것이다.

2. 누가 어떻게 제2의 현실을 만드는가?

그러나 제1의 현실을 제2의 현실로 변형시키는 권력의 논리는 재벌 기업과 결탁한 정치적 권력에만 있는 것이 아니다. 언제나 심각하게 정치를 비판했을지도 모를 그 역무원이 금연석을 요구하는 나에게 아무런 설명 없이 비금연석 표를 내밀고 내가 그것을 받아들일 수밖에 없었던 그 현실 역시 역무원의 권력에 의해 만들어진 제2의 현실이다. 진실이 감추어진 변형된 제2의 현실 속에서 인간이 인간을 만나야 한다는 것은 얼마나 서글픈 일인가? 이런 생각들로 무거워진 마음이 대구로 달리는 동안 어느새 창 밖은 어두워지고, 밖으로 향한 시선에 들어오는 것은 이제 더 이상 바깥 모습이 아니라 창에 비친 나 자신의 모습이다. 밖에서 주어진 현실이 왜곡된 제2의 현실이라고 서글퍼하는 나, 그러나 나는 정말로 왜곡되기 이전의 참된 현실인 제1의 현실을 알고 있는가? 내가 생각하는 현실이 정말 제1의 현실인가? 제1의 현실을 바르게 통찰할 수 있는 눈이 내게 있는가? 나의 마음을 무겁게 하던 나의 현실은 사실 역무원에 의해 왜곡된 현실 자체가 아니다. 어쩌면 화장실 옆자리 이외의 금연석 표가 정말로 모두 매진된 것일는지도 모른다. 역무원이 내심으로 배려하되 피곤해서 혹은 내가 이미 이해했을 것 같아서 설명을 그만둔 것일는지도 모른다. 결국 나의 무거운 마음은 근본적으로 역무원에 의해 직접 만들어진 것이 아니라, 오히려 나의 현실이 역무원에 의해 조작된 현실이라는 나 자신의 생각, 즉 나의 현실 해석에서 비롯된 것이다. 따라서 여기서 내가 확인할 수 있는 것은, 나의 느낌과 생각과 행동 안에 자리 잡고 있는 나의 현실은 이미 나 자신에 의해 이해되고 해석된 현실이라는 점이다. 바로 나의 이 해석을 통해 나의 현실은 나 자신에 의해 이미 제1의 현실에서 제2의 현실로 탈바꿈하는 것이다. 이것은 현실이라는 것이 단순히 물리적인 사물의 총체를 뜻하는 것이 아니라 인간에 의해 의미가 부여되고 이해되고 알려진 세계, 인간의 삶의 방식을 규정하는 규칙들의 세계이기 때문이다. 따라서 지구상에는 인간의 수만큼 많은 수의 현실 세계가 존재하는 것이 되며, 또 그만큼의 다양한 제2의 현실이 있는 것이 된다. 그러한 다양한 제2의 현실들 너머의 현실 자체라고 파악되는 현실, 그것 자체가 이미 나의 이해의 틀에 따라 해석된 제2의 현실이다. 내가 파악한 세계만은 객관적인 사태 자체, 있는 그대로의 현실 자체라고 주장하는 것은 마치 어느 누구에 의해서 보여지지도 않고 알려지지도 않은 것을 나만이 보고 나만이 홀로 알고 있다고 말하는 것처럼 자기 모순적인 주장이다. 우리 각자는 모두 그 각자의 현실 세계 안에서 살고 있는 셈이다. 그러므로 한 사건이 발생해도 그것이 해석되고 이해되는 방식은 서로 다를 수 있으며, 인간의 삶의 방식을 규정하는 것은 사건 자체이기보다는 오히려 그 사건이 어떻게 이해되고 해석되는가 하는 것이다. 한 인간의 동일한 말이나 행위가 어떤 사람에게는 선한 호의적 행위로 해석되는가 하면 어떤 사람에게는 계산된 위선적 행위로 해석되기도 하는 것은 일상적으로 경험하는 바이다. 이러한 경우에 대해 우리가 쉽게 연상할 수 있는 구절은 바로 "제 눈에 안경" 혹은 "돼지 눈엔 돼지로, 부처 눈엔 부처로"라는 구절일 것이다. 해석된 현실의 깊이는 곧 그 해석자 자신의 깊이를 보여 주는 것이다. 그러나 이처럼 모든 현실이 이미 해석된 현실이라고 할 때, 그와 같은 제2의 현실을 구성하는 해석의 본질은 무엇인가?

해석이란 우리가 아는 것을 통해 우리가 모르는 것을 설명하는 것이다. 우리에게 주어진 것을 우리가 이미 알고 있는 틀에 따라 설명함으로써 기존의 체계 안에다 그것의 내적 위치를 지정하고 확인해 주는 것이다. 한마디로 말해 이미 갖추어진 과거의 틀에 따라 현재 주어진 현실을 읽는 작업이 곧 해석이다. 과거에 의해 삼켜진 현실, 그것이 바로 우리 각자의 삶을 지배하는 제2의 현실이다. 과거의 꿈과 계획, 과거의 생각, 과거의 습관, 한마디로 과거의 역사에 의해 지배받는 현실이 곧 제2의 현실이다. 제2의 현실 속에 살고 있는 한, 나는 과거 세계의 연장 속에 살고 있는 것이다. 과거를 넘어서는 현재, 나의 해석을 넘어서는 현실이 아직 찾아오지 않았기에, 그것은 오늘의 현실이면서도 이미 과거화된 현실인 것이다. 이 과거의 틀을 따라 해석된 현실이 제2의 현실이다.

우리가 대상으로 파악하는 객관 세계는 이미 우리의 객관화 작용을 통해 해석된 과거화된 세계이다. 과거화되고 객관화된 세계, 더 이상 과거와 다른 현재가 존재하지 않는 고정된 제2의 현실이 곧 우리의 일상의 세계이다. 그 안에서 우리는 이미 확립된 기존의 틀에 따라 세계를 해석하므로 우리에게 흔들림은 없다. 나아가 나에게 나의 제2의 현실을 무너뜨리게끔 하는 제1의 현실이 객관 세계로서, 객관적 기준으로서 제시될 수도 없다. 왜냐하면 나는 이미 대상적으로 존재하는 모든 것을 나 자신의 해석의 틀에 따라 나 자신의 제2의 현실 속으로 삼켜 버리기 때문이다. 나는 모든 존재를 나에 의해 대상화될 수 있는 객관적 존재로서 이해하는 것이다. 역무원이 나를 속였다는 신념을 가지고 사실(제1의 현실)을 통해 그것(제2의 현실)을 확인하기 위해 금연석으로 가 본다는 것조차 의미가 없는 것이다. 금연석에 빈자리가 있다고 해서 그가 나를 속였다는 것이 증명되는 것도 아니다. 왜냐하면 누군가 표를 사 놓고 오지 않을 수도 있기 때문이다. 금연석이 꽉 찼다고 해서 내가 과민한 반응을 보인 것이라는 사실이 증명되는 것도 아니다. 왜냐하면 내가 표를 산 이후의 40~50분 내에 표가 다 팔린 것일 수도 있기 때문이다. 결국 사실을 통해서 현실에 대한 내 이해의 틀이 바뀌는 것이 아니라, 사실이 틀에 맞게 해석될 뿐인 것이다. 이처럼 현실이라는 것은 이미 각자의 틀에 의해 해석된 것이고, 그 해석을 떠난 순수한 현실 자체란 제시될 수가 없다. 다시 말해 제1의 현실은 존재하지 않고 오직 무수한 제2의 현실만이 존재하는 것이다. 원본이 없는 사본만이 존재하는 것이다. 그러나 이처럼 제1의 현실이 존재하지 않는다면, 우리는 결국 우리 자신의 제2의 현실 속에 갇혀 살 수밖에 없는 것일까?

전체주의 · 객관주의 · 물질적 환원주의를 비판하며, 개체성 · 다원성을 인정하는 오늘날의 많은 철학자들은 사실 이와 같은 입장을 지지한다. 체계적 이론을 떠난 이론 중립적인 순수 관찰이라는 것은 존재하지 않는다. 이론과 이론을 비교한다거나 한 이론을 다른 이론으로 환원시킬 수 있는 이론 초월적 기준을 우리는 가지고 있지 않다. 현실의 기술은 곧 현실의 해석이며, 따라서 해석자의 수만큼 현실도 다양하지만, 그들 해석에 대해 원판이라고 할 수 있을 객관적 현실인 제1의 현실이란 존재하지 않는다. 우리가 원판이라고 생각하는 현실 역시 이미 해석된 복사판인 제2의 현실이기 때문이다.

그렇다면 나는 결국 나의 제2의 현실을 벗어날 수 없는 것인가? 우리는 모두 각자 자신의 제2의 현실 속에 살며, 서로를 자신의 틀에 따라 그만큼만 이해할 수 있을 뿐인가? 인간 삶의 갈등이 현실 해석의 갈등 즉 제2의 현실간의 갈등이라면, 해석을 떠난 제1의 현실 없이 어떻게 그 갈등을 해소할 수 있겠는가? 우리의 현실은 끊임없는 과거의 연장에 지나지 않는 것인가? 해석이라는 것이 내게 이미 있는 기존의 틀에 따라 현재를 동화시키는 작업으로서 현실의 과거화와 대상화를 뜻한다면, 나에 의해 과거화되지 않은 현실, 나에 의해 대상화되지 않은 현실이란 존재하지 않는가?

3. 제2의 현실로부터의 초월 : 순간의 시선

내게 나타난 현실로서 나 자신에 의해 대상화되지 않은 현실이 도대체 가능하겠는가? 결국 이 문제는 해석되지 않은 현실, 해석의 결과가 아닌 현실이 과연 가능한가 하는 문제로서 다시금 과거에 의해 결정되지 않는 현재가 과연 가능한가, 과거의 산물이 아닌 현재가 내게 있을 수 있는가 하는 물음이 된다. 다시 말해 나의 제2의 현실이 곧 나의 과거의 틀에 따라 해석된 현실이므로, 그러한 제2의 현실로부터의 초월은 곧 나의 과거로부터의 초월을 의미한다.

만일 나의 현재가 과거로부터 독립적일 수 있고, 나의 현실이 나의 현실 해석의 틀로부터 자유로울 수 있다면, 그것은 오직 우리의 매 순간이 새로운 시작의 순간으로서만 가능할 것이다. 그리고 우리는 그 가능성을 시간 자체의 분석을 통해 확인해 볼 수 있다. 긴 시간의 연속을 각 순간 순간으로 분리하여 생각해 보면, 어느 순간도 그 이전 순간의 당연한 귀결인 것이 아니며, 마찬가지로 어느 순간도 그 다음 순간의 존재를 함축하고 있는 것도 아니다. 내가 오늘 이 순간 여기 이렇게 존재한다는 것이 어제 존재했다는 사실로부터 당연히 귀결되는 것도 아니며, 또 내일도 이렇게 존재하리라는 것을 함축하고 있는 것도 아니다. 내일은 고사하고 단 한 순간 이후라도 나의 존재가 멎을 수 있는 것이다. 내일 존재하기 위한 그 힘은 오늘의 힘으로부터 저절로 나오는 것이 아니라 내일 그 순간에 그만큼의 힘이 있어야 되는 것이다. 다시 말해 어제의 존재에서 오늘의 존재로의 보존의 힘이라는 것은 곧 오늘의 무(無)에서 오늘의 존재를 창조하는 것과 똑같은 힘을 요구하는 것이다. 한마디로 말해 보존의 힘은 곧 창조의 힘이다. 에너지 보존 법칙이 뜻하는 대로 동일한 에너지가 계속 보존된다는 것은 매 순간 그만한 양의 에너지가 계속 생겨나기 때문에 가능한 것이다. 매 순간 동일한 양의 에너지가 그 순간의 존재를 위해 소모되며 또 동시에 산출되는 것이다. 신에 의한 창조이든 자연적 에너지의 산출이든 간에 그것은 어느 최초의 한 순간 단 한 번 행해졌던 옛날 이야기로 그칠 수 있는 것이 아니다. 흘러가는 시간 속의 매 순간이 최초의 그 순간과 똑같은 의미를 지닌 것이기 때문이다. 이런 까닭에 우리는 매 순간의 창조를 말하게 된다.[1)]

이와 같이 순간이 새로운 시작의 의미를 가진다는 것, 현재가 과거로 부터 독립적이라는 것은 곧 나에게 나의 과거의 지평을 넘어설 수 있는 가능성이 있음을 말해 준다. 이미 확립된 해석의 틀에 따라 현재를 읽음으로써 제2의 현실을 점점 더 고정시키고 확장시켜 나가는 대신, 나 자신에 의해 내게 부과된 그 과거의 현실, 제2의 현실을 초월할 수 있는 가능성은 바로 매 순간마다 있는 것이다. 그 순간을 늘 미래의 일로 미루는 자는 결국 스스로 늘 과거의 세계 안에 머무르는 것이다. 그때의 현재는 계속 연기된 삶의 현재에 지나지 않기 때문이다. 제2의 현실 안에 머무르는 자는 연기된 과거의 지평 속에 사는 자이다.

그렇다면 우리는 어떻게 시간 지평을 넘어설 수 있는가? 아니 오히려 시간 지평을 넘어선다는 것은 역설적이게도 시간의 정지, 삶의 정지를 뜻하는 것은 아닌가? 모든 대상적 존재가 이미 대상화하는 나의 시선에 의해 대상화된 과거로서 떠오른다면, 과연 나는 어떻게 현재적 사유, 비대상적 사유로 초월할 수 있는 것인가? 시간 지평과 과거 지평을 넘어선 그 순간에 우리가 접하게 되는 것은 과연 무엇인가? 내 앞에 존재하는 모든 것, 내가 바라보는 모든 것, 책상, 걸상, 걸상 위의 사람들은 내게 대상으로 파악되는 한 이미 나의 이해의 틀에 의해 해석된 나의 제2의 현실일 뿐이다. 그럼 나는 어디에서 나의 제2의 현실이 아닌 현실을 볼 수 있는가? 과연 무엇이 과거화된 제2의 현실에 속하지 않는 순수 현실, 순간의 현실이겠는가?

나 자신은 현실을 현실로서 해석하는 해석 주체이기에 그 해석의 틀에 따라 해석된 대상 세계인 제2의 현실에 속하지 않는 존재인가? 세계를 보는 눈, 그 눈에 대해 세계는 대상적 세계이며 보여진 세계,

---

1) 신 존재 증명을 논하는 제3성찰에서 데카르트는 보존과 창조가 단지 관점의 차이일 뿐, 있는 것을 보존하는 힘이나 없는 것을 창조하는 힘이나 결국 마찬가지 정도의 힘이라는 결론을 내린다. Descartes, *Meditationes de prima philosophia*(Hamburg, 1959), 89면 이하 참조.

해석된 세계이다. 그러나 세계를 보는 눈 그 자체는 세계에 속하지 않는가? 그러나 눈이 그 자신을 볼 수 있는가? 모든 것을 베는 칼이 스스로를 벨 수 있는가? 다른 것을 만지는 손끝이 그 스스로를 만질 수 있는가? 현실을 해석하고 의미를 부여하여 제2의 현실로 바꾸어 놓는 자아, 그 자아는 스스로 해석하는 자로서 분명 해석된 대상과는 구분된다. 그러나 문제는 그 자아에 이르는 길이 무엇인가 하는 것이다. 나는 무엇을 통해 대상적 존재인 나의 제2의 현실에서 눈을 돌려 나자신을 대상적 방식이 아닌 방식으로 의식하게 되는가? 도대체 모든 것이 다 고정된 나의 과거화된 제2의 현실 안에 포섭되지 않는다는 사실을 나는 무엇을 통해 알게 되는가? 나는 어떤 방식으로 나 자신에 눈뜨게 되는가?

나를 나의 제2의 현실에 정착할 수 없게 하는 것, 나의 대상화하는 시선을 방해함으로써 결국 나의 대상화되고 고정된 제2의 현실을 흔들리게 하는 것, 그리하여 내게 제2의 현실이 아닌 순수 현실을 일깨워 주는 것, 그것은 순간에 마주쳐 오는 타인의 시선이다. 순간과 시선은 이런 의미로 연관되어 있다. 시간적 찰나성으로서의 순간을 뜻하는 독일어 단어 Augenblick은 곧 눈(Augen)으로 봄(blick), 시선을 의미한다. 그것은 순간이라는 것이 "눈 깜짝할 사이"만큼 아주 짧은 시간이라는 의미만을 담고 있는 것이 아니다. 단지 짧은 시간이라는 차원을 넘어서서 "시선"은 무엇인가 과거로는 해명될 수 없는 새로운 "사건"이라는 의미를 함축하고 있다. 순간의 진정한 의미는 오직 마주 바라보는 타인과의 시선의 마주침 안에서만 체험된다. 아마도 그 타인이 내게 소중한 사람일수록 그 순간의 의미도 그만큼 소중한 것이 될 것이다.

나는 내 눈 앞의 책상, 걸상 그리고 창 밖의 나무조차도 나의 대상으로 파악할 수 있다. 인간의 몸, 팔과 다리 등도 하나의 대상처럼 객관화하는 눈으로 바라볼 수 있다. 그러나 이 세상의 모든 사물을 바라보는 방식과 본질적으로 다른 방식으로 볼 수밖에 없는 것이 바로 타인의 시선이다. 이 세상에서 가장 값비싼 다이아몬드를 바라볼 때도 그 시선의 방식은 돌을 바라보는 방식과 본질적으로 다를 것이 없다. 그것은 똑같이 나의 제2의 현실 안에 삼켜진 대상이기 때문이다. 그러나 우리는 타인의 시선만은 마치 돌을 보듯 볼 수가 없다. 상대의 시선을 본다는 것은 상대의 눈을 보는 것과는 다르다. 상대가 다른 곳을 볼 때 또는 상대가 의식이 없을 때, 우리는 마치 외과 의사가 환자에게 하듯이 그 눈을 하나의 대상처럼 들여다볼 수도 있다. 그러나 그 눈 속의 시선이 갑자기 나를 향하게 되면 그 시선 속에서 나는 깜짝 놀라게 된다. 시선을 통해 내가 보는 것이 대상으로서의 눈이 아니기 때문이다. 더 이상 대상화될 수 없는 현실이 내 앞에 있기 때문이다. 더 이상 나의 객관화되고 과거화된 제2의 현실 안에 삼켜 버릴 수 없는 생생한 순간의 현실이 내 시선 안에 다가오기 때문이다.

4. 시선의 의미

이와 같은 타인의 시선의 특이성을 간파하고 이를 철학적으로 논의한 사람이 사르트르(J. P. Sartre)이다. 모든 사물들은 즉자적 존재(être en soi)인데 반해, 나의 의식만은 사물처럼 고정된 즉자적인 실체가 아니다. 의식은 오히려 대상과 대면하되 그 대상의 동일성과 즉자 존재성을 부정하고 무화하여 다시 자기 자신으로 되돌아옴으로써 자신의 존재성을 확인받게 되는 대자적 존재(être pour soi)이다.[2] 나의 의식에 의해 이 사물들은 대상으로 파악된다. 사물을 봄으로써, 즉 그것을

---

2) 사르트르의 즉자 존재와 구분되는 대자 존재로서의 의식의 분석 및 상대의 시선에 대한 분석은 J. P. Sartre, *Das Sein und das Nichts*(Hamburg, 1952), 125면 이하와 338면 이하 참조.

객관화하고 사물화함으로써 나는 비로소 주관으로 존재하며 객관에
대해 지배적 작용력을 가질 수 있는 것이다. 사르트르는 인간간의 관
계를 헤겔(G.W.F. Hegel)에서의 주객화된 주종의 관계처럼 갈등적이고
대립적인 관계로 이해하며, 끝내 그 대립이 극복될 수 없는 불행한 관
계로 간주한다. 의식 활동을 통해 내가 대상을 철저히 대상화하지 않
으면, 내 존재가 위협받게 되는 것이다. 나와 타인의 관계가 먹느냐 먹
히느냐의 관계인 것이다. 그러나 인간 의식이 객관화하고자 하는 것이
사물인 한, 그 사물에 대해 인간은 항상 주인적 주도권을 가질 수 있
다. 사물 자체가 그것을 보는 인간을 객관화하지는 않기 때문이다. 보
다 심각한 대립은 서로 상대를 객관화하고자 하는 주관으로서의 인간
과 인간의 관계이다. 본질적으로 대상화하고 사물화하고 고정화시키는
타인의 시선에 붙들릴 경우, 나는 그 시선에 의해 어쩔 수 없이 하나
의 대상, 하나의 사물로 파악되고 만다. 즉 타인의 시선은 나의 의식
주체성을 말살시키고 나를 하나의 사물적 존재로 전락시키는 것이다.
나의 자유를 빼앗고 대상으로 고정시키는 것이다. 내 방에서 아무도
나를 보지 않으면 나는 무엇이든 자유롭게 행할 수 있다. 아무렇게나
눕고 앉고 설 수 있다. 그러나 내 방의 열쇠 구멍으로 누군가의 시선
이 나를 향하고 있다고 생각해 보라. 더 이상의 자유는 없다. 그의 눈
이 나를 관찰하고 있기 때문이다. 나를 관찰하고 나를 대상화하여 고
정시키는 눈, 그 타인의 눈은 바로 나를 구속하고 사물화하는 "지옥의
눈"인 것이다. 사실 사르트르의 이와 같은 인간 시선 및 인간 관계의
분석은 오늘날과 같은 경쟁 시대에 잘 부합되는 것일는지도 모른다.
모두가 함께 잘되기를 바라기보다는 내가 잘되기 위해 네가 못 되어
야만 하는 경쟁의 논리가 지배하다 보면, 내게 있어 타인은 바로 나를
위협하는 존재일 수밖에 없다. 남에 의해 눌리고 밟히지 않기 위해서
는 내가 먼저 열심히 밟고 누르자고 마음 먹게 되는 것이 바로 경쟁
사회의 논리가 아닌가? 이것이 바로 대상화의 방식을 따르는 제2의

현실을 지배하는 권력의 논리가 아닌가?

그러나 이와 같은 시선의 이해는 시선을 오직 사물화와 대상화하는 방식으로만 이해하고 그 시선 안에 마주친 것은 모두 대상적 사물이라고 이해하면서, 동시에 그러한 사물적 고정화가 반드시 지켜져야 할 가치로 간주되었기 때문이다. 즉 나의 제2의 현실을 타인의 시선으로부터 흔들림이 없이 지키고자 하는 독단적 태도에서 비롯된 것이다.

그러나 우리의 문제는 어떻게 나의 제2의 현실을 보다 확고하게 고정시킬 것인가 하는 것이 아니라, 어떻게 나의 제2의 현실을 뛰어넘을 수 있는가 하는 것이었다. 왜냐하면 나의 제2의 현실은 그것을 통해 내가 대상 세계를 구속하고 지배하는 것일 뿐만 아니라, 그것이 바로 나 자신을 나의 과거로부터 규정하여 움직일 수 없도록 옭아매는 나 자신의 속박이기 때문이다. 그것은 타인을 대상화하고 고정화하면서 동시에 나 자신을 대상화하고 고정화하여 나의 진정한 주체적 성격을 잃어버리게 한다. 그것은 나 자신의 생동적 순간을 과거의 덫으로 덮어 버려 현재를 영원히 연기시킨다. 이런 관점에서 보면 나의 제2의 현실을 흔들리게 하는 타인의 시선은 나를 억압하고 사물화하는 지옥의 눈이 아니라 오히려 나를 나 자신의 과거의 덫, 나 자신의 제2의 현실로부터 탈출시키는 구원의 눈인 것이다. 우리는 타인의 시선을 통해 비로소 나 자신의 대상화와 사물화, 그리고 그러한 대상화를 통해 구성된 나의 제2의 현실에 한계가 있음을 의식하게 된다. 그 한계의 의식은 바로 나의 시선 자체가 한계 밖에 섬으로써 가능한 것이며, 이런 점에서 나의 제2의 현실의 한계의 의식은 곧 제2의 현실로부터 초월의 의식인 것이다.

나의 대상화하는 시선 안으로 다 포섭될 수 없는 것, 나의 과거의 해석의 틀 안에 다 용해될 수 없는 것이 존재한다는 것을 알려 주는 것이 바로 타인의 시선이다. 타인의 시선 안에서 나는 내가 임의대로 나의 제2의 현실 안에 고정시킬 수 없는 것, 나의 해석의 틀을 벗어난 어떤 현실과 마주하게 되며, 그렇게 함으로써 나의 제2의 현실이 흔들리고 유동화되는 것을 느끼게 된다. 그때 비로소 나 자신 역시 나의 제2의 현실을 넘어선 자라는 것을 의식하게 되는 것이다. 비트겐슈타인(L. Wittgenstein)에 따르면 "세계는 곧 나의 세계"이다. 내가 이해하는 나의 현실이 곧 나 자신에 의해 해석된 제2의 현실이라는 뜻이다. "나의 세계"에 대한 나, "해석된 제2의 현실"에 대한 해석자로서의 나, 그 나는 세계 안에 자리 잡은 나, 이미 해석된 내가 아니다. 그 나는 세계의 부분이 아니라 "세계의 한계"이며, 이 점에서 초월적 존재, 형이상학적 존재인 것이다. 여기에서 비트겐슈타인이 제기하는 문제는, 보아진 세계의 한계로서의 보는 눈 그 자체는 스스로를 볼 수 없다는 것이었다. 그것은 우리의 언어의 논리에 따라 말할 수 있는 영역 밖의 것으로, 이에 대해 비트겐슈타인이 내리는 결론은 "말할 수 없는 것에 대해서는 침묵하여야 한다"는 것이다. 그것은 우리의 언어를 넘어선 신비인 것이다. 그러나 우리의 문제는 바로 여기에서 시작한 것이다. 제2의 현실의 한계에 선 자아, 세계를 보는 그 눈 자체를 우리는 직접적으로 보는 것이다. 나는 그 눈을 직접 나 자신 안에서 보는 것이 아니라 타인의 시선 안에서 본다. 그리고 그 시선 안에서 나의 시선과 너의 시선은 서로 구분되지 않는다. 이렇게 볼 때 시선은 하나의 신비이며, 그럼에도 불구하고 우리가 매일같이 일상적으로 경험할 수 있는 신비, 우리의 일상적 삶의 현실인 것이다. 이 현실이 바로 나에 의해 이미 해석된 과거화된 제2의 현실과는 본질적으로 구분되는 순간의 사건, 시선의 현실인 것이다.

5. 제2의 현실의 개방성

달리는 기차 안에서 내가 생각한 것은 우리 각자의 현실은 곧 제2의 현실이며, 그 제2의 현실 밖에 따로 제1의 현실이라는 것이 존재하지 않는다는 것이다. 따라서 문제는 인간 사회에 있어 현실 해석의 차이로부터 발생하는 갈등이 그 해석의 원판이 될 제1의 현실 없이 어떻게 해결될 수 있는가 하는 것이다. 원판이 없고 다양한 복사판만 있을 때, 제1의 현실은 없고 다양한 제2의 현실만이 있을 때, 갈등적 두 해석에 있어서 그 갈등을 해결하는 데 가장 중요한 것은 해석자 자신의 개방성이다. 여기서 나의 과거화된 제2의 현실을 넘어선다고 해서 내가 곧바로 제1의 현실로 돌입하는 것이 아니다. 오히려 나의 이때까지의 제2의 현실을 넘어서서 타인의 제2의 현실을 새롭게 받아들인다는 것을 뜻할 뿐이다. 이러한 점에서 우리는 우리의 제2의 현실을 끊임없이 확장시켜 나갈 수 있을 뿐이다. 나는 기차에서 내리면 다시 버스를 타게 되고 버스에서 내리면 다시 걷게 되고 길을 따라 집에 도착한 이후에도 다시 방바닥 위에 발을 디딜 수밖에 없는 것이다. 하나에서 다른 하나로 넘어갈 수 있지만 그렇다고 모든 지평을 다 떠날 수는 없는 것이다. 나는 제2의 현실로부터 새로운 제2의 현실로 넘어설 수 있지만, 그렇다고 그것이 어딘가에 제1의 현실이 있기 때문에 가능한 것은 아니다. 내가 나의 과거의 제2의 현실로부터 초월할 수 있는 것, 그것은 내가 내 밖 어딘가에 있는 제1의 현실로 넘어섰기 때문이 아니라, 내가 내 기준의 제2의 현실과 다른 제2의 현실, 즉 타인의 제2의 현실을 받아들임으로써 비로소 가능한 것이다. 따라서 나의 제2의 현실로부터의 초월은 곧 타인의 제2의 현실에 대한 개방성을 의미한다. 그리고 나로 하여금 그러한 개방성을 가질 수 있도록 하는 것이 바로 순간에 다가오는 타인의 시선인 것이다.

타인의 현실이 나의 현실과 다르다는 것을 우리는 어떻게 아는가? 그 타인의 현실마저 나의 제2의 현실 속으로 삼키고자 하는 권력의 논리가 저지받게 되는 것은 무엇 때문인가? 그것은 내 밖에 나의 제2의 현실 안으로 삼켜질 수 없는 타인의 시선이 있기 때문이다. 그 타인의 시선을 통해 나의 제2의 현실과 다른 그의 제2의 현실이 맞부딪쳐 오는 것을 우리는 직접 경험하게 되는 것이다.

10장의 사과문보다도 더 직접적으로 사과의 마음을 보여 주는 것은 미안해하는 시선이다. 10장의 연애 편지보다도 더 직접적으로 사랑의 마음을 보여 주는 것이 사랑의 시선이다. 마치 인간이 그 내면에 끝내 속일 수 없는 양심의 소리를 갖고 있듯이, 그 외면으로 나타나는 끝내 속일 수 없는 현실의 대변자는 바로 인간의 시선인 것이다. 그러한 타인의 시선 안에 주어진 타인의 현실을 받아들일 줄 아는 것이 곧 나 자신의 현실을 새롭게 만들어 나가는 것이 된다. 이렇게 볼 때 타인의 존재 또는 타인의 시선은 나를 사물화하고 대상화하는 적대자의 시선이 아니라, 나를 나의 고정된 제2의 현실로부터 이끌어 내는 동반자의 시선이다.

제10장
속박적 사랑과 구원적 사랑

1. 사랑의 신화

남편을 사랑하기에 그리고 자식을 사랑하기에, 그 사랑하는 사람들을 돌보고 아끼면서 결국 그들을 위한 삶을 택하는 많은 여자들이 있다. 어디 여자뿐인가? 예수도 인간을 사랑하였기에 십자가에 못 박혔고, 알버트 슈바이처도 인간을 사랑했기에 아프리카 원주민을 위해 헌신적인 삶을 살지 않았던가? 사랑만큼 인간의 삶을 풍요롭게 하는 덕목이 또 있겠는가? 사랑하는 자를 위한 헌신적 삶만큼 아름답고 가치 있는 삶이 또 있겠는가? 이렇게 해서 사랑의 신화는 만들어지고 우리는 그 신화 속에서 자라난다. 그런데 그 신화 속에서 그 아름다운 사랑을 실현하기로 기대되는 사람은 분명 여자이고, 그 여자가 완성하기로 기대되는 사랑은 결국 모성애이다. 그래서 "남자는 일을 위해 살고, 여자는 사랑을 위해 산다"는 말이 나와도, 남자나 여자 모두 그것을 자신에 대한 모욕이라고 느끼지 않는다. 자식과 가족을 위해 자신을 바치는 여자의 삶은 고귀하고 의미 있는 것으로 여겨지는 반면, 자식과 가족을 위해 자신을 바치는 남자의 삶은 소인배적이고 무가치한 것으로 간주된다. 직장 일로 밤늦게 귀가하는 여자는 비가정적이고 이기적인 인간이라고 질타당하는 반면, 직장 일로 며칠씩 야근을 하는 남자는 야망과 책임감과 끈기의 인간이라고 칭송을 받는다.

이러한 사랑의 신화는 과연 누구를 위해, 누구에 의해 씌어진 것인가? 어떻게 하나의 사랑이 누군가에게는 인생의 전부로 간주되는가 하면 또 다른 누군가에게는 아무것도 아닌 부차적인 것으로 간주될 수 있단 말인가? 남자와 여자 사이의 사랑의 기대와 역할의 비대칭성과 불평등성을 보며 우리가 어쩔 수 없이 갖게 되는 것은 사랑에의 맹목적 기대와 찬탄에 대한 반감, 사랑에 대한 회의이다. 사랑은 인간 정신을 승화시키고 자유롭게 하는 덕목이기보다는 오히려 여자의 삶을 봉사와 희생의 삶으로 획일적으로 규정짓기 위해 가부장제 이데올로기가 창출한 허구가 아닌가? 다시 말해 사랑은 인간의 보편적이고 자연적인 심성 표현이기보다는 오히려 사회적 구조 및 체계 속에서 형성되고 변화되는 틀, 개인이 살아남기 위해 의식적 무의식적으로 따르도록 인간의 삶을 제약하는 일종의 이데올로기에 지나지 않는 것은 아닌가? 결국 사랑은 깨뜨릴 수 없는 지고의 가치이기보다는 계산적 교환 심리를 감추는 단순한 환상적 포장에 지나지 않는 것은 아닌가?

그러나 우리는 사랑의 신화에 맹목적으로 이끌리지 않듯이, 마찬가지로 사랑의 반감에 전적으로 휩싸이지 말도록 하자. 더러운 때가 낀 목욕물을 버리면서 아기까지 버려서는 안 된다는 교훈을 생각하면서, 우리는 다시 또 그 낡고 오래된 물음을 던져 보기로 한다. 사랑이란 무엇인가?[1] 사랑에 있어 무엇이 가치 있는 것이고 무엇이 버려져야 할 것인가? 어떤 사랑이 진정한 사랑이고 어떤 사랑이 거짓된 사랑인가? 만일 사랑이 그 자체로 아름답고 의미 있는 것이라면, 어떻게 그

러한 사랑이 여성의 삶을 구속하는 거짓된 이데올로기의 한 요소로
변용될 수 있는 것인가? 한마디로 사랑이란 무엇인가? 물론 이런 물음
에 대해 개념적으로 해명하려고 하는 것은 무리인지도 모른다. 사랑에
관한 한, 차라리 "사랑은 눈물의 씨앗"이라든가 "사랑은 한줄기 바람"
이라는 비유적 표현들이 의미 있게 말해질 수 있는 유일한 말들인지
도 모른다. 사랑에 대한 개념적 논의보다는 오히려 사랑을 노래하는
유행가나 사랑을 주제로 하는 비디오가 우리 마음에 더 짙은 감동을
줄 수 있는 것도 사랑이 원래 우리의 개념적 규정이나 틀을 벗어나기
때문일 것이다. 따라서 우리는 이 글에서 사랑을 개념적으로 규정하기
에 앞서, 우선 우리의 일상적 사랑 경험을 단순히 기술해 보기로 하자.
그러면서 특히 우리의 사랑에 대한 이해 안에 들어 있는 이율 배반적
인 측면들을 끄집어내 보도록 하자. 그 과정에서 우리는 사랑의 형태
를 세 가지 유형으로 구분해 볼 것이며, 그 중 문제가 되는 두 유형의
사랑을 가려내어 그것에 관해 좀더 생각해 보기로 한다. 그렇게 함으
로써 어떤 사랑이 우리가 추구할 만한 진정한 사랑이고, 어떤 사랑이
우리가 그 속박으로부터 벗어나야 할 거짓된 사랑의 굴레인가를 밝혀
보자. 이와 같이 진정한 사랑과 그렇지 못한 사랑과의 구분을 통해 비
로소 우리는 사랑에의 맹신적 추종도 아니고 사랑에의 무조건적 반감
도 아닌 성숙한 사랑관을 가질 수 있을 것이다.

2. 사랑은 속박인가, 구원인가?

"너무나 사랑했기에, 너무나 사랑했기에…" 이런 노래 가사가 귀에

---

1) 이하에서 우리가 1차적으로 다루고자 하는 사랑은 신적 사랑(자비)인 아
가페나 친구간의 사랑(우정)인 필로스가 아니라 협의의 사랑, 즉 이성간의
사랑(이성애)인 에로스이다.

들어오면 때때로 우울하고 서글픈 느낌이 몰려온다. 너무나 사랑하는 사람에 대한 그리움에서 오는 서글픔은 아니다. "또 사랑 타령이구나"라는 생각 때문이다. 인간이 매일같이 사랑을 노래하고 산다는 것, 그런데 그 인간이 노래하는 사랑이 거의 열이면 열 이루어질 수 없는 사랑, 슬픈 사랑, 잊을 수 없는 사랑, 아픈 사랑이라는 것, 그런데도 인간이 하나같이 그런 사랑에 매달리고 그런 사랑을 노래하며 산다는 것이 비참하게 느껴지기 때문이다. 사랑이란 인간을 덮친 일종의 운명적 비극이며 인간의 굴레인데, 왜 인간은 그 운명에 끌려다니고 그 굴레 속에 머물러 있으면서 괴로워한단 말인가? 그리고는 다시 그 운명과 굴레를 미화하여 노래하기까지 하다니? 사랑 타령은 결국 자신의 고통을 은밀히 즐기는 자학증 환자들의 몸부림이 아닌가? 떠나간 사랑, 이룰 수 없는 사랑, 아니 실현된 사랑이라고 할지라도 그것이 인간을 방황하게 하고 들뜨게 하고 괴롭게 하는 열병에 지나지 않는 것이라면, 그 사랑의 감정에서 풀려 나지 못한다는 것은 결국 감정의 노예, 운명의 노예가 된다는 것이 아니겠는가? 만일 사랑이 이와 같이 인간의 비극이고 굴레일 뿐이라면, 불교에서 말하는 대로 사랑(愛)이란 인간의 해탈을 방해하는 것이고 따라서 극복해야 할 것이 된다. 사랑은 무지에서 오고 집착으로 나아갈 뿐이다. 사랑하는 자의 가슴을 채우는 것은 사랑의 소유욕, 애인의 곁에 항상 머물러 있고자 하는 집요한 욕구, 애인의 시선이나 영혼을 항상 자신 곁에 매어 두고자 하는 강한 집착, 그리고 결국 그 욕구와 집착으로 인한 고통뿐이지 않는가? 설혹 사랑의 욕구가 충족된다고 해도, 그로부터 우리가 얻는 것은 단지 함께 하는 즐거움, 만족감, 쾌락뿐이지 않는가? 결국 사랑이란 쾌락을 향한 줄달음이 아닌가? 그 쾌락이 우리에게 가져다 주는 것이 무엇이란 말인가? 사랑의 고통이나 사랑의 쾌락은 그렇게 우리 마음을 휩쓸고 지나가는 감정일 뿐이다. 아프고 몽롱한 열병처럼 아니면 정신을 잃고 발작하게 되는 간질병처럼. "사랑은 한줄기 바람인 것을…" 사랑의 몸부림은 단지 소모적일 뿐이다. 차라리 "나는 죽어 한 개 바위가 되리라. 아예 애련에 물들지 않고…"

그러나 우리가 원하는 것이 정말 "바위가 되는 것"일 수 있겠는가? 사랑의 굴레를 벗어나고 인간의 운명을 조롱함으로써 우리가 얻고자 하는 것이 과연 무엇인가? 그것이 아프고 괴로운 것임에도 불구하고 우리가 그렇게 사랑에 매달리고 사랑을 노래할 수밖에 없는 것은 그 안에 삶의 마지막 의미가 감추어져 있기 때문인지도 모른다. 사랑만이 구원의 길로서 우리가 매달릴 수 있는 마지막 보루이기 때문인지도 모른다. "누가 사랑을 아름답다 했는가?"라는 비탄이 우리의 마음을 파고들 수 있는 것은 그 말이 "사랑은 아름답지 않다"는 것을 말해주기 때문이 아니라, 오히려 역설적으로 그것이 우리 영혼 속에 있는 "아름다운 사랑"의 이념을 확인시켜 주기 때문일 것이다. 우리를 구원할 것으로 기대되는 그 아름다운 사랑의 이념은 무엇인가? 그것은 사랑을 통해 우리가 하나가 될 수 있다는 것일 것이다. 삶의 가장 원초적인 고독, 나는 나고 너는 너라는 아메바적 고독, 나는 네가 될 수 없고 너는 내가 될 수 없다는 분리감을 극복하게 해 주는 것이 바로 사랑일 것이다. 그 원초적 고독과 고통으로부터 벗어나는 것, 나와 너를 하나의 같은 우리 안에 융합하는 것, 외로운 개별자로서의 나를 넘어서는 것, 그것이 사랑에 대해 우리가 기대하는 바일 것이다. 우리가 사랑으로서 꿈꾸는 것은 분리의 극복과 하나 됨의 회복일 것이다. 성서는 "믿음과 소망과 사랑, 그 중의 제일은 사랑이다"라고 말한다. 믿음을 통해서만 구원받을 수 있다고 말하는 기독교에서 그 믿음보다도 사랑을 더 우선적 가치로 인정하는 것은 사랑만이 궁극적으로 인간을 구원해 줄 수 있다는 의미일 것이다. "영원히 여성적인 것만이 우리를 구원한다"라는 말이 남자의 입에서 나왔다면, 그것은 바로 사랑만이 우리를 구원할 수 있다는 말일 것이다. 즉 사랑의 본질 자체는 집착도 고통도 아니고, 오히려 해방이며 자유이고 인간 구원이다. 그렇다면 사랑의 비극은 사랑 자체로부터가 아니라, 사랑의 무지와 오용에서 발생하는 것이 될 것이다. 무지에서 비롯되는 사랑은 집착을 낳겠지만, 지혜로운 사랑은 우리의 구원이 된다는 것이다. 구원의 길이 사랑의 포기가 아니라, 참된 사랑의 성취일 수 있는 것이다. 사랑이 고통으로 느껴지는 것은 오히려 인간의 사랑에 대한 기대와 열망이 그만큼 크다는 것을 말해 주는 것이고, 이것은 곧 인간 구원에 이르는 사랑의 힘에 대한 우리의 예견을 암시해 주는 것일 것이다.

사랑의 본질은 과연 속박인가 아니면 구원인가? 사랑은 괴로운 집착일 뿐이므로 해탈을 위해서는 극복되어야 하는 것인가 아니면 우리를 삶의 질곡과 고통으로부터 벗어나게 해주는 구원이므로 성취되어야 하는 것인가? 이러한 사랑에 대한 대립적 이해를 종합하기에 앞서 사랑의 모순성을 좀더 극명하게 드러내 보도록 하자. 그 모순을 밝히는 과정에서 사랑의 세 가지 유형이 밝혀지게 될 것이다.

3. 사랑의 이율 배반

(1) 사랑의 맹세는 가능한가? : 사랑은 수동적 열정인가 능동적 의지인가?

"우리 만남은 우연이 아니야. 그것은 우리의 운명이었어." 이 세상에서 마주치게 되는 사람들과의 많은 만남 중에는 그야말로 스쳐 지나가는 만남으로 나의 영혼에 아무런 흔적도 남기지 않은 채 곧 잊혀지는 만남이 있는가 하면, 운명처럼 다가오는 만남으로 한번 본 이후로는 그 사람의 영상을 도저히 지워 버릴 수 없는 그런 만남이 있다. 이런 후자의 만남은 나의 의지나 계획과는 무관하게 나를 사로잡는 사랑의 감정을 불러일으킨다. 우리는 대개 사랑을 이와 같이 바라보는 순간 가지게 되는 낭만적 기분, 사랑에 빠져드는 느낌, 불가항력적인 운명처럼 나를 엄습해 오는 그런 감정과 동일시한다. 그것은 내가 계획하고 주관할 수 있는 것이 아니라, 내 밖에서부터 나에게로 엄습해 오는 것이고, 따라서 나는 아주 힘없이 거기에 빠져들 수밖에 없는 그런 것이다. 사랑은 내가 능동적으로 행하는 것이 아니라, 내가 빠져드는 그런 열정적 느낌인 것이다. 그래서 사랑은 선물이다. 즐거운 선물일 수도 있고 아픈 선물일 수도 있는 그런 것이다.

그런 사랑하는 사람들은 자신들의 사랑을 결혼으로 완성시키고자 한다. 그들은 결혼식에서 주례의 말에 따라 상대와 하객에게 그리고 신에게 맹세한다. "신부/신랑은 신랑/신부를 남편/아내로 맞이하여 평생토록 사랑하겠는가?" 누구나 "네"라고 대답한다. 그러나 그들은 과연 맹세할 수 있는 것을 맹세하는 것인가? 만일 사랑이 나의 의지와 상관없이 내게 엄습해 오는 감정과 느낌, 한마디로 열정이라면, 계속 사랑하겠다는 맹세, 나의 열정을 계속 간직하겠다는 맹세는 언어도단이다. 그것은 나의 의지나 노력 밖의 일이기 때문이다. 나의 의지 밖의 일은 내가 희망할 수는 있지만 맹세할 수는 없는 것이다. 그래서 성서는 "너희들은 신 앞에서 맹세하지 말라"고 말한다. 그리고 사랑이 열정에 휩싸이는 사랑에 빠짐을 의미한다면, 성서의 말은 사랑의 경우에도 해당할 것이다. 아무도 사랑을 맹세할 수가 없다. 열정을 몰고 온 사랑의 바람이 언제 나를 떠나갈지, 타오르던 사랑의 불꽃이 언제 꺼져 버릴지 모르는 것이다. 나의 의지와 무관하게 한때의 열정이 식을 수 있고 다른 열정이 싹틀 수 있는 것이다. 이와 같이 열정의 무의지성에도 불구하고 우리가 사랑을 맹세할 수 있고 그런 맹세가 의미 있는 것이라면, 그리고 그런 맹세에 따르는 영속적 일부일처제의 결혼이 의미 있는 것이라면, 우리는 사랑이라는 개념으로써 열정이 아닌 다른 것을 의미해야 한다. 그렇다면 그것은 무엇인가?

(2) 억제된 (자기 지배된) 욕망도 비도덕적인가? : 욕망 자체는 악인가 악이 아닌가?

우리가 흔히 단 한 사람과의 사랑을 약속하는 결혼을 하고 사랑의 맹세를 의미 있게 받아들인다는 것은 사랑을 단순히 달콤한 느낌을 주는 상대에 빠져드는 것, 나 자신은 단지 수동적으로 그런 느낌에 휩싸이게 되는 것으로만 이해하지 않는다는 것을 말해 준다. 즉 사랑이란 우리 안에서 단지 수동적으로 발생하는 열정이 아니라 우리가 우리 자신의 영혼을 그 열정에 따르게끔 하는 결단이 포함되는 능동적 행위라고 보는 것이다. 그리고 그런 결단은 바로 나 자신의 의지 혹은 이성의 활동이라는 것이다.

여기에는 인간의 심리에 대한 욕망과 이성의 이분법적 이해가 깔려 있다. 인간은 신체적, 심리적 결핍에서 비롯되는 욕망 자체에 이끌리는 존재가 아니라, 그런 욕망을 승인하거나 거부하는 힘, 욕망을 지배하고 제어할 수 있는 힘을 가진 존재라는 것이다. 인간의 욕망이 제멋대로 날뛰는 말이라면, 인간의 이성은 그 말을 길들이고 제어할 수 있는 마부이다.[2] 단순히 욕망과 욕정에 이끌리는 것은 단지 자신의 욕구 충족만을 찾아 날뛰는 것이므로 진정한 의미에서의 사랑이 아니다. 욕망을 제어할 줄 아는 자, 자기 자신을 지배할 줄 아는 자만이 진정으로 사랑할 줄 아는 자이다. 즉 욕망으로 인한 사랑이 아니라 이성에 의한 사랑만이 진정한 의미의 사랑이다.

자기 지배를 잘 하는 자, 이성에 따라 자신의 욕망을 제어할 줄 아는 자를 우리는 도덕적 인간이라고 부른다. 그러므로 한 사람을 향해 사랑의 맹세를 할 수 있는 것은 우리가 이성적이고 도덕적인 인간일

---

2) 인간 영혼에서의 욕망과 이성의 관계에 대한 말과 마부의 비유는 플라톤의 《파이드로스》, 246a 이하에서 찾아볼 수 있다. Platon, *Phaidros, Platon Werke in Acht Bänden*(Darmstadt, 1980), 제5권, 71면 이하 참조.

수 있기 때문이다. 우리가 우리 자신의 이성 혹은 의지에 따라 단 한 사람에게만 우리의 욕망을 허용할 수 있기 때문이다. 다른 누군가를 보며 욕망이 생길 수도 있다. 그러나 욕망 자체가 사랑은 아니므로 그 욕망이 나에 의해 제어되는 한, 나는 나의 사랑의 맹세를 따르고 있는 것이 된다. 나의 욕망을 억제하는 자기 지배가 수행되는 한 나는 도덕적이다. 어떻게 보면 내 안에 내가 억제해야 할 욕망이 많으면 많을수록, 나의 자기 지배가 힘들게 이루어지고 있으면 있을수록, 즉 내게 분투할 것이 많으면 많을수록, 나는 더 강력하게 자기 지배를 실현하고 있는 것이 되므로 그렇지 않은 자보다 오히려 더 도덕적인 것이 된다. "아리스토텔레스(Aristoteles)의 분석에서 지배와 승리로 정의되는 엔크라테이아(enkrateia : 자기 지배)는 욕망의 현존을 전제로 하며 그것이 격한 욕망을 지배하게 되는 만큼 더더욱 가치를 지니게 된다. … 절제력 있는 사람은 더 이상 욕망을 가지지 않는 사람이 아니라 절도 있게 욕망하는 사람이다."[3]

그러나 성서는 "실제로 간음한 자만이 죄를 지은 것이 아니라, 마음속에서 간음한 자도 역시 죄를 지은 것이다. 마음속의 간음도 이미 간음이다"라고 말한다. 인간에 대한 신의 심판은 인간의 행위에 대해서만이 아니라 인간의 마음에 대해서도 이루어질 것이다. 인간이 이성적으로 허용할 수 없는 욕망은 그것이 제어된다고 해서 용서받을 수 있는 것이 아니다. 그런 욕망을 마음속에 떠올린다는 것 자체가 이미 죄

---

3) 푸코, 《성의 역사》, 제2권인 《쾌락의 활용》, 문경자·신은경 옮김(나남, 1990), 86면. 푸코는 여기에서 욕망을 부정하는 기독교적 윤리관과 구분하여 그리스의 윤리관을 욕망의 절제술로 기술하고 있다. 푸코에 따르면 이는 플라톤과 아리스토텔레스의 공통적 특징이다. "아리스토텔레스가 덕성스런 상태로 정의한 소프로수네(sophrosune : 절제) 자체는 욕망의 제거가 아니라 그것의 지배를 내포한다. 그는 그것을 사람이 기꺼이 자기 욕망에 몸을 맡기는 방탕(akolasia)과 사람이 어떤 쾌락도 느끼지 못하는…무감각(anaisthesia) 사이의 중간적 위치에 놓는다." 같은 책, 같은 면.

인 것이다. 아니 근원적으로 욕망적 사랑 자체, 이성(異性)을 보고 이성임을 느끼고 부끄러움을 느끼는 것 자체가 이미 인간의 원죄를 말해 주는 것이다. 이렇게 보면 자기 지배를 잘 하는 자라고 할지라도 이미 그 마음 안에 욕망이 있으면 비도덕적인 인간이 된다. 비록 그 욕망을 따르지 않는다고 할지라도 내 마음 안에 욕망이 생겨난다는 사실만으로도 나는 괴로워하고 양심의 가책을 느껴야 하는 것이다. 욕망의 존재 자체가 나를 비도덕적 인간, 신 앞의 죄인으로 만드는 것이다. 따라서 욕망은 단지 지배되고 제어되어야 할 뿐만 아니라, 철저하게 부정되고 전멸되어야 하는 것이다.

그러나 방금 식사를 마치고 배가 불러서 빵집 앞을 아무 생각 없이 그냥 지나치는 사람과 하루종일 굶주려서 빵을 훔치고 싶은 생각이 간절함에도 불구하고 참고 지나치는 사람이 있다면, 우리는 누구를 더 도덕적이라고 판단하겠는가? 도대체 전자에 속하는 사람을 도덕적이라고 말할 이유가 있겠는가? 그가 노력한 것이 아무것도 없는데 그를 칭찬할 이유가 무엇이 있겠는가? 물론 간음의 경우는 문제가 좀더 복잡해진다. 간음하고자 하는 마음도 없고 따라서 하지 않는 자와 간음하고자 하는 욕망이 있음에도 불구하고 참는 자가 있다면, 과연 누가 더 도덕적인가? 그러나 역시 문제는 동일하게 남는다. 즉 욕망이라는 것이 과연 그 자체가 악이고 우리의 도덕성을 파괴시키는 것인가? 오히려 도덕적이라는 것은 욕망을 지배하는 것을 의미하고, 따라서 욕망이 있음을 전제로 하는 것이 아닌가?

(3) 사랑은 어떤 의미에서 광기와 환상인가?

사랑의 맹세가 의미 있을 수 있기 위해서는 참다운 사랑이라는 것은 단지 욕망에 의한 것이 아니라 오히려 욕망의 절제를 수반하는 이성에 의한 사랑이어야 한다. 그러나 사랑이 정말로 이성의 지배하에 있는 것인가?

누군가를 사랑한다는 것은 구체적으로 무엇을 의미하는가? 그리고 상대의 무엇을 사랑하는 것인가? 사과를 사랑한다고 하면 다른 과일보다 사과를 먹는 것을 더 좋아한다는 뜻이고, 집(건물)을 사랑한다고 하면 이 집에 사는 것을 좋아한다는 뜻일 것이다. 철학을 사랑한다고 하면 철학적 문제들에 대해 묻고 생각하기를 좋아한다는 뜻일 것이다. 그러나 내가 어떤 한 인간을 사랑한다고 할 때, 그것이 의미하는 바는 구체적으로 무엇인가? 먹고 싶다는 것도, 그 안에 있고 싶다는 것도, 그에 대해 생각하고 싶다는 것만도 아닐 것이다. 사과가 좋은 것은 사과의 맛 때문일 것이며, 어떤 건물이 집으로 좋은 것은 그것의 외관이나 유용성 때문일 것이다. 철학이 좋은 것은 철학적 문제들의 내용 때문일 것이다. 그러나 내가 누군가를 사랑한다고 할 때, 나는 그의 무엇을 사랑하는 것인가?

우리는 사랑이 순수한 의미의 사랑이라면 위의 물음에 대한 대답은 결코 찾아지지 않으리라는 것을 알고 있다. 사랑으로서 지향하는 바에 대한 구체적 대답은 있을 수가 없다. 우리가 사랑으로서 의미하는 바를 구체적 행위로서 모두 설명할 수 없기 때문이다. 사랑한다는 것은 보거나 접촉하고 싶다는 것 이상을 함축한다. 마찬가지로 그의 무엇을 사랑하는 것인가에 대한 대답도 있을 수가 없다. 순수한 의미의 사랑이라면 그것은 상대의 어떤 것, 즉 그의 외모나 가문이나 재산이나 학벌 또는 그의 재치나 지능이나 용기나 신념을 사랑하는 것이 아니라, 그 사람 자체를 사랑하는 것이어야 하기 때문이다. 그런데 우리는 그 사람 자체가 무엇인지 알지 못한다. 내가 그를 왜 사랑하는 것인지, 사랑해서 어찌하자는 것인지에 대해서 우리는 어떠한 합리적 대답도 가지고 있지 않다. 즉 사랑의 원천은 이성이 아닌 것이다. 이런 의미에서 플라톤은 진정한 사랑을 일종의 "광기"(mania)라고 말한다.[4] 사랑은 이성을 넘어서는 광기이고 미침이다. 합리적으로 생각해서 도저히 사랑할 만한 이유가 없음에도 불구하고 사랑하는 일이 벌어질 수 있는 것은 사랑이란 것 자체가 일종의 광기이기 때문이다. 사랑에 의해 나의 기존의 삶의 질서가 뒤흔들리고 나의 인생이 바뀔 수 있는 것도 사랑의 광기적 힘 때문일 것이다.

그러나 이와 같은 사랑의 광기가 말해 주는 것은 곧 사랑은 일종의 환상이라는 것이다. 사랑의 광기가 의미하는 바가 사랑의 합리적, 객관적 근거란 존재하지 않는다는 것이기 때문이다. 나의 사랑의 근거는 나의 애인의 현실적이고 객관적인 측면들에 놓여 있지 않다. 어쩌면 나의 광기는 나에서 시작해서 나로 끝나는 나 자신만의 문제인지도 모른다. 내가 사랑한다고 생각하는 그 사람 자체는 사실 나의 광기 속에서 내가 그려 놓은 나의 투사, 허상일 뿐인지도 모른다. 사랑하는 자는 이른바 미친 사람처럼 주관적 환상과 객관적 사실을 혼동한 채 자신이 그린 자신의 그림자를 미친 듯 좋아하는 나르시스적 존재일지도 모른다. 이런 환상도 사랑이라고 말할 수 있는가? 내가 원하는 바를 상대방에게 투사해 놓고 그렇게 투사된 그를 좋아하는 것도 사랑이라고 말할 수 있는가? 오히려 그것은 "사랑이라는 환상"이 아닐까?

(4) 사랑의 세 유형

이상의 과정에서 밝혀진 것은 사랑에 있어서 세 가지 유형의 구분 가능성이다. 결핍에서 비롯되는 욕망의 사랑과 자기 지배로서의 이성적 사랑 그리고 자기 도취의 광기적 사랑이 그것이다. 첫 번째의 욕망의 사랑은 이성이 배제된 채 그냥 수동적으로 어떤 느낌에 빠져드는 것, 쾌락을 향해 맹목적으로 욕망을 좇아 가는 것으로서, 인간 이외의

---

4) Platon, *Phaidros*, 244a. 여기에서 플라톤은 사랑뿐만 아니라 예언이나 시와 노래 등 그 외의 많은 선을 얻게 되는 것도 모두 "신이 주는 광기" 덕분이라고 말한다.

동물에서도 찾아볼 수 있는 것이다. 그러나 인간에게서의 사랑은 단순한 욕망에 의해 지배받기보다는 그 욕망에 대한 자기 지배로서의 이성의 활동을 포함한다. 이 단계의 사랑이 곧 두 번째의 이성적 사랑이다. 그러나 이성에 의해 사랑이 다 설명되지는 않는다. 사랑의 본질에는 오히려 이성을 넘어서는 측면, 합리적으로 설명될 수 없는 광기적인 측면이 들어 있기 때문이다. 즉 사랑은 이성 이상이다. 이런 사랑이 바로 세 번째의 사랑, 궁극적인 진정한 사랑으로서 이해되는 광기적 사랑이다.

우리는 누구나 인간이기에 사랑에 있어서도 역시 이성적인 측면을 다 가지고 있다. 그러나 이성은 사랑에서 비롯되는 것이기보다는 사랑의 감정을 제어하고 통제하는 것으로서 사실 사랑과는 무관한 것이다. 신분, 체면, 시간, 돈, 자존심, 명예 따위의 여러 가지 계산의 자리가 바로 이성이며, 그것은 본래 사랑 자체와는 무관하게 작용하며 오히려 사랑의 힘을 약화시키는 것이다. 따라서 좁은 의미의 사랑은 곧 그러한 이성과는 반대 방향으로 나아가는 정열과 바람이 될 것이다. 이렇게 보면 우리가 구분한 사랑의 세 유형은 다시금 이성과 어느 방향으로 대립되는가에 따라 두 유형으로 좁혀지게 된다. 이성에 미치지 못하는 욕망의 사랑과 이성을 넘어서는 광기의 사랑이 그것이다.

4. 욕망과 광기

(1) 결핍의 사랑과 충만의 사랑

이성 이하라는 것과 이성 이상이라는 차이점이 있음에도 불구하고 욕망과 광기는 둘 다 이성 영역 밖이라는 점에서 공통점이 있다. 따라서 이 둘은 흔히 구분되지 않고 쉽게 혼동되는 경향이 있다. 그러나 우리는 이 둘을 다음과 같이 구분하여 특징지을 수 있을 것이다.

욕망에 의한 사랑은 자신의 결핍 및 그 결핍을 채우려는 필요에서부터 출발한다. 배고프면 밥을 찾고 추우면 따뜻함을 찾듯이 심심하니까 말벗을 찾고 허전하니까 함께 있을 자를 찾고 성욕이 생기니까 같이 잘 사람을 찾는 것이다. 이런 사랑은 인간의 약점에서 비롯되는 것이다. 휠체어에 앉은 사람과 장님과는 서로를 필요로 하는 아주 유익한 한 쌍이 될 수 있으며, 그 서로간의 필요에 의해 늘 함께 있고 싶어하고 잠시라도 떨어지면 서로를 간절히 찾게 될 것이다. 이것은 과연 그들이 서로 사랑하고 있다는 것을 말해 주는가? 다른 동물로부터 방어할 힘이 약한 동물들은 적에의 공동 대처를 위해 군집을 이루어 함께 행동하지만, 그럴 필요가 별로 없는 사자는 주로 홀로 다닌다. 그것이 사자보다는 군집 동물들이 더 서로를 사랑한다는 것을 말해 주는가?

결핍이나 필요에 의한 사랑이 욕망의 사랑이라면, 광기의 사랑은 넘쳐흐르는 충만함에서 비롯되는 사랑이다. 상대가 나의 결핍을 채워 주기 때문이라는 기능상의 이유 때문에 사랑하는 것이 아니라, 아무런 이유 없이, 아무런 보상에의 기대 없이 그냥 사랑하는 것이다.

사랑한 사람을 자세히 알고 나니 나의 기대에 못 미치고 그의 사고나 신념이나 삶의 방식이 나와 다르다고 할지라도, 또는 시간이 지남에 따라 그의 모습과 삶이 내가 기대하는 방향과 다르게 변화해 간다고 할지라도 그를 향한 사랑이 지속될 수 있는 것은 그 사랑이 그의 어떤 현실적 측면이 아닌 모든 가능적 변형을 포함한 그 사람 자체에게로 향해 있기 때문이며, 또 그 사랑이 나의 필요나 이상에 따라 의식적·무의식적으로 계획된 사랑이 아닌 이유 없는 사랑이기 때문일 것이다.

나아가 그가 외적 상황에 의해 나를 떠나야 한다거나 심지어 죽었다고 할지라도 그에의 사랑을 간직할 수 있다는 것은 분명 충족을 지향하는 욕망의 사랑이 아니라 광기의 사랑일 경우에나 가능할 것이다. 그리고 이러한 넘치는 사랑만이 우리가 종종 "진정한 사랑"이라는 이름 아래 꿈꾸는 사랑일 것이다.

하지만 어떻게 보면 현실적으로 우리는 모두 욕망에 의한 사랑만을 하고 있고, 진정한 사랑이란 단지 이념으로만 존재하는 것일지도 모른다. 스스로 진정한 사랑의 관계에 있다고 생각하는 자조차도 어쩌면 단지 그렇게 착각하고 그렇게 스스로 위로하는 것일지도 모른다. 인간이 불완전한 존재, 결핍된 존재이기 때문에, 어쩌면 우리는 우리가 꿈꾸는 진정한 사랑을 행할 능력을 갖고 있지 않는 것인지도 모른다. 어쩌면 신 이외에 진정한 사랑을 실행할 수 있는 존재는 하나도 없을지도 모른다.

그러나 현실적으로 진정한 사랑을 완전하게 실현하는 자가 아무도 없다고 할지라도 욕망에 의한 사랑과 광기적인 진정한 사랑은 이념적으로는 구분된다. 즉 우리는 이념적으로 그 차이를 알고 있다는 말이다. 그러므로 비록 진정한 사랑의 완전한 실현은 불가능하다고 할지라도 실제로 우리가 그 두 사랑의 유형 중 어떤 것을 지향하고 노력하는가에 따라 우리의 사랑의 행위 방식은 아주 다르게 나타나는 것이다.

(2) 사랑 실천의 두 가지 방식

사랑한다고 생각하기는 하지만 실제로는 자신의 욕망에 의해 이끌릴 뿐인 자의 행위 방식의 특징은 무엇인가? 욕망에 의한 사랑은 자신의 결핍과 필요에 의한 사랑이므로, 여기서 사랑하는 자는 결국 자신의 결핍이 채워지기를 바랄 뿐이다. 따라서 그에게 있어 애인은 그의 결핍을 채워 주고 욕구를 충족시켜 주기 위해 필요한 자, 극단적으로 말해 자신의 쾌락의 도구인 것이다. "욕망에 사로잡혀 쾌락의 노예가 된 사람은 자신의 애인을 자신의 쾌락의 도구로 삼는다."[5] 쾌락의 도구로서의 애인은 그에게는 소유의 대상일 뿐이다. 그의 사랑의 방식은 애인을 보다 안전하고 확실하게 소유할 수 있는 방식에 지나지 않는다. 그러기 위해서 그는 애인이 그가 없이는 살 수 없게끔 만드는 것이다. 애인을 점점 더 나약하고 힘없이 만들어 오로지 자신에게만 의존하게 하여 완전히 소유하고자 하는 것이다. 예를 들어 그는 애인으로부터 애인을 지혜롭고 독립적이게 할 모든 교제도 저지하고 부모, 친척, 친구로부터도 멀리하게 하여, 오로지 자기에게만 의지하게 한다. 그리하여 애인이 자기보다 낮거나 동등하면 그냥 두지 않고 늘 자기보다 못하고 불완전하기를 바랄 뿐이다. 한마디로 애인의 정신 안에 커다란 결핍을 만들어 영원히 자기만을 필요로 하도록 만드는 것이다. 그러나 그런 자들은 결국 애인이 그가 없으면 못 살 것이라고 느껴 그에게 전적으로 의존하게 되면, 그 애인으로부터 돌아서게 된다. 완전하게 소유된 소유물에 대해 더 이상 긴장도 흥미도 없기 때문이다. 그는 다시 더 낮은 쾌락의 수단을 위해 돌아서게 되는 것이다. 한마디로 말해 욕망에 의한 사랑은 나의 목적과 기준에 따라 상대방을 적절히 변화시켜 나의 세력을 확장하려는 형태를 취한다. 멀리 있을 때, 아직 손에 들어오지 않을 때는 사랑에 빠져 안달하다가, 상대를 손에 넣어 안전하게 소유하고 나면 그 열정이 식어 버리는 사랑은 본래 그것이 욕망에 의한 사랑에 지나지 않는 것이었음을 말해 주는 것이다.

반면 진정한 의미에서 사랑하는 자는 애인이 자신에게 무엇을 해

---

5) Platon, *Phaidros*, 238d. 이에 이어 플라톤은 욕망에 사로잡힌 자의 사랑에 대한 자세한 기술 및 분석을 행하고 있다. 본고 이하에서 기술되고 있는 욕망적 사랑 방식은 흔히 오늘날 남자들의 여자 또는 자신의 아내에의 사랑 방식의 전형적 모습을 보여 주는데, 그와 같은 사랑이라는 이름하의 소유욕과 지배욕의 실상을 플라톤은 이미 2,500년 전에 정확하게 간파하였다.

주기 때문에 사랑하는 것이 아니다. 그러므로 애인에 대해 무엇을 기대하거나 요구하지 않으며, 상대를 자신의 뜻대로 변화시키려 하지 않는 것이 그 특징일 것이다. 상대가 그 자신의 고유성에서 그 자신으로 성장할 수 있는 것 이외에 상대로부터 기대하는 것이 없을 것이다. 이처럼 바라는 것 없이 주는 사랑은 결핍에서가 아니라 충만함에서 넘치는 사랑이다. 그리고 그것은 상대 앞에서 자신의 욕구나 바람을 잊을 수 있을 경우에만 가능하다. 나 자신을 잊은 채 상대를 생각하고 상대를 위할 수 있는 것은 합리적 근거에서가 아니라 그냥 그렇게 됨으로써만 가능하다. 그냥 그렇게 상대에 미쳐야만 가능한 것이다. 상대의 일정한 특징이나 측면만을 사랑하는 것이 아니라 모든 변화 가능성을 포함한 그 사람 자체를 사랑하는 것이므로, 그 사랑에 있어 실망이라거나 용서하지 못할 일이란 없는 것이다. 한마디로 광기의 사랑은 그 사랑에 이미 나의 인격 전체가 투입된 것이며, 그 사랑을 통해 변화되는 것은 우선적으로 사랑을 하는 나인 것이다. 나에게 사랑하는 자를 닮고자 하는 마음이 생겨나게 되는 것이지, 나의 욕망과 의도에 따라 상대를 변화시키려고 하는 것이 아니다. 나아가 모든 현실 조건을 넘어서서 그 사람 자체를 사랑하는 환상적인 광기로부터만 시간과 변화를 초월하여 유지되는 사랑의 지속성을 얻을 수 있을 것이다.

(3) 하나 됨의 두 의미

욕망의 사랑과 광기의 사랑, 결핍에 의한 사랑과 충만함에 의한 사랑, 그 둘이 다 사랑이라고 불리는 것은 그 둘에 공통점이 있기 때문이다. 그것은 둘이 하나가 되고자 하는 마음이라는 것이다. 그러나 하나가 된다는 것은 그 경우 각각 무엇을 의미하는가?

둘이 하나가 되는 방식은 두 가지로 생각될 수 있을 것이다. 그 둘이 전체인 하나의 부분이 되는 방식과 그 둘이 서로 같아져서 하나가 되는 방식일 것이다. 자신의 결핍에서 비롯되는 욕망에 따라 남과 하나가 되고자 할 때, 그 하나 됨은 둘이 서로 합해 하나를 이룬다는 것이다. 각각은 1/2이고 그 둘이 합해 1이 된다는 것이다. 두 부분이 합해 전체로서 하나를 이루는 것이다.[6] 그러나 이 경우 각각은 그 자체로서 진정한 하나가 되는 것은 아니다. 단지 같은 하나의 부분이 되고 같은 하나를 구성한다는 점에서만 그 둘이 하나라고 불릴 수 있는 것이다. 신체적으로 가까이 접근하고 접촉함으로써 하나가 된다고 할 때의 하나 됨은 이런 의미일 것이다.

반면 충만함에서의 하나 됨을 우리는 둘이 같게 됨으로써 같은 하나가 되는 것으로서 생각할 수 있다. 그러므로 그것은 각자가 1로 머무르면서 같은 1이 되어 하나가 된다는 것이다. 이것은 내가 나의 경계를 벗어나고 상대 역시 그의 경계를 벗어남으로써, 서로간에 경계가 그어지지 않는 상황에서만 가능할 것이다. 누군가에게 미치는 광기만이 자기 경계를 벗어나게 하는 힘을 가지고 있다. 그것만이 나의 마음을 비울 수 있게 하는 힘, 자기 초월의 힘을 가지고 있는 것이다. 그 광기의 힘에 의해 애인에게로 향한 영혼은 "나"라는 집착, 나의 경계를 고수하는 집착에서 벗어나 애인을 닮으려고 할 것이다. 진정한 사랑은 나를 주장하고 애인을 내 뜻대로 움직이고 내 손 안에 넣으려 하기보다는 나를 비우고 애인에게 나아가 애인을 닮으려고 하는 열망으로 표현될 것이다. 이와 같이 서로의 경계를 벗어나 같은 하나가 되면, 각자는 단지 전체를 이루는 부분인 것이 아니라 전체 자체인 것이다. 따라서 각자가 진정으로 하나가 된다는 것은 자기 경계를 벗어날 수 있는 정신의 영역에 있어서만 가능한 일이다.

---

6) 플라톤이 《향연》(*Symposion*)에서 아리스토파네스(Aristophanes)의 입을 빌려 신화적으로 서술하고 있는 "하나가 되고자 하는 것"으로서의 사랑에서의 '하나 됨'은 이런 의미로 이해될 수 있을 것이다. *Symposion*, 189d 이하 참조.

5. 진정한 사랑의 가능 조건

사랑에는 이와 같이 자신의 욕망에서 출발하여 욕망 충족의 필요 때문에 타인에게 요구하게 되는 사랑이 있고, 애정의 충만함에서 출발하여 타인에게 아무런 요구나 기대 없이 자신을 내주는 사랑이 있다. 그러나 욕망이나 결핍에서 출발하지 않는 후자의 충만함의 사랑을 실현하는 자가 과연 있는가? 우리가 진정한 사랑이라고 생각하는 것은 그런 것이지만, 우리가 현실적으로 행하고 있는 사랑은 대부분 그런 충만함에서의 사랑이기보다는 오히려 우리 자신의 결핍에서 비롯되는 사랑이다. 우리는 대개 장님이 타인의 눈을 필요로 하고 다리 불구자가 타인의 다리를 필요로 하듯이, 신체적·심리적으로 서로가 서로를 필요로 하기에, 그 필요에 의해 함께 하는 것이다. 그 필요와 계산에 따라 함께 하면서 그것을 보다 그럴 듯하고 아름답게 미화하여 "사랑"이라고 칭하여, 마치 그것이 충만함에서 비롯된 진정한 사랑인 듯이 예찬하는 것이다.

대개의 사랑 관계에 가시적·비가시적으로 권력 다툼이 내재하고 있다는 것은 우리의 현실적 사랑이 결코 자기 초월의 진정한 사랑이 아니라 결핍과 필요에서 비롯된 사랑, 그렇기에 서로에 대해 어느 정도의 기대와 요구를 전제한 관계라는 것을 말해 준다. 남편으로서의 역할, 아내로서의 역할을 분할하여 고정시키는 것 역시 우리의 사랑이라는 것이 필요에 따른 계획이고 계산이라는 것을 보여 주는 것이다. 사랑이라는 이름 아래 아름답게 포장된 결혼에 있어서 아내가 생활상의 번거로운 가사나 육아를 떠맡아 주리라는 남편의 기대 그리고 남편이 경제적인 책임을 떠맡아 주리라는 아내의 기대가 의식적·무의식적으로 전제되어 있다면, 분명 우리의 사랑이나 결혼은 필요에 의해 계산된 것일 뿐이다. 이와 같이 계산된 사랑은 진정한 의미의 사랑, 요구 없이 내주는 사랑이 아니다. 그런 관계에서는 서로가 자기 경계를 고집하고 있으므로, 자기 경계를 넘어서는 자기 초월의 의미로서의 구원이란 불가능할 것이며 진정한 의미에서 개체적 고독을 넘어서서 합일을 이루는 희열을 찾을 수는 없을 것이다.

그러나 사랑의 권력 다툼에 있어 가장 비참한 형태는 한쪽은 자신의 필요에 따라 무한하게 요구하고, 다른 한쪽은 모든 것을 다 내주는 불평등의 관계일 것이다. 한 사람은 사랑의 신화를 벗어 버리고 현실적 계산에 따라 자기 주장을 하는 욕망의 사랑을 하는데, 다른 한 사람은 아직도 사랑의 신화에 머무르면서 무조건적인 광기적 사랑에 빠져 있는 관계일 것이다. 즉 한 사람은 자기 욕망을 충족시켜 나가며 자기 영역과 세력을 확장해 나갈 뿐인데, 다른 한 사람에게는 무조건적인 헌신과 희생이 강요되는 그런 관계일 것이다. 그것은 진정한 사랑이 배반당하고 있기 때문에 비참한 것이다. 광기의 사랑에 빠진 자가 자기 경계를 벗어나 상대를 닮아 가는 과정에서, 결국은 자기 사랑이 환상이라는 것을, 그러나 상대는 아무런 환상도 가지지 않고 있다는 것을 발견하게 된다는 점이 비참한 것이다. 함께 사랑한다는 것은 함께 미쳐서 함께 꿈꾸고 함께 환상을 좇는다는 말이다. 그 환상 속에서만 하나가 될 수 있는 것이다.

그러므로 진정한 사랑은 평등한 관계에서만 가능하다. 평등하지 못한 관계 안에서의 사랑, 서로간의 임무와 역할이 암암리에 고정되어 있는 사랑, 한편에만 전적인 자기 희생과 봉사가 기대되는 사랑, 일방적으로만 요구되는 사랑—그런 것은 "사랑"이라는 이름의 강제이며 폭력일 것이다. 그러한 사랑의 왜곡과 변질을 통해 남게 되는 것은 결국 언젠가는 폭로될 환멸과 비참함뿐일 것이다. 따라서 자기 구원에 이를 수 있는 진정한 사랑의 필요 조건은 사랑하는 두 사람의 평등한 관계이다. 그러한 사랑이 자기 구원일 수 있는 것은 그것만이 지속적으로 나의 욕망과 나의 경계와 나의 유한성을 잊을 수 있는 몰아(沒我)를 가능하게 하기 때문이다. 그런 사랑은 나로 하여금 나의 욕망과 유한성을 넘어서게 하고 나 자신을 무한히 크게 넓힐 수 있게 하기에, 궁극적으로 자기 초월로서의 구원이 될 수 있는 것이다. 그것은 내가 나 자신에 고착되고 나 자신을 사랑하는 것이 아니라, 나 아닌 타인을 사랑함으로써, 타인에게 미침으로써만 가능한 것이다. 그리고 그런 진정한 사랑이 배반감으로 깨어지지 않고 진정한 사랑으로 지속될 수 있기 위해서는 서로를 자신의 욕망이나 결핍 등 특정한 필요 때문에 사랑하는 것이 아니라, 아무 이유 없이 그냥 사랑해야 하는 것이다. 우리가 필요로 하는 것은 같이 미칠 수 있는 사람, 같이 꿈꾸며 같이 환상을 좇을 수 있는 사람이다. 그때 비로소 그러한 환상적 사랑 안에서 자기 초월이라는 자기 구원이 가능할 것이다.

제11장
자아와 전체 : 인간의 개체성과 사회성의 문제

1. 인간 본성에의 물음

"인간은 사회적 동물이다." "인간은 혼자 사는 것이 아니다." 이런 말들은 누구나 자주 듣는 말로서 인간의 사회성을 강조하는 말이다. 그러나 우리는 또한 "인간은 어차피 혼자이다", "홀로 설 줄 아는 사람만이 바로 설 줄 안다"라는 인간의 개체성을 강조하는 말들을 흔히 듣기도 한다. 그렇다면 인간의 본성은 과연 사회성인가, 개체성인가? 인간의 본질은 사회 속에서만 실현되며, 사회 생활을 잘 해나간다는 것은 곧 그 삶이 성공적이라는 것을 의미하는가? 아니면 사회성으로 환원될 수 없는 나의 개별성, 사회적 인간 관계만으로서 규정될 수 없는 나의 본질이라는 것이 존재하는가?

우리는 대개 사춘기 이후로 사회성을 부정하는 개체적 자기 의식을 경험하는 것 같다. 즉 나를 내가 속한 집단으로부터 분리시키고 그 집단 내의 어느 누구와도 다른 존재로서 발견하게 되는 것이다. 나를 둘러싸고 있는 집단이 내게 우연적이고 무의미한 것으로 떠오르고, 집단과 어울리는 나라는 것은 단지 나의 외형, 나의 껍데기일 뿐이라는 느낌을 가지게 된다. 집단 사회로부터 벗어나서 혼자 있게 될 때, 참된 나를 마주치게 된다고 여기게 되는 것이다. 집단 내에서 그 집단 논리에 따라 나의 위치와 역할을 분담받게 되는 것은 나의 개성과 자유가 말살되는 것이라는 생각을 가지게 되는 것이다. 이런 생각 속에는 나라는 것은 집단 내의 한 위치, 한 역할로 환원될 수 없다는 집단 논리에 대한 반발, 나의 개체성과 자유에 대한 무한한 요구가 깔려 있는 것이다. 그러나 그와 같이 사회로부터 분리된 나의 독특한 개체성이라는 것이 과연 무엇인가? 사회로부터 멀어질 때 거기에 과연 나의 나됨이 홀로 존재하고 있는가?

그러나 우리는 때로 그와 전혀 반대되는 듯한 경험을 하기도 한다. 나의 독자성과 자유에 대한 신념이 또한 얼마나 허구적인가를 발견하기도 하는 것이다. 즉 집단으로부터 부여된 역할, 집단 모임의 번다함과 피상성이 싫어서 그로부터 벗어날 때, 우리에게 과연 참된 자기 발견과 자기 만족이 주어지는가? 직접적이든 간접적이든 살아 있는 사람과 말 한마디 주고받지 않은 채 일주일이나 보름쯤 보내 본 경험이 있는 사람이면 그때 우리에게 다가오는 느낌이 얼마나 이상하고 허전한 것인가를 알 것이다. 자아는 내가 혼자 대면하여 이야기를 나눌 수 있을 만큼 풍요로움을 간직한 실체가 아니다. 내가 나 자신에게마저도 "특징 없는 인간"으로 나타나는 것이다. 그러므로 내가 나를 찾고자 하면 그 나는 마치 새까만 밤의 얼굴 없는 유령처럼 자기 모습을 감추고 공허한 울림만 남긴다. 교도소 내에서의 가장 혹독한 처벌 방식이 독방 감금이라는 것도 이와 같은 문맥에서 이해될 수 있을 것이다. 이렇게 보면 인간은 또한 본성적으로 홀로 있음을 두려워하고 사회적 집단성을 추구하는 것 같다. 집단 내에서 자기 역할을 부여받고 위치를 인정받음으로써만 자기 만족에 이르는 것 같다.

이렇게 되면 우리는 다시 원점으로 돌아와 물음을 던지게 된다. 인간의 본성은 과연 무엇인가? 사회성인가 개체성인가? 아니 오히려 사회 속에서는 개체이기를 원하고 개체로서는 사회 집단의 일원이기를 바라는 존재인가? 사회 집단과 어울려서는 벗어나 혼자이고자 하고, 홀로 있다 보면 남과 어울려 하나이고자 하는 반발적 본성의 존재인가? 홀로 서기와 하나 되기의 두 본성을 오직 반발적 방식으로만 표출하는 자기 모순적 존재인가?

우리는 흔히 서양 철학사 내에서 개체로서의 인간 이해, 개인주의적 사유는 근세에서야 비로소 시작되었다고 말한다. 고대에는 인간의 본성이 사회성으로 이해되었기에 인간의 자기 실현은 당연히 사회 내에서만 가능한 것으로 여겨졌던 것이다. 따라서 사적인 삶의 영역으로서의 가정은 경제 문제만을 담당하는 소극적 의미를 가진 데 반해, 공적인 삶의 영역으로서의 국가, 폴리스는 인간 본질의 실현 장소인 윤리적 공동체로서의 적극적 의미를 가졌던 것이다. 종교 및 사회 제도적으로 확고한 위계 질서가 잡혀 있던 중세에 있어서도 개인의 삶의 의미는 자유로운 개성의 실현이기보다는 가부장적으로 세습되어 부과되는 역할의 충실에서 찾아졌던 것이다. 그러다가 근세에 이르러 비로소 자유와 평등의 인권 사상에 입각하여 전체성보다는 인간 각자의 개체성에 보다 높은 가치를 부여하는 개인주의 사상이 싹트게 된 것이다.

우리는 근세의 개체적 인간 이해의 선구자로서 홉스(Th. Hobbes)를 든다. 그러나 우리가 여기서 생각해 보고자 하는 것은 홉스의 인간관에 따라 이해된 개체로서의 인간이 얼마나 빈곤한 개체인가 하는 것이다. 그 빈곤성을 극복하기 위해 그와 같이 타락한 사회인과 구분되는 순수한 자연인을 본래적 인간으로 제시한 루소(J. J. Rousseau)의 시도도 결국 그 자연인의 비현실성을 감안해 보면 마찬가지로 근세의 개체적 인간 이해의 빈곤성을 역설해 주고 있는 것이다. 인간의 인격과 자유를 적극적으로 주장한 칸트(I. Kant)도 사회 속의 개체 혹은 개인의 사회화에 대해서는 궁핍한 설명밖에 제시하지 못하고 있다. 그러나 여기서 우리가 다시 밝히고자 하는 것은 그 설명의 한계나 문제점이 아니다. 그들 설명대로 개인은 정말로 그렇게 빈곤한 존재일는지도 모르기 때문이다. 그렇기에 개인주의란 결국 빈곤한 자기 자신의 발견, 허무주의의 자각이라고 말할 수 있을 것이다. 우리는 이처럼 빈곤한 자기 자신에 머무르려는 성향과 그것의 극복으로 사회 집단을 형성해 나가려는 성향의 이중성을 인간이 본성적으로 가지는 죽음의 본능과 삶의 본능으로 이해해 보기로 한다. 삶의 본능은 죽음의 본능과 대치되고 그것을 극복하는 길인 것 같지만 사실은 그 망각일 뿐이고 그 한계를 넘어서지를 못한다. 결국 빈곤한 개인이 이룩하는 사회 집단이라는 것은 개체적 허무 위에 쌓는 가상의 탑이라는 것, 그럼에도 불구하고 삶의 연속을 위해 우리가 필요로 하는 그런 허구라는 것을 생각해 보기로 한다. 그리고는 그와 같은 상황에도 불구하고 우리가 희망할 수 있는 참된 인간 관계는 무엇인지, 허구적이지 않은 공동체란 과연 가능한지를 생각해 보기로 한다.

2. 개체의 빈곤

(1) 홉스의 투쟁적 인간관

홉스는 인간의 본성을 철저하게 개체적인 것으로 파악한다. 인간 행위의 근본 원리는 바로 자기 보존의 원리인 것이다. 자기 자신을 보존하기 위한 힘의 추구, 그리고 미래의 자신의 안정을 확보하기 위한 현재보다 더 큰 힘의 추구가 인간의 본성이 된다.[1] 인간은 각자 자기 이익에만 충실한 존재이고 자기 힘의 확장에만 전념하는 존재이므로 자연적 상태에서 인간과 인간과의 관계는 힘의 대립 관계, 끊임없는 투쟁의 관계가 된다. 인간이 이룩하는 국가라는 집단도 이런 개인간의 투쟁 관계로부터 출발하여 이를 종식시키기 위한 무한히 큰 거대한 힘의 확립에 지나지 않는다. 이 거대한 힘의 리바이어던(Leviathan)이 개인의 힘을 월등히 넘어서서 그 개인을 굴복시킬 수 있는 강제력을 소유함으로써 개인은 그런 국가의 힘에 굴복하게 되고, 따라서 개인간의 투쟁이 종식된다는 것이다.[2]

그러나 이와 같이 인간의 본성이 힘의 추구로 이해되는 한, 그런 본성의 인간의 개체성은 실제로 단지 형식적일 뿐이다. 왜냐하면 힘 자체가 그것을 가진 개체만으로 성립될 수 있는 것이 아니라 항상 그와 대적해 있는 상대방의 힘과의 상대적 관계로서만 성립하기 때문이다. 즉 개인이 가진 힘 그리고 그것을 통한 개인의 만족은 그 자신으로부터 얻어질 수 있는 것이 아니라 다른 인간과의 비교 속에서 그 다른 인간을 넘어섬으로써만 가능한 것이다. 한마디로 말해 홉스에게 있어서는 인간 삶의 기본적 태도는 경쟁이며, 이와 같은 경쟁 또는 경쟁을 통한 만족은 곧 그 개체로서의 인간의 빈곤성을 대변해 주는 것이다.

(2) 루소의 자연인의 비현실성

루소는 경쟁적 이기심으로 요약되는 인간 본성은 자연적인 것이 아니라고 주장한다. 그에 따르면 인간의 자연적 본성은 타인과의 경쟁적 적대 관계의 바탕이 되는 이기심이 아니라, 타인과 독립적으로 자기 자신의 욕구에 충실한 자기애이다. 자기애는 남과 자신을 비교하기에

---

1) 인간의 근본적 욕구를 자기 보존의 원리에 따른 힘의 추구로 보는 것에 대해서는 Th. Hobbes, *Leviathan*, 제1부, 제6장~제11장 참조.

2) 투쟁적 자연 상태에서 출발하여 절대 권력의 국가관으로 나아가는 것에 대한 설명은 같은 책, 제1부, 제13장~제17장 참조.

앞서 자신의 자연적이고 내면적인 욕구에 따라 행동하며 그것이 충족되면 자기 만족을 할 줄 아는 인간의 기본 정서이다.[3] 루소가 이런 주장을 하게 된 것은 모든 인간 사회의 악이 실제로 인간의 자연적 욕구 충족 때문이 아니라 인간과 인간간의 비교와 경쟁의 원리로부터 발생한다는 것을 간파했기 때문이다. 경쟁과 투쟁을 통해 이긴 자가 가지게 되는 교만함과 우월감 그리고 패한 자의 열등감과 원망감과 복수심 등이 개인간의 싸움에서 국가간의 전쟁으로까지 이어지는 사회악의 원인이라고 본 것이다.[4] 실제로 배고픈 자가 필요로 하는 식량의 양, 한 인간이 하루에 취할 수 있는 생활 필수품의 양은 제한되어 있다. 진정으로 자기 욕구에 충실하게 사는 자라면 자신의 그러한 자연적 욕구가 채워질 때 스스로 자기 만족에 도달할 수 있을 것이다. 그러나 내적으로 자기 욕구에 충실하기보다는 타인과의 외적인 비교인 경쟁의 원리를 따르는 자는 자신이 아무리 배가 부르더라도 누군가가 자기보다 더 많이 가지고 있는 한 그것을 빼앗아 자신이 보다 많은 것을 가질 수 없다면 불만 속에 있게 되는 것이다. 루소에 있어 자연인과 사회인의 구분은 바로 이와 같은 자기 자신의 욕구, 즉 자기 자신에 충실한 자기애의 인간과 비교 및 경쟁의 논리에 따라 갈등과 대립에 머무를 수밖에 없는 이기심의 인간과의 구분인 것이다.[5]

그러나 이처럼 상징적이고도 아름답게 표현된 자기애의 자연인을 우리는 어디서 만날 수 있는가? 어쩌면 인간의 자기 욕구라는 것 자체가 내적 자기 만족보다는 외적인 비교와 경쟁으로 향해 있는 것은 아

---

3) 자기애(amour propre)는 자연인의 기본 정감이고, 이기심(amour de soi)은 사회인의 기본 정감이라고 할 수 있다. J.J. Rousseau, *Emile*, 제4권과 *Discours sur l'origine et les fondements de l'inëgalit ëparmi les hommes*, 제1부 참조.

4) 문명이 인간의 자연적 본성을 왜곡시키고, 선을 악으로 변질시킨다는 것은 "신의 손에서 나온 것은 모두 선하나, 모든 것이 인간의 손 안에서 변질된다"로 시작하는 《에밀》(*Emile*) 전반에 깔린 기본 생각이다. 이런 의미에서 루소의 철학은 철저한 문명 비판의 성격을 띤다.

닌가? 아직 사회화되지 않은 어린아이조차도 제 손에 든 빵보다 남의 손에 든 빵이 더 커 보이면 빼앗으려 들지 않는가? 자기 장난감보다 더 크고 신나 보이는 장난감이 보이면 그것을 자기 손에 넣기까지 앙 앙거리며 떼를 쓰는 것이 어린아이의 본성이 아닌가? 그런 경쟁적 욕 구는 한 개인의 사회화 과정에서도 결코 축소되는 것이 아니라 강화 될 뿐이다. 우리는 둘만 모여도 누가 더 잘하는가를 묻도록 길들여져 있다. 학교에서의 끊임없는 등수 매기기, 스포츠나 심지어 놀이에 있어 서도 누가 이기고 누가 지는가가 관심의 초점이 되고 목적이 된다. 내 가 언제 기뻐할 것인가는 나 스스로의 욕구에 의해 결정되는 것이 아 니라, 내가 다른 경쟁자보다 나을 때이므로 결국 경쟁 상대자인 타인 에 의해 결정되는 것이다. 결국 남을 이기는 것, 경쟁에서 승리하는 것 이 바로 성공적 삶이라고 간주되는 것이다.

물론 우리는 한편으로 그것이 전부가 아니라고 느낀다. 그러나 그것 이 단순한 느낌 이상의 실질적인 내용을 말해 주고 있는가? 어느 인간 이 타인의 시선을 의식함이 없이 또 타인의 인정과 무관하게 자기 자 신만의 욕구에 충실하고 그로부터 지속적 자기 만족을 얻어낼 수 있 겠는가? 도대체 자기 자신만으로 향한 그런 자연적 욕구라는 것, 자기 만족이라는 것이 과연 존재하는가? 그와 같은 방식으로 자기 만족을 느낄 수 있을 만큼 그렇게 확고한 본질적 욕구와 내적 가치를 자신 안에 지닌 인간이 과연 존재하는가? 자아 안에 그와 같이 자기 자신만 의 본질적 욕구가 있고 그것을 충족시킴으로써 그 스스로 자기 만족 을 느낄 수 있는 것이라면, 인간은 홀로 살아도 힘들지 않고 자기 삶 에 만족할 수 있을 것이다. 고흐도 붓만 있으면 행복했을 것이고, 베토

---

5) 《에밀》제1권에서 루소는 자연인과 사회인을 다음과 같이 구분, 비교한다. "자연적 인간은 그 자체로 전체이다. 그는 오직 자기 자신에만 관계하는 분열 되지 않는 동일성, 절대적 전체이다. 시민적 인간은 오직 그의 명명자에 의존 하며, 그의 가치가 사회적 전체와의 관계 안에서만 성립하는 부분일 뿐이다."

벤도 오선지만 있으면 행복했을 것이다. 그러나 왜 현실적으로 인간은 그렇지 않은가? 그것은 자아라는 것이 그 자체적으로 실질적 욕구와 만족과 행복을 가져다 줄 만큼 풍부한 적극적 내용을 지닌 존재가 아니기 때문이다. 개체적 자아의 빈곤성, 그것이 바로 개인이 자신의 본질을 자기 자신 내에서가 아니라 사회 집단에서 찾도록, 밖으로 향하도록 하는 원인일 것이다. 그렇다면 그와 같은 개체의 빈곤성에 바탕을 두고 성립하는 사회화·집단화의 기본 원리는 과연 무엇인가?

3. 집단화와 집단 논리

(1) 칸트의 사회화 과정

칸트는 인간이 사회를 형성하게 되는 근거를 단순히 인간 안에 있는 사회화 성향, 즉 사회성이라고 생각하지 않는다. 오히려 더 큰 요인은 바로 반사회적 성향이라고 보며, 이를 합해 "반사회적 사회성"[6]이라고 이름한다. 개체가 군집하여 사회를 이루게 될 때의 사회성은 항상 그와 같은 사회화에 대항하는 저항력, 즉 사회를 분열시키고 해체시키며 인간 개체로서 고립하고자 하는 반사회성과 결합되어 있다는 것이다. 반사회성은 바로 명예욕, 소유욕, 권력욕 등에 의해 나를 남과 구분짓고, 나를 남보다 높게 세우고 드러내고자 하는 이기적인 경쟁의 원리를 뜻하는 것이다. 칸트는 우리의 현실적인 공동체라는 것이 사회성, 화합의 원리보다는 오히려 이와 같은 반사회성, 이기적 경쟁에 의해 움직이고 발전되어 나간다는 것을 간파한 것이다. 만일 인간에게 반사회성이 없다면 인간은 서로 완전한 화합과 일치의 평화로운 상태

---

6) 칸트, 《세계 시민적 관점에서 본 보편사의 이념》(*Idee zu einer allgemeinen Geschichte in weltbürgerlicher Absicht*), 제4명제.

에서 목가적인 삶을 누리기는 하겠지만, 그것으로부터는 발달된 시민 사회나 문명 사회를 기대할 수 없다는 것이다. 상호간의 경쟁적이고 대립적인 성향이 발휘되지 않는다면 공동체는 침체되어 버린다. 남보다 나은 처지에서 더 많은 명예나 권력을 소유하고자 노력하는 그 반사회성 때문에 인간은 자신의 자연적 나태함을 이기게 되고 분발하게 되며, 바로 그런 노력을 통해서 사회 전체가 향상된다는 것이다.[7]

우리는 칸트의 그와 같은 통찰이 현실을 옳게 파악한 것임을 알고 있다. 공산주의는 인간 본성을 상호 협력적인 사회적 성향으로만 파악한 결과 절대 평등과 정의의 이념에 따라 공동체적 삶의 이상을 실현하고자 하여 개인적 이기성이나 경쟁성을 허용하지 않음으로써 결국 침체되어 갔고 그 안에서는 개인도 만족하지 못하게 되었다. 오히려 개인의 자유라는 명목 아래 인간의 이기적 사욕 원리와 경쟁 욕구를 십분 발휘하도록 허용하는 자본주의 체제 아래에서 개인은 자기 이익을 챙기느라고 정신 없이 바쁘게 살며 그 결과 사회 전체에도 부와 권력이 늘어나는 것이다.

그러나 인간이 함께 하는 공동체의 원리가 결국은 개인의 이기성에 입각한 소유욕, 권력욕, 명예욕 등의 비사회성이라는 것은 인간 삶의 현실이 담고 있는 하나의 슬픈 역설일 뿐이다. 그와 같은 경쟁적 이기성의 양분을 먹고 성장한 사회가 이기성이 아닌 다른 열매를 맺을 수 있겠는가? 과연 그 공동체 내에 소유욕, 권력욕, 명예욕 이외의 다른 이념이 자리 잡고 실현될 수 있겠는가?

---

7) 시민 사회 형성의 출발점을 이와 같이 대립과 투쟁의 자연 상태로 상정했다는 점에서 칸트는 홉스와 마찬가지이다. 칸트는 이러한 이행이 개인에서 국가(시민 사회)로의 이행뿐만 아니라 국가에서 국제 관계(국제 연맹)로의 이행에도 타당한 것으로 보았다. 나아가 사회성에 있어 이와 같은 반사회성이 가지는 긍정적 의미의 칸트적 해명 속에서 우리는 사회 발전 과정에 대한 변증법적 이해를 엿볼 수 있다.

(2) 집단 논리

인간 개인이 자기 자신 안에서 자기 정체성과 자신의 본질적 욕구를 발견하고 그것의 실현을 통해 스스로 자기 만족에 도달할 수 있는 존재라면, 그들이 모인 집단 사회 역시 그들 개인의 개성적인 자기 실현의 터전으로서의 의미가 있을 것이다. 그러나 자아라는 것이 그렇게 풍부한 내용의 개성을 가지지 못한 빈곤한 존재이므로, 사회를 형성하는 원리나 또 그렇게 형성된 사회를 지배하는 원리가 개인의 인격과 자유의 존중보다는 집단 자체의 유지와 확장을 목적으로 하게 된다. 즉 자아의 내적 가치가 아닌 외적 비교를 위한 경쟁의 원리에 따라 형성된 집단에서는 개체성을 되물을 수 없는 독특한 집단 논리가 지배하게 되는 것이다. 그것이 바로 나와 너의 개성의 빈곤성 때문에 그 위에 덮어씌워진 제도와 관습의 틀이다.

그 논리에 따르면 나는 누구인가, 내가 원하는 것은 무엇인가를 진정으로 묻게 되지도 않고 물을 필요도 없다. 내게 다가오는 타인에 대해서도 나는 그가 어떤 개성의 인격인가, 그가 진정으로 원하는 것이 무엇인가를 묻지 않는다. 그가 어떤 인간이고 그가 나와 어떤 관계를 맺을 수 있는지는 집단 내에서의 그의 위치가 무엇이고 그의 역할이 무엇인가에 의해 이미 결정되어 있기 때문이다.

인간의 자기 이해, 인간과 인간간의 관계가 제도와 관습의 틀에 따라 이루어진다는 것은 전체의 틀이 개체를 규정한다는 것이며 이 점에서 전체주의를 대변하는 것이라고 볼 수 있다. 우리는 현대를 개인주의 시대라고 칭하지만 진정한 의미에서의 개인주의, 즉 전체의 틀에 앞서 개인의 인격과 개성을 더 존중하는 개인주의는 아직 우리의 것이 아니다. 오히려 우리의 시대는 개성의 빈곤에 근거한 경쟁적 이기주의 시대이며, 이에 기초한 집단의 지배 논리는 개인주의가 아닌 전체주의인 것이다.

그러나 우리의 상황은 우리 자신의 선택이기보다는 우리에게 부과
된 운명과도 같은 것인지도 모른다. 내가 속한 집단 내의 위치와 역할
을 제외시키고 "나는 누구인가?"를 물을 때, 과연 내게 어떤 대답이 주
어지겠는가? 다른 사람과의 관계와 분리시켜 나 자신을 찾고자 할 때,
나의 본 모습으로서 무엇이 드러나겠는가? 나는 집단의 틀에 짜 맞춰
질 때 부당함과 부자유함을 느끼고 그로부터 나 자신을 분리시켜 나
를 나 자체로서 이해하고자 하는 본능을 가지고 있지만, 문제는 그럼
에도 불구하고 그런 나는 나의 삶의 안내자가 될 만큼 풍부한 내용을
가진 존재가 아니라는 것이다. 나는 단지 집단이 간주하는 그런 존재
는 아닌 것, 타인이 규정하는 그런 존재는 아닌 것, 바로 이런 "아닌
것"이라는 부정성으로서만 존재한다는 것이다. 그 자체로 구체적 내용
을 지님이 없이 단지 집단을 떠나 나를 찾게 하는 이 부정성의 의식,
그것은 어디에서 오는 것인가?

4. 삶의 본능과 죽음의 본능

(1) 자아와 죽음의 본능

인간이 사유 속에서 아무리 자기 자신의 본질을 집단 사회의 틀로
부터 자유로운 독립적인 개체적 인격이라고 간주한다 할지라도, 그 구
체적 삶의 방식에 있어서 인간은 그가 속한 집단 사회의 구조적 틀을
벗어날 수가 없다. 모든 삶의 움직임은 사회 안에서 인간간의 관계 속
에서 성립하는 것이며, 따라서 삶의 폭이 넓고 복잡할수록 그 관계도
복잡하고 다양해지는 것이다. 그러한 삶의 활동에 있어서는 자아 자신
도 그런 관계의 한 항으로서만, 즉 집단 내의 일정 위치와 역할의 담
당자로서만 이해되고 받아들여지는 것이다.

그렇다면 모든 인간간의 관계로부터 자신을 분리시켜 그로부터 독립적인 자신을 구한다는 것은 무엇을 의미하는가? 그것은 곧 그 관계 안에서 비로소 가능한 모든 삶의 활동을 정지시키고 그로부터 자신을 벗어나게 한다는 것을 의미한다. 그것은 바로 죽음이다. 다시 말해 사회성과 반사회성으로 얽혀서 구성되는 사회의 전체주의적 집단 논리 그리고 그런 구조적 틀에 따라 진행되는 삶의 게임에 절대적 동조를 보냄이 없이, 나는 언제라도 그런 틀을 벗어날 수 있다는 의식, 아니 나는 본래부터 그런 틀로부터 자유로운 존재라는 의식은 곧 인간 안에 내재된 죽음의 의식의 자기 표현인 것이다. 우리는 이와 같은 의식, 이와 같은 성향을 흔히 "죽음의 본능"이라고 부른다.

모든 관계의 피상성과 허구성을 혐오하여 그로부터 자신을 단절시키고 홀로 고립될 때, 집단 논리의 틀을 부정하며 그와 독립된 나의 정체성과 본질을 찾고자 할 때, 진지하게 "나는 누구인가?"라는 물음을 안고 황량한 사유의 들판을 헤맬 때, 그때 내게 다가오는 나는 죽음처럼 형태도 없고 소리도 없다. 그래서 인간은 유령 같은 자기 자신에 전율하게 되며, 홀로 있음이 두렵고 괴로운 것이다. 그래서 결국 인간은 자신으로부터, 자신의 죽음으로부터 도피하게 된다. 보다 많은 관계 속에 나를 끼워 넣어 그 집단 사회의 틀이 나를 얽어매어 끌어올림으로써 내 발이 죽음의 늪에 빠지지 않도록, 보다 바쁘고 치열한 삶의 활동 속에서 죽음의 그림자를 잊고 지낼 수 있도록, 필사적인 삶의 노력이 시작되는 것이다. 우리는 흔히 이와 같은 삶으로 향한 성향을 "삶의 본능"이라고 부른다.

(2) 죽음의 본능으로 회귀되는 삶의 본능

삶의 본능은 갖가지 충동들로 표현된다. 죽음이나 죽음과 같은 권태로 침체됨이 없이 끊임없이 살아 활동하게 하는 것이 바로 욕구와 충동인 것이다. 삶의 목적은 죽음을 벗어나는 것이며, 따라서 살아 있는 활동 그 자체일 뿐이다. 그러므로 삶에 있어서 삶 자체, 생존에 우선하는 다른 가치란 없는 법이다. 그렇다면 삶에서의 욕구와 충동이 지향하는 바는 무엇인가?

본능적 욕구가 지향하는 바는 그 욕구의 만족이며, 욕구의 만족은 그 욕구가 생기게 된 원인을 제거시킴으로써 가능한 것이므로, 결국 그 만족을 통해 그 욕구가 사라지게 되는 것이다. 한마디로 말해 욕구의 목적은 욕구의 만족을 통한 욕구의 소멸이라고 할 수 있다. 결국 욕구는 자체의 활동 안에 자기 부정성 및 자기 소모성을 내포하고 있는 것이다[8] 예를 들어 가려움에서 비롯된 긁고자 하는 욕구가 지향하는 바는 그 곳을 긁음으로써 그 가려움을 없애는 것이다. 식욕의 목적은 먹어서 그 식욕을 없애는 것이고, 성욕의 목적은 성을 통해 그 성욕을 없애는 것이다.

욕구가 생겨나고 그 욕구의 충족을 위해 활동하게 되는 것이 곧 살아 있음의 표현이며 삶의 본능을 말해 주는 것이라면, 욕구가 충족되어 사라짐으로써 욕구 충족을 위한 활동이 정지되는 것은 곧 삶의 끝, 죽음을 의미한다. 이렇게 보면 삶의 본능은 죽음을 벗어나기 위한 발버둥임에도 불구하고 결국은 매 순간 다시 죽음으로 되돌아가고 마는 것이다. 삶의 욕구는 충족되는 순간 욕구의 끝인 죽음에 도달한다. 그리고 인간은 죽음의 상태에 머물러 있을 수 없으므로 다시 이를 벗어나기 위한 또 다른 욕구로 나아가게 되는 것이다. 그래서 보통 한 욕구의 충족은 곧 다시 새로운 욕구의 준비가 되는 것이며, 그리하여 우리의 생은 끊임없이 한 욕구에서 다음 욕구로의 연속으로 이어지는 것이다.

---

8) 이하에서 언급될 욕구의 자기 소모성 및 회귀성, 그리고 삶의 본능과 죽음의 본능의 구분 및 관계에 대해서는 프로이트의 본능 이론 참조.

자기 자신으로의 침잠, 모든 관계의 단절로서의 죽음에서 벗어나기 위해 인간이 형성하는 집단 사회 역시 비교와 경쟁의 원리, 집단 논리에 따라 지속되는 한, 그것은 단지 반복되는 권력욕, 명예욕, 소유욕 등으로 뭉쳐진 욕구의 집합체일 뿐이다. 경쟁 원리는 나의 삶을 방해하는 적을 파괴하고 그를 이김으로써 나를 세우려는 것으로서 자체 내에 공격 본능을 내포한다. 그리고 이 공격 본능은 본래적인 죽음의 본능의 방향을 외부로 향하게 함으로써 삶의 본능으로 전환시켜 놓은 것에 지나지 않는다. 즉 죽음의 본능이 자신이 아닌 타인을 향해 그의 파멸 또는 그의 죽음을 지향함으로써 공격 본능이 되며, 이렇게 하여 공격 본능은 내게 나의 욕구의 만족을 증대시키는 삶의 본능의 형태를 띠게 되는 것이다. 필사적인 노력을 통해 경쟁에서 승리한 자일지라도 그 승리의 짧은 순간의 쾌락 뒤에는 반드시 허전함이 오고 만다는 것, 따라서 다시 곧 제2의 경쟁에 뛰어들어 이전과 같은 경쟁적 삶의 활동을 반복할 수밖에 없다는 것은 바로 우리의 삶의 활동이 결국은 죽음으로 향해 있고 항상 그리로 되돌아오는 자기 소모적인 활동이라는 것, 삶의 욕구의 집합체로서의 집단 사회는 각자의 죽음을 잊기 위해 만인이 공동으로 얽어 놓은 허구라는 것을 말해 준다.

5. 부정성의 의식에 입각한 공동체

나의 나 됨이 무엇이고 나의 본질이 무엇인가가 대답될 수 없는 심연으로 남아 있고, 그 심연이 죽음처럼 입을 벌려서 우리의 모든 삶의 활동을 무의미한 놀이로 전락시켜 삼켜 버릴 때, 우리는 어디에서 진정한 의미를 발견할 수 있는 것인가? 제도와 관습의 틀로 고정된 집단적 삶의 방식에도 만족할 수 없고, 집단 내의 관계를 벗어난 홀로 된 자아의 죽음과도 같은 침묵도 견딜 수 없는 것이라면, 우리는 어디에서 진정한 평화를 얻을 수 있는 것인가? 사회 집단과 어울릴 때는 벗어나 혼자이고 싶고, 홀로 있다 보면 남과 어울려 하나이고자 하는 인간의 모순은, 결국 삶의 활동이 죽음으로 향해 있고 그 죽음에 이르러 다시 삶의 본능이 생겨난다는 삶과 죽음의 모순으로부터 귀결되는 피할 수 없는 인간의 운명인가?

그러나 사회성과 개체성이 대립으로 대두되고, 삶과 죽음이 모순으로 나타나는 것은 사회성으로 개체성을 부정하고, 삶으로써 죽음을 부정하려고 할 때이다. 규정될 수 없는 자아의 개체적 본질을 집단 논리의 틀에 따라 집단 내의 한 위치와 역할로 규정하려고 할 때, 다시 말해 인간의 자아 의식의 근저에 있는 죽음과 허무의 의식을 허영과 가식에 쌓인 권력의 논리로 덮어 버리려고 할 때, 그런 대립에서 결과되는 것은 결국 해체된 집단, 붕괴된 권력, 한마디로 삶의 파괴 곧 죽음이다. 따라서 그 모순을 극복하려고 할 때 우리가 주목해야 할 것은 사회성으로 개체성을, 삶으로써 죽음을 이길 수 없다는 것이다. 사회의 시작과 끝이 결국 개인이며, 삶의 시작과 끝이 결국 죽음이기 때문이다. 그렇다면 개체적 인격을 집단 논리의 틀보다 더 소중하게 생각하는 공동체란 어떤 공동체인가? 그것은 삶을 의식한 경쟁의 논리에 근거한 모임이 아니라, 죽음을 의식한 부정성의 논리에서 출발하는 모임이다.

나의 본질이 집단 내의 위치와 역할, 집단 내의 사회적 관계에 의해 규정될 수 없다는 것, 이것은 곧 자아의 본질적인 부정성을 의미한다. 그리고 이 부정성이 우리에게 우리 자신의 유한성, 죽음을 알려 주는 것이다. 그러나 우리는 이러한 부정성을 나 자신뿐만 아니라, 타인을 나와 같은 개체적 인격체로 간주하는 한, 그 타인에게서도 발견한다. 나의 이웃인 타인 역시 그를 포함한 집단 논리에 의해 규정되지 않는다는 것, 그 집단 내의 위치와 역할에 의해 규정될 수 있는 존재가 아니라는 것, 그 역시 그러한 틀로부터 벗어나서 남은 알 수 없는 그 자

신만의 세계 속에서 그의 고유한 방식으로 슬픔과 고통을 느끼리라는
것, 그리고 그도 언젠가는 홀로 죽게 되리라는 것, 바로 이런 것들을
통해 우리는 타인의 부정성을 의식하게 된다.

그러나 우리가 진정으로 타인의 부정성을 의식하게 되는 때는 바로
그를 사랑할 때뿐이다. 명예욕, 소유욕, 권력욕에 따라 삶의 터전에서
경쟁의 대상으로 마주치는 사람에 대해서 우리는 그가 어떤 존재인가
를 새롭게 묻지 않는다. 그는 이미 알려진 자이기 때문이다. 그는 이미
어떠어떠한 사람으로 규정되어 있는 것이다. 내가 다 알 수 없는 사람,
내가 말로 다 서술할 수 없는 사람, 그렇기 때문에 내가 관심을 갖게
되고 가까이하고 싶은 사람으로 누군가가 내게 나타난다면, 그것은 오
직 내가 그에게 애정을 가졌기 때문에 가능한 것이다. 애정의 시선만
이 타인에게 그 규정성을 넘어서서 부정성을 바라볼 수 있게 하는 것
이다. 그러므로 진정한 사랑은 그가 어떠어떠한 사람이기 때문에, 예를
들어 그가 똑똑하다거나 아름답다거나 부유하기 때문에 사랑하는 것
이 아니다. 그런 것들은 그의 본질에 속하는 것이 아니기 때문에 시간
과 함께 없어지는 것이다. "왜? 무엇 때문에?"라는 규정성을 넘어서는
진정한 사랑이 "죽도록 사랑하는 것"으로 표현될 때, 우리는 그 사랑
이 지향하는 바가 바로 한 인격의 부정성 자체임을 알 수 있다.

오직 이 부정성의 의식을 통해서만 우리는 우리가 하나라는 일체감
을 가질 수 있다. 가진 것에 있어서는 우리는 서로 다르다. 그리고 그
처럼 서로 다르게 가진 것에 대해서는 우리는 서로 끊임없이 비교하
고 경쟁할 뿐이다. 이와 같은 경쟁의 논리를 따르는 사회성은 결국 사
회를 해체시키고 분열시키는 허구적 사회성일 뿐이며, 개체를 집단 논
리의 틀로 얽어매는 피상성일 뿐이다. 이에 반해 이 세상에서 가질 수
있는 모든 것을 넘어서는 그 이상의 가치로서 타인을 바라본다면, 나
는 그 타인 역시 나와 마찬가지로 허구적 경쟁 사회의 틀을 넘어서서
자신의 본질이 무엇인가를 묻는 외로운 영혼이라는 것을 발견하게 된

다. 우리가 서로를 사랑할 수 있고 서로 하나임을 느낄 수 있고 서로 위로할 수 있는 유일한 길은 바로 이와 같은 부정성의 의식을 통해서일 뿐이다. 어느 누구도 가질 수 없는 것에 있어서는, 달리 말해 어느 누구나 언젠가는 삶을 떠나야 하고 모든 규정을 벗어나리라는 점에 있어서는, 우리는 서로 일치한다. 어느 누구도 그가 누구인지를 집단의 틀에 따라 규정할 수 없다는 자신의 본질적 부정성을 의식하고 있다는 점에서는, 우리는 서로 하나인 것이다. 그리고 이와 같은 부정성의 의식으로부터의 일체감에 근거한 공동체만이 진정으로 개인의 개체성을 존중해 주는 공동체일 것이다.

6. 하나의 꿈

우리는 흔히 생이란 매일 새롭게 생성되는 것이라고 이야기한다. 삶의 생동성을 아름답게 긍정적으로 강조한 말일 것이다. 그러나 그 말은 곧 생이란 매일 그 자체로 이미 소모되어 버리고 사라져 버린 꿈과 같은 것이라는 것을 말해 주는 것이다. 살아 있다는 것, 매일 새롭게 다시 살아나야 한다는 것은 곧 우리가 매일 죽어 가고 있다는 것, 그러므로 매일 죽음을 넘어서야 한다는 것, 그러나 실제로 우리는 아무것도 넘어서지도 못하고 벗어나지도 못한다는 것을 의미한다. 경쟁적 집단 사회의 삶은 부지런히 허구의 세계를 쌓아 나가는 분주함일 뿐이다. 그러나 그것은 허구의 세계이기 때문에 쌓는 순간 사라져 버리고 마는 것이다.

우리를 그런 허구적 집단이 아닌 진정한 하나의 공동체로 묶어 줄 수 있는 것은 우리가 이미 가진 것을 통해서가 아니라 우리가 아직 가지지 못한 것을 통해서만 가능할 뿐이다. 삶을 의식한 경쟁의 논리가 아니라, 죽음을 의식한 부정성의 논리가 우리를 하나로 이어 주는 것이다. 부와 권력의 정당한 분배를 통해서가 아니라, 아픔과 고통의 함께 나눔을 통해서만 우리는 하나가 될 수 있다. 부와 권력을 통해 어떻게 삶을 장식하고 어떻게 그 삶을 밖으로 드러내 보이는가에 있어서는 서로 다르지만, 그러나 그 장식을 떼어 내고 자신의 내면으로 향할 때, 우리의 삶이 얼마나 가난하고 허무하고 유한한 것인가 하는 삶의 아픔과 고통에 있어서는 우리가 모두 같기 때문이다.

••••••••••••

후기

들고 가기 위해서가 아니라
두고 떠나기 위해

　가방 가득 철학 책을 들고 다니던 대학 시절, 나는 이미 나 자신이 어떤 의미에서는 자폐증 혹은 실어증 환자라는 의식을 가지고 있었다. 그리고 그 증세는 아직까지도 나를 따라다닌다. 그러나 그 병의 기원은 아주 어린 시절로 이어진다. "생각할 줄 아는 사람과 생각 없이 사는 사람의 차이는 자신의 감정을 얼마만큼 순화시켜 표현하는가 하는 것이다. 시인의 시나 화가의 그림은 아름답게 순화된 감정의 표현이지만, 폭발적인 울부짖음이나 웃음 또는 직설적 표현 등은 아름답지 못하다." 이것이 언젠가 내가 한 번 귀로 듣고, 그 후로는 줄곧 마음으로 들어 왔던 아버지의 말이었다. 그런 말을 들으면서 나는 시인이 되거나 화가가 되기를 꿈꾸기보다는 시인도 못 되고 화가도 못 되는 나 자신에 대한 서러운 감정만을 더 크게 키워 왔을 뿐이다. 시로도 그림으로도 표현되지 못하는 나의 얽힌 감정들은 말 아닌 말, 독백으로만 남아 있을 뿐이었다. 내게 있어서 말은 곪아터진 종기에서 고름이 새어나오듯 그렇게 안에서 표면으로 흘러내리는 독백의 신음이었지, 특정한 어느 누군가에 의해 이해받고자 하는 의사 소통 수단으로서의 대화의 말이 아니었다. 말이 가지는 기술적 기능은 나를 무

236

기력하게 만들었다. 이미 모든 것이 있는 그대로 있는 것이라면, 내가
말을 한들 무엇이 달라지는가? 그러나 말이 가지고 있는 수행적 기능
역시 나를 무기력하게 만들었다. 말해야 할 것이 따로 있는 것이 아닌
데, 무엇을 왜 말하고자 하는가?

　타인과 대화하지 못한다는 것은 타인과의 영혼의 만남이 없다는 것
이고, 그런 만남이 없는 영혼은 견딜 수 없는 공허를 짊어지고 사는
영혼이다. 그리고 자신 안에서 채워지지 않는 공허의 아픔에 시달리
는 자는 운명적으로 형이상학자가 될 수밖에 없다. 그 공허를 오히려
인간의 본질이고 인간의 운명이라고 변론하게 되고, 따라서 모든 것
에 실체가 없다는 관념론, 모든 개체를 외로운 단독자로 완성하는 유
아론을 벗어날 길이 없게 된다.

　이와 같이 하여 철학은 내게 있어서 나의 영혼의 외로움을 토로하
는 유일한 의사 소통 수단이 되어 주었다. 남들은 자기 자신의 감정을
직접 표현하든지 아니면 시나 노래나 소설이나 그림으로 표현하겠지
만, 내게 남아 있는 길은 철학밖에 없었다. 내가 철학으로 표현하고자
하는 것은 항상 나 자신이었다. 그냥 삶 자체, 존재 자체가 던져 주는

아픔일 뿐이었다. 그리고 그것은 지금도 마찬가지이다. 먹고 살 양식이 없어서도 아니고, 함께 생활할 가족이 없어서도 아니고, 사회에 부조리와 부정의가 팽배하기 때문도 아닌, 그 모든 외적인 조건을 떠나 그 모든 상황에 앞서 그냥 삶 자체가 던져 주는 아픔과 고통을 표현하고 싶을 뿐이다.

그리고 나는 그것을 철학 이외의 다른 어떤 방식으로도 표현할 줄을 모른다. 나는 100명이 넘게 모인 세미나에서 "인간의 본질은 공이다"는 것을 말할 줄은 알아도, 어느 누구 한 사람 앞에서도 "나는 요즘 외로움을 느낀다"고 말할 줄은 모른다. "인간은 본래 사회성을 추구한다"는 말을 할 줄은 알아도, 특정 사람을 향해 "당신과 같이 있고 싶다"는 말은 차마 할 줄을 모른다. 가장 추상적이고 가장 일반적인 개념으로써 가장 구체적이고 가장 개인적인 내 가슴속의 생각들을 쏟아 놓을 때 느껴지는 것은 비애감이다. 무수히 많은 말들이 가슴에 가득한데 그것이 철학적으로 표현되지 않기에 차마 표출하지 못하는 그런 슬픔이 나를 내리누르는 경우가 있다. 그때 독백처럼 흘러나오는 말, 슬픔이 배인 말, 그런 많은 말들을 썼다가 지우고 또 썼다가 지운다.

여기 묶어 내놓는 글들은 그렇게 해서 씌어진 후, 아직 지워지지 않은 글들이다. 대부분의 글들이 엄격한 철학적 논문의 형식을 갖추지 않은 채 철학이라는 이름 아래 말해져도 좋은 "목요 철학 세미나"에서 발표되었던 글들이다. 몇 개의 글을 제외하면 하루 저녁 그렇게 발표된 후 그냥 나의 서랍 속에 들어 있었던 것들이다. 큰 소리로 읽혀졌지만 어느 누구에 의해서도 기억되지 않기에, 다시 나의 외로운 독백의 흔적으로 남아 있는 것들일 뿐이다.

이것이 책으로 묶여 나와야 할 이유가 무엇인가? 그것은 어느 날 순간적으로 내려진 결단이다. 목요 철학 세미나 자료 모음 철에 있던 글들을 무심히 읽어 보다가 나는 내가 자아라는 하나의 유령에 사로잡혀 있다는 섬뜩한 느낌이 들었다. 물론 그것은 내가 익히 알고 있던 일이기는 하다. 나의 다른 철학적 논문들의 주제도 항상 자아였다. 〈데카르트의 자아와 신〉, 〈후설의 초월 자아〉, 〈칸트의 자아〉, 〈니체의 자아의 이해〉 등등. 어느 철학자의 어떤 저서를 대하든 나의 관심은 항상, 그는 인간과 자아를 어떻게 이해하였는가 하는 것이었다. 그것만 이해되고 나면, 그의 나머지 사상에 대해서는 사실 별다른 관심이 가지 않았다.

그런데 문제는 나의 자아 이해에 그다지 근본적인 변화가 나타나지 않는다는 것이다. 매일같이 사유하고자 하는 자가 그 사유의 발전을 경험하지 못한다면, 도대체 그가 사유하고 있는 것일까? 매일같이 단지 같은 것을 반복하여 사유할 뿐이라면, 왜 차라리 자신의 사유의 한계를 인정하면서 더 이상 사유하기를 그만두지 않는 것일까? 내가 두려워하는 것이 그것이다. 대학 시절 나는 마치 "Alles oder Nichts"의 도박을 하듯이 철학에다 나의 인생을 걸기로 마음 먹었었다. 나는 철학이 나의 인생에 있어서 모든 것이 되어 주기를 바랐었다. 그러니 나에게 있어서 사유를 포기하고, 철학을 포기한다는 것, 그러면서 살아 남는다는 것은 견딜 수 없는 고통이 될 것이다. 그러기에 나는 내 삶을 연장하기 위해 사유를 반복하고 있는 것인지도 모른다. 바로 그 때문에 매일같이 유령에 홀린 것처럼 같은 내용을 같은 방식으로 되풀이하고 있는 것인지도 모른다.

이런 생각이 들자 견디기가 힘들었다. 자폐증에 고도의 자기 기만까지 겸했다고 생각하니 비참하게 느껴졌다. 이제부터는 더 이상 나의

입에 "자아"라는 말을 담지 말자는 생각도 들었다. 나는 나의 유령을
벗어나고 싶다. 그러나 어떻게? 떠나는 자가 집을 정리하듯이 나의 그
동안의 글들을 정리해 보고 싶다는 생각이 들었다. 들고 가기 위해서
가 아니라 두고 떠나기 위해. 이제 정리가 필요할 때라는 그런 생각이
들었다. 그것을 나의 독백으로, 나의 기억 속에 묻어 놓지 말고 밖으로
내놓자. 그리고 다시는 그 쪽을 돌아보지 말자. 이것이 왜 내가 이런
변변치 않은 글들을 활자화하기로 마음 먹게 되었는가 하는 것이다.